中外哲學典籍大全

總主編　李鐵映　王偉光

中國哲學典籍卷

宋元明清哲學類

高子遺書（下）

〔明〕高攀龍　著

李卓　點校

中國社会科学出版社

高子遺書卷之九上

序

大易易簡説序

夫易豈難知者乎哉，豈難能者乎哉。天高地下，萬物散殊，八者流動，充滿于吾前。吾于其中具形而爲一物。天地之八者，未嘗不備于我；我之八者，未嘗不充塞于天地。静而成象，動而成占。成象者退藏焉而爲密，成占者神明焉而爲德。吉凶悔吝如日月彰彰焉，而冥行者不知也。聖人惻然患之，莫能致力，則以易示之，又詔之曰占。故曰易者，卜筮之謂也，卜筮者，占之謂也。静而不密則不占，動而不德則不占。至將有爲也，將有行也，問之以蓍，則卜筮之一事云爾。謂蓍不足以盡占可，謂占不足以盡易不可。雖然，不見易而能占者鮮矣。則謂蓍爲占也亦宜。于何見易？曰：易無之而非是，識其無之而非是，無之而不可見易也。然果何物也？曰：吾之心也。天下有非易之心，而無非心之易。是故貴于學。學也者，知非易則非心，非心則非易也。易則吉，非易則凶、悔、吝。其知易知，其能簡能，易簡而天下之理得矣。于是作易簡説。夫五經注于後儒，易注于夫子，説易者，明夫子之言而明易矣。

周易孔義序

周易孔義者何？孔子之義也。人每言「易最難讀」，余謂不然，見易難耳，見易則見道，道豈易見哉？若讀之而已，六經惟易易讀，何者？經非注則無門入，注非經則從門入者，注也，非經也。惟易注自夫子，故即注即經。非夫子，而吾烏知易之所語何語哉！學易者當以夫子之注學，字繹而句味之，經不難讀也。然而經者易也，易非經也，存乎其人。夫子固曰「聖人以此洗心，退藏于密」，「聖人以此齋戒，以神明其德」，「此」者何也？見易之謂也。易以孔義明，孔義又以易明。以目前事，故不易見，然以目前事，初非難見也。

朱子節要序

聖人之道大矣，學者學焉而得其性之所近，故賦質各別，成德亦殊。至于前聖後聖若合符節之處，則不容毫釐差也。以毫釐差，廼千里謬矣。聖人嚴似是而非也，嚴之于此也。

繇孔子而後，見而知之者，爲顏曾思孟。然當孟子之時，邪説竝作，而仁義充塞，不有孟子，孔子之道不著也。繇孟子而後，聞而知之者，爲周程張朱。然當朱子之時，邪説竝作，而仁義充塞，不有朱子，孔子之道不著也。故昌黎韓氏曰：「孟子功不在禹下」，而河汾薛氏曰：「朱子功不在孟子下」，可謂知言矣。

夫聖人之道載在六籍，得其言而得其意，以之而明聖人之道，不得其言而不得其意，以之而晦聖人之道。自朱子出，而六籍之言廼始幽顯畢徹，吾道如日月之經天、江河之流地。非獨研窮之勤、昭晰之密，蓋其精神氣力，真足以柱石兩間，掩映千古，所謂豪傑而聖賢者也。

其書自傳注而外，見於文集語録者，浩渺無涯。攀龍不自揣量，三復之餘，節其要言，倣朱子近思録例，分爲十有四卷，而不敢擬於近思，名曰朱子節要。嗚呼！不有朱子，孔子之道不著也，而不知孔子，朱子之道不著也。余豈知之者哉？以爲是編，於天理人欲、毫釐千里之介莫詳焉，學者欲知前聖後聖若合符節之處，此其要也。鍥成書此，以諗同志。

就正録自序

人之所以爲人者，性而已矣。性之所以爲性者，天而已矣。人在天中爲至虚，天在人身爲至靈，虚靈者於人無朕，於天無際。性之所以妙於天人之間而爲心，呈天之體，顯天之用，而非徒以棼然思慮者，供其塊然官骸者，晝夜接搆之妄而已也。

自夫人認塊然者爲身，棼然者爲心，至舉吾之與生俱生者，卒與死俱死，而不自知。其不自知，繇不學也。蓋聖賢具言之，存乎人之好古而敏求之。其事至近，其近在目前，而人以渺然之軀與天同者，不出於目前至近，第舉吾幼所誦讀者，切身體味之而見矣。不佞至拙，以拙也安於拙，而無他營。體味所及，如見嶽於一拳，見海於一勺，就正於海内有道曰：果其爲嶽也與否？果其爲海也與否？必有語之嶽與海者矣。

講義自序

聖人之言多矣，而曰欲無言，明乎所言者，皆言其無言者也。而天下後世卒未免求聖人以言，求聖人之言於聖人，若與我不相涉者然，此學之所以不可不講也。講學者，明乎聖人之言，皆言吾之所以爲吾也。夫吾之所以爲吾，果何如哉？知之一日而有餘，行之終身而不足者也。知者不知乎此，行者不行乎此，人各以其所知所行者言焉，其於聖人之言，多覿面而失之矣，此學之所以不可不講也。

吾郡舊未有講學者，顧涇陽先生倡之，數十年來津津焉。秉彝之在人心，觸之而動，有火然泉達而不容已乎！不佞幸從諸先生後，不能無請益之言，實不敢求聖人於言，求聖人之言於聖人。然所言者，其所知所行也。懼其覿面而失聖人之言，聊舉以就正有道，求吾之所以爲吾者。

重鍥近思録序

朱子曰「四書爲五經之階梯，近思録爲四書之階梯」，言所繇以從入之序也。從兹而至聖人之道，譬之植五穀者，下種既真，培之漑之，孰可計時而待。匪是，是種荑稗而欲其爲五穀也。夫「近思」者，近取諸己。近取諸己，萬理具備，視聽言動繇是，君臣、父子、夫婦、昆弟、朋友之間繇是，聖人之道，如此而已矣。要在人默而識之，默而識之曰悟，循而體之曰修。修之則彝倫日用也，悟之則神化性命也。聖人所以下學而上達，與天地同流，如此而已矣。此其教所以賢愚胥益，爲能開物成務，惠天下萬世於無窮也。

今之説者好言悟，夫悟，誠足貴也。懲之者又諱言悟，夫悟，奚可少也。立卓非顔之悟乎？至於不遷怒、貳過，斯其悟真悟矣。一貫非曾之悟乎？至於啓手足，斯其悟真悟矣。今之悟者何如耶？或攝心而乍見心境之開明，或專氣而乍得氣機之宣暢。以是爲悟，遂欲舉吾聖人明善誠身之教，一掃而無之，決隄防以自恣，滅是非而安心，謂可以了生死。嗚乎！其不至於率獸食人而人相食，不止矣。

予既倣近思而節朱子要語，秦生彦熙欣然有意其間，并刻近思録。嗚乎！逃虚谷者，聞人足音跫然而喜，况於今之時乎！於今之時，有能讀小學近思録，而斤斤修彝倫日用之間以爲學者，吾必謂之曰聖人之徒也。

朱子性理吟序

昔者子朱子嘗取六經四子中要義，約爲韻語，命曰性理吟，以訓其子。芝老，金川車公名振者，受於其祖松坡公，松坡得之五河李先生，李得之雙峰饒先生，饒得之勉齋黄先生，黄則親承師授者也。天順中，車公爲常州府司理，刻於常，攜其板歸，燬於火。嘉靖中，車公壻饒公名傳者爲汀州府司理，刻於汀，今年予訪維城張公於武林，得而珍之，曰：信非朱子不能作矣。味之而愈旨，研之而愈深，終身所不能窮也。昔明道先生嘗欲爲詩歌以訓蒙士，朱子此編豈成其志乎。學者幼而誦之，長而繹之，載籍雖博，要旨不離乎是。以是求道，如規矩設而不可欺以方圓，南北辨而不可欺以燕越也。夫因重梓之，以廣其傳焉。

予欲重梓此編久矣，而忽忽逾邁歲月。今乃得吾姻家楊爾亮梓之，爾亮而好此也，亦度越時俗也哉。予見張無垢作論語吟，後人多繼其響者，大都以禪機説聖學，面目不相似也。學者於是編深味之，始知聖人之學，其時行物生之機，躍然言意之表者，不必求之於禪，而民彝物則之正，秩然矩度之中者，不可亂之以禪也。有兹刻而此意之流行天地間，其不晦矣乎。

程朱闕里志序

自昔大聖賢之生，必有同道共德者出于其地，相與左右後先，以明其學，撥天下之亂而反之治。吾夫子生尼山，顔曾思三大賢非出其家，即出其鄉。七十二弟子，大抵魯人爲多。至孟氏道益大明，而近聖人之居，又若是其近也，豈偶然之故與？孟氏之後，聖學不傳，千四百年，重開於周子，光大於程朱。程夫子生洛，朱夫子居閩，人知三夫子，洛、閩相去之遥，不知兩姓之祖同出歙，又同出黄墩之撮土也。天地之氣，山川之靈，鍾爲聖賢，或發於一時一地，或培其先世而發於異地異時。蓋上下千古，不能幾見。然則黄墩者，固千古靈異所鍾，而歙之最勝事也。

朱子而來四百餘年，未有表其事者。表之，自趙誠之先生始，方定之先生繼之，而後歙侯劉公即地創祠焉。太學趙君某，誠之先生孫也，乃博考旁搜，舉凡有關三夫子者，彙而志之，使新安人士開卷見三夫子也。志成，以鮑公中素教徵言攀龍。攀龍何所知，蓋嘗竊窺古今之概矣。三代而後，聖王不作，於是夫子出，以六經治天下，決是非、定好惡，使天下曉然知如是爲經常之道。越志者欲有所肆焉，民得執常道以格之，故亂臣賊子不旋踵誅夷，生民之類不至糜爛而無遺餘。是六經者，天之法律也。順之則生，逆之則死，天下所以治而無亂，亂而即治者，以六經在也。然漢唐之間，儒者溺訓詁，而傳六經之糟粕；佛氏言心性，而亂六經之精微。傳其糟粕者，言理而不本之心；亂其精微者，言心而不本之理。一則窮深極微，而外於彝常日用；一則彝常日用，而不可知化窮神。于是六經又敝，而周程張朱五夫子者出。五夫子出，而後知六經者，「天理」二字而已。天理者，天然自有之理，天得之爲天，地得之爲地，人得之爲人者也。無所增于聖，無所減于凡，無所升于古，無所降于今者也。誠者誠此，敬者敬此，格物者格此。明此而後知俗儒之所蔽，佛氏之所亂，一膜而千里也。人知程朱三夫子之黄墩，亦知其學之黄墩乎！豈惟三夫子，千聖萬賢之黄墩胥於是乎在，尼山乎？黄墩乎？天地之氣，山川之靈鍾爲聖賢，其生也有自，其出也有爲。夫何爲哉？明此而已矣。

重刻諸儒語要序

唐荆川先生輯諸儒語要十卷，其六卷皆諸先生所自得語，四卷則辨析同異，而考亭之語爲多。吾友黄雲翼讀之而奮然起曰：道在兹乎！重刻於浙中，而徵言於不佞。夫不佞則烏知道，竊以善觀聖人之道者觀其學，善觀聖人之學者觀其教，善觀聖人之所言者觀其所不言，觀聖人而後乃知諸先生也。

夫聖人之憂患天下後世遠矣，故不難於自盡其心，而難於盡衆人之心，不難於開一世人之心，而難於稽萬世人之心。聖人知不學之害小，而學術之害尤大。不學之害，害其身，而學術之害，害萬世。故能言而有所不敢言，欲言而有所不敢盡，欽欽然守先王之法，文則先王之文，禮則先王之禮，聖人特示之博，特示之約，使萬世之賢且智者有所裁，而不敢恣其意；愚不肖者有所循，而得以殫其力，如是而已矣。

夫道，人所自道也。譬之適長安者，聖人第示以至之之塗，示以至之之具爾。塗不辨不可得而至，用不具不可得而至。及其至，則長安自見，不以言而見也。後之教者不然，每侈言長安，而學者亦宛若身親其地，然而心遊千里，身不越跬步也。彼其侈言長安者，夫豈非身至之者乎？以爲言塗與具非長安也，乃不知徒言長安者之非真長安也。夫然後知聖人之憂患天下後世之遠，故於其所不言，而知其所言也。斯義也，繇孔子而來，惟周程張朱五先生得之。自五先生外，諸先生各有獨至，而學聖人者，必以五先生爲其辨塗之正、具用之備也。吾觀聖人之教而知諸先生，觀諸先生之教而益知聖人。甚哉，教之關萬世生人命脉也！是以聖人視如河堤蟻穴，知其必決而慎之。

王文成公年譜序

嗚呼！道之不明也，支離於漢儒之訓詁；道之明也，剖裂於朱陸之分門。程子之表章大學也，爲初學入德之門；今之人人自爲大學也，遂爲聚訟之府，何天下之多故也。國朝自弘正以前，天下之學出於一，自嘉靖以來，天下之學出於二。出於一，宗朱子也；出於二，王文成公之學行也。朱子之説大學，多本於二程；文成學所得力，蓋深契于子静，所繇以二矣。

夫聖賢有外心以爲學者乎？又有遺物以爲心者乎？心非内也，萬物皆備於我矣；物非外也，糟糠煨燼，無非教也。夫然，則物即理，理即心，而謂心、理可析，格物爲外乎？天下之道貞於一，而所以害道者二：高之則虚無寂滅，卑之則功利詞章。朱子所謂「其功倍於小學而無用」，「其高過於大學而無實」者也，蓋戒之嚴矣。而謂朱子之學爲詞章乎？善乎莊渠魏氏曰「程子有激而言也」〔二〕，彼其見天下之弊於詞章記誦，而遂以爲言

〔二〕魏校莊渠遺書卷四復沈一之「陽明蓋有激者也」。

之太詳、析之太精之過也。而不知其弊也，則未嘗反而求之朱子之説矣。當文成之身，學者則已有流入空虚，爲脱落新奇之論，而文成亦悔之矣。至於今，乃益以虚見爲實悟，任情爲率性。易簡之途誤認，而義利之界漸夷，其弊也滋甚，則亦未嘗反而求之文成之説也。良知乎？夫乃文成所謂玩弄以負其知也乎！高攀龍曰：吾讀譜而知文成之學有所從以入也，其於象山曠世而相感也，豈偶然之故哉！

時攀龍添注揭陽典史，莊大夫致菴公以兹譜示，而命攀龍爲之言。攀龍不敢，而謂公之文章事業，蔑以尚矣！學士所相與研究公之學也，故謹附其説如此焉。

許敬菴先生語要序

聖人言道，未嘗諱言無也。曰「上天之載，無聲無臭」，夫無聲無臭者不可言，言人倫庶物而已。聖人曰「即此是道，更别無道也」。夫曰即此是道，更别無道者，無之極也，學者不察也。天生蒸民，有物有則，是故典曰天序，禮曰天秩，命曰天命，討曰天討，是之謂天則，非人所能與也。以人與之，爲私而已。聖人之學，物還其則，而我無與焉，萬變在人，實無一事也，無之極也。

今之言無者異於是，曰無善無惡，夫謂無惡可矣，謂無善，何也？善者，性也，無善是無性也。吾以善爲性，彼以善爲外也。吾以性爲即人倫即庶物，彼以人倫庶物是善而非性也，是岐體用、岐本末、岐内外、岐精麤、岐心迹而二之也。聖人之道一以貫之，是故言天下之至賾而不可惡也，言天下之至動而不可亂也。彼外善以爲性，故物曰外物，窮事物之理曰徇外，直欲一掃而無之，不知心有未盡，不可得而無也；理有未窮，心不可得而盡也。今以私欲未净之心，遽遣之使無，其勢必有所不能，則不得不别爲攝心之法，外人倫庶物而用其心，至於倫物之間，知之不明、處之不當、居之不安，將紛擾滋甚，而欲其無也，愈不可得矣。是故以理爲主，順而因之而不有者，吾之所謂無也；以理爲障，逆而掃之而不有者，彼之所謂無也。兩者根宗少異，而精神血脉頓若燕越背馳，不可不察也。

德清許敬菴先生汲汲於拯其溺也，其遺言具在。吾友張維成、周自淑，先生之高第弟子也，復揭先生要語刻之，而徵序於攀龍。攀龍則何知道，謂先生立言之正，二君擇言之精，而集中無善無惡之辨最爲喫緊。故表而論著之，以就正於二君，就正於天下之有道者，不知以爲何如也。

方本菴先生性善繹序

名性曰善，自孟子始。吾徵之孔子，所成之性，即所繼之善也。名善曰無，自告子始，吾無徵焉，竺乾氏之説似之。至陽明先生，始以心體爲無善無惡，心體即性也。今海内反其説而復之古者，桐川方本菴先生、吾邑顧涇陽先生也。方先生謂「天泉證道」乃龍溪公之言，托於陽明先生者也。

攀龍不敢知，竊以陽明先生所爲善，非性善之善也。何也？彼謂有善有惡者意之動，則是以善屬之意也。其所謂善，第曰善念云而已。所謂無善，第曰無念云而已。吾以善爲性，彼以善爲念也；吾以善自人生而静以上，彼以善自五性感動而後也。故曰非吾所謂性善之善也。吾所謂善，元也，萬物之所資始而資生也，烏得而無之。故無善之説，不足以亂性，而足以亂教。善，一而已矣，一之而一元，萬之而萬行，爲物不二者也。天下無無念之心，患其不一於善耳，一於善，即性也。今不念於善而念於無，無亦念也。若曰患其著焉，著於善，著於無，一著也。著善則拘，著無則蕩，拘與蕩之患，倍蓰無算。故聖人之教必使人格物，物格而善明，則有善而無著。今懼其著，至夷善於惡而無之，人遂將視善如惡而去之，大亂之道也。故曰足以亂教，此方先生所憂，而性善繹所以作也。

善乎先生之言曰：「見爲善，色色皆善，故能善天下國家；見爲空，色色皆空，不免空天下國家。見之異則體之異，體之異則用之異，此毫釐千里之判也。」嗚呼！古之聖賢曰止善、曰明善、曰擇善、曰積善，蓋懇懇焉，今以「無」之一字掃而空之，非不教爲善也。既無之矣，又使爲之，是無食而使食也。人欲横流，如河水建瓴而下。語之爲善，千夫隄之而不足；語之無善，一夫决之而有餘。悲夫！

王儀寰先生格物説小序

大學在明、新、止，格物者，格知明、新之至善處也。故身、心、意、知、家、國、天下，皆明、新、止之物也；誠、正、修、齊、治、平，皆明、新、止之格也。格者，止也，通也，正也。格物則隨物察則，物格則一以貫之。格物必窮至極處，物格則通徹無間，而物各得其正矣。天地間觸目皆物，日用間動念皆格，一部大學皆格物也，六經皆格物也，孟子七篇更可作大學注疏。何者？以皆窮至其極，見天理真面目也。予嘗以此語人，罕有解其微者。儀寰王先生格物説，獨得余心同然。大學之旨，庶幾其明矣。先生二府京口，大得民和，其以格致爲治平乎！自是而歘歷愈久，益將以治平顯格致乎！嗟嗟聖人之學，所以與佛氏異者，以格物而致知也；儒者之學，每入于禪者，以致知不在格物也。致知而不在格物者，自以爲知之真，而不知非物之則，於是從心踰矩，生心害政，去至善遠矣，所係豈其微哉！

點朱吟序

啓新錢先生之于易也，蓋四十年動静食息于其中矣。當其精思力踐之熟，一旦豁然，見夫聖人畫乾畫以象天，畫坤畫以象地，合乾坤畫以象人，故夫卦之而八，重之六十四，皆天地象也，皆人象也。像其象焉之謂人，不乾不坤不震不巽不坎不離不艮不兑之謂匪人。世人知易之爲象，不知象之爲像〔一〕，是人與易二之也。

説易者自程朱兩夫子而後，先生謂再闢乾坤之門而發其藴矣。然象像之書行于世，理深文奥，學者至不能句，罕有知其義者。吾邑吴叔美諸君謀于攀龍曰：「豈可當先生而不得其道，一聞于錫之士耶！」龍曰：「然。」於是迎先生説易東林，先生欣然許之。以十一月六日至，又四日而日長至，其夕，相與飲酒而樂，先生爲詩，示學者閉關之義，一時從游士賡而成集。

先生既序而刻之，攀龍復申其義曰：夫關，心關也，其紛念爲商旅，其真宰爲后，商旅不行則内固，后而省方則外馳。闔乾坤之門而爲關，斯闢乾坤之户，而爲盛德大業。三百八十四畫，一畫縮之，而先生閉關之義，固象像之扃鑰也。

〔一〕「像」，底本作「儀」，四庫本作「像」，東林書院志、道南淵源録收録此篇均作「像」。又本文有「象像之書」「固象像之扃鑰也」等表述，故宜從諸本改。

虞山書院商語序

孔門高第弟子，其在南方者，獨言子耳。虞山故有文學書院俎豆之，而毁於江陵相。弔其墟者輒咨嗟歎恨，以爲是鳳皇麒麟之棲峙於此，是高山大川之鎮浸於此，而且如是，後之人其何觀焉？

瀛海耿侯來令兹邑，期年，政通人和，案牘直供其游刃，而慨然念曰：「治世有大於人才者乎？育才有外於教化者乎？興教兹土，有舍其先賢而别有示之者乎？」於是重復書院，群邑之縉紳先生、博士弟子講習焉。攀龍從涇陽先生報謁侯，而適遘其會，得聞侯深造自得之學，得見諸先達抑抑之儀，得研諸文學亹亹之論，自幸以爲不世之遇，而涇陽先生於會中有相商之語，侯且鋟之木，而欲攀龍爲引語。

攀龍愚不肖，無所知識，竊見侯之標學道堂曰「願學孔子」，以爲是此學之大準的也，亦此時之大疑義也。夫學者誰不學孔子，自陽明先生提挈良知以來，掃蕩廓清之功大矣。然後之襲其學者，既非先生百年一出之人豪，又非先生萬死一生之學力，往往掠其便以濟其私，人人自謂得孔子真面目，而不知愈失其真精神。攀龍少即疑之，於是熟窺吾夫子。見其賊鄉愿、誅鄙夫、生夷齊、死齊景、斥媚竈、攻冉求，至斤斤一泰山之旅，若芥於目、楔於口、疾痛於身，有不能忍者，何也？於季路再列成人，於子貢三列士品，總之不離本實者爲是。言仁至微密矣，未嘗離日用庸行，即直指立達真體，不過以近譬爲方。至戒巧令、近木訥、仁夷齊、仁三仁，昭昭揭象而示之，又何也？以夫子聖智，發其慧辯，豈别無神奇？乃其自言信而好古，好古敏求，詩書執禮外，例入不語罕言中，又何也？厚葬也以爲薄視顏子，爲臣也而以爲欺天，即區區不正之席、不正之割，若水火之當吾前而不敢蹈，又何也？此聖人無行不與之教，要非依倣比擬可得，而不可不思其故。攀龍參求於此，非一日矣。茫然未有見也，但自見柔情凡念習氣懈心交錯而發，以漓吾之真體，故言未出諸口，而愧已集於心，其何以發涇陽先生之意？雖然，吾見先生欽欽以「小心」爲學，奉孔聖之矩，闡先儒之幽，其言平實微婉，令人於真念頭發處，默識本心，默識莫之爲而爲之天。至其言外之旨，則穆然有深憂於世。詩曰「知我者謂我心憂，不知我者謂我何求」，嗚呼！耿侯有真精神於世道者也，其必有以知之矣。異日者，吾且就而求吾所願學。

桐川會續記序 當道改鶴鳴書院

桐川會續記者何？方明善先生教於桐川，有桐川會記。令子廷尉魯嶽公善繼述之，有續紀。紀備矣，其承先也篤，其望後也切，脉正而澤長，百世不朽矣。吾讀公至善堂記，更有味乎其言也。夫非善不名至，非至不名善。至者，無以加之之謂，所謂極也。格物者，窮至其極處，即至善也。斯紀也，善其明矣乎。而公之復徵余言，余又何言也。無已，請言格致之法，所繇以明善者，可乎？

朱子曰「當因其所發而遂明之」，此四端之説也，孟子之法也；吾則曰「又當因其所未發而遂明之」，此大本之説也，中庸之法也。何以因其未發也？諸賢之登至善堂也，有不雝雝肅肅者乎？此雝雝肅肅之時，有喜乎？怒乎？哀樂乎？抑有思慮乎？無有也。所謂未發也，善之體也，一反觀而明矣。此反觀者何物也？心也，明德也。性寂而靜，心能觀之；情發而動，心能節之，此心之所以統乎性情，而明德之所以體用乎至善也，格致之法也。吾不能必登斯堂者皆雝雝肅肅，而能必雝雝肅肅者無乎不善也；吾不能必出斯堂者皆純於善，而能必明善於斯堂者不復入於不善也，則斯堂之功不既大乎！於所發明善，善最真；於未發明善，善最顯。明善者，不加毫末，夫不加毫末者，善也。乃以爲無善，可乎？明善先生鳴斯學于桐川，而魯嶽公和之，桐之人相率而和之。四海之内相率而和之，好爵之縻，中心之願，以性善也，稱鶴鳴也固宜。

崇文會語序

崇文者何？崇文公朱子也。吴公伯昌生文公之鄉，崇文公易也；生於今之時，崇文公不易也。自良知之教興，世之弁髦朱學也久矣，一人倡之，千萬人從之，易也；千萬人違之，一人挽之，豈易易哉！此所謂不惑者也，能反其本者也。

夫學者，學爲孔子而已。孔子之教四，曰文、行、忠、信，惟朱子之學得其宗，傳之萬世無弊，即有泥文窒悟者，其敦行忠信自若也，不謂弊也。姚江天挺豪傑，妙悟良知，一破泥文之蔽，其功甚偉，豈可不謂孔子之學，然而非孔子之教也。今其弊略見矣：始也掃聞見以明心耳，究且任心而廢學，於是乎詩書禮樂輕，而士鮮實悟；始也掃善惡以空念耳，究且任空而廢行，於是乎名節忠義輕，而士鮮實修。蓋至於以「四無」教者弊，而後知以「四教」教者，聖人憂患後世之遠也。

尊聞録序

聖人之學，復其性而已。何以復性也？孟子曰「盡其心者，知其性也」，「學問之道無他，求其放心而已矣」，是所繇以復之道也。然而論語二十篇不言心，第兩言之，曰「其心三月不違仁」、曰「從心所欲不踰矩」，何以説也？是則固有違仁、踰矩之心乎？噫！聖人之憂患後世至矣。繇漢以來，儒者不言大學，言大學自二程夫子始，曰是孔氏遺書，而初學入德之門。故言大學在程門最詳，而章句或問之作，朱子又因其説而推明之，莫或背也。至王陽明先生，始以爲是求理於事事物物之間，析心理爲二矣，率天下而義襲矣。蓋先生自以其得諸心者，取證於大學，又以後世傳言失真之舛，盡責諸先儒，而不察其實也。

豐城見羅李先生之説大學也，曰皆不其然。大學犂然鼎立三綱，而止歸至善；秩然井分八目，而本歸修身。知止要矣，而止何在？本末始終，教人止法也，而本何在？修身爲本也。知修身爲本，斯謂知本，斯謂知之至也。善在此，止在此矣。故自天子以至於庶人，壹是皆以修身爲本，性學也，匪獨大學，先生之説論語也猶是，説思、孟、六經猶是，壹是皆以修身爲本也。

或曰：聖人教人言而不離乎是，寧若是之拘拘乎？

曰：不然。先生之學主于明宗，自致良知之宗揭，學者遂認知爲性，一切隨知流轉，張皇恍惚，其以恣情任欲亦附于作用變化之妙，而迷復久矣。不知大學教人復性，格致八目皆其工夫也。

曰：孩提之愛敬、乍見之怵惕、平旦之好惡，非性乎？致良知者致此，致之非復之乎？

曰：乃若其情，則可謂善矣。請循其本，何以有乍見之怵惕？何以有平旦之好惡？前乎是者，遂淪于無乎？後乎是者，可執而有乎？則孟氏之指可知也。

嗚呼！吾讀論語，而後知聖人憂慮後世之遠也。知論語之宗，是故知止修之宗。先生之説具存書要，其高第弟子陳君古池侍先生於清漳，日以所聞於先生者開示來學，記其會語，名曰「尊聞」。甲午冬，攀龍過漳見先生，而古池出以示攀龍，而命爲之序。攀龍不敢辭，而謹書其端曰：

昔者孔子之教七十子，非不習而闻也，子貢迺曰「夫子之言性與天道，不可得而聞」，何居？可思矣。然則吾曹之尊所聞於先生者，宜何如哉？先生之教，身教也。請反求之身，而毋徒以言。

馮少墟先生集序

少墟先生，予同年馮仲好也。仲好少即志聖人之學，繇庶常吉士爲侍御史，言事罷歸，閉關九年，精思力踐，而於聖人之道始沛如也。所在講學論道，爲集凡二十二卷。余受而卒業焉，作而歎曰：此真聖人之學也！

聖人之學之難明也，蓋似是而非者亂之，其差在針芒間，不可不辨也。今夫人，目則能視，耳則能聽，手則能持，足則能行，視聽持行者，耳目手足也，所以視聽持行者，何物也？凡世之不知學者，皆覿面而失之於是也。然而目之視，貴其明；耳之聽，貴其聰，手之持，貴其恭；足之行，貴其重。所以聰、明、恭、重者，何物也？凡世之知學者，又往往覿面而失之於是也。然而目之明，非我能使之明，目本自明；耳之聰，非我能使之聰，耳本自聰。手足持行之恭重也亦然，其本來者，又何物也？世之知正學者，又往往覿面而失之於是也。

耳目手足者，形也；視聽持行者，色也；聰明恭重者，性也。本來如是，復還其如是之謂工夫也。修而不悟者，徇末而迷本，悟而不徹者，認物以爲則。故善言工夫者，惟恐言本體者之妨其修；善言本體者，惟恐言工夫者之妨其悟。不知欲修者，正須求之本體；欲悟者，正須求之工夫。無本體無工夫，無工夫無本體也。

仲好之集，至明至備，至正至中，非修而悟、悟而徹者不能，真聖人之學也。吾特於其集中示人最切者，揭而出之，以見似是而非者亂吾聖人之學，其端蓋異於此也。

西齋日録序

自宋周程張朱五夫子者出，而聖人之道始大明於天下。學者苟有志於道，必繇是入焉。吾嘗謂，五經四書四子是天地之定局也。升東嶽而知衆山之峛崺也，况介丘乎！浮滄海而知江河之惡沱也，况枯澤乎！舍五經四書四子而求道，猶之乎指介丘枯澤以爲山水也，謂之無目也亦宜。

今之學者，多惑於異端，非異端之能惑人也，彼未嘗入宗廟之中擊金拊石、吹竹彈絲，而漫聽瓦缶碰鐊，以爲足以悦耳。眉批：是則然矣，亦爲未嘗體之身心，驗之日用。嗚呼！於今之時，有能示人以聖人之正道，其亦可謂大仁也。

夫雲間周萊峰先生有西齋日録，蓋先生手録先儒之言，粘之四壁，積而成書，雖不盡出四子，皆四子真脉也。先生真修實踐，故其擇言最精。吾最愛韓昌黎言「一室之内，有以自娱」，先生蕭然西齋，俯仰今古，沈酣道義，味其風致，三公萬鍾不以易此樂矣。學者試讀其書，想見其人，於道不思過半乎？兹刻也，所謂於今之時，示人以聖人之正道者也，大仁者也。

願學齋劄記序

于景素先生既以言事謫官歸，杜門讀書，津津樂也。其言曰：「士君子植節大難，非有禮義維持之，人心甚危，浸淫潰決而不自覺。」故其讀書，第取足以治心砥行而已。自諸經諸儒諸史外，一切綺麗浮靡弗好也，曰：「勿以岐吾意。」久之，見夫聖賢之學中正易簡，而竊怪夫世之言學者一何異也。於是以其得之心間筆之書，積而成帙，題曰願學齋劄記，將刻以諗同志，而徵序於攀龍。

余蓋蹙然有感於先生齋「願學」之意矣。夫言學者，孰不曰學孔子哉。究其實，乃大謬，彼其心自以爲有上於孔子者在也。吾竊度其概，彼見孔子言明不言幽也，言生不言死也，言六合之内不言六合之外也。以爲可以紀綱人倫，而不可以超出生死；可以明章禮樂，而不可以冥攝鬼神；可以具足現在，而不可以旁通三世云爾。嗚呼！其於孔子之道，曾未始得門而入焉，又何怪其言之異也。夫子曰「莫我知也夫」，豈獨當世，千萬世而下，知聖人者有幾？未嘗知之，則不得其門也，又何怪。夫子曰：「篤信好學，守死善道」，夫信之篤死而不移者，好學之謂也，未嘗學焉，則無繇而知聖人之道也，又何怪。今吾徒蚩蚩之氓，大幸而知學矣，又大幸而知願學孔子矣，而何以學之？服其服，未也；言其言，未也；行其行，近之矣而未也。然則如之何？曰「觀子輿氏所以學孔子者，没身焉而已矣」，是則先生願學之意也，所爲劄以自警警人之意也。

重刊采運條議序

昔歐陽公讀李翱賦曰：「衆囂囂而雜處兮，咸歎老而嗟卑。視予心之不然兮，慮行道之猶非」。蓋三歎斯言，以爲使君子皆易其歎老嗟卑之心，爲翺所憂之心，天下豈有亂亡哉！嗟乎！事有曠世而相感，余又不能不歎歐公所言也。夫士卑居邑邑不得志，謂不能一日居得爲之位，爲其所欲爲，是不過慕富貴耳，非寔有爲者也。人有必爲之心，天下未嘗無可爲之事，未嘗爲之，而輒自阻抑者多矣。

夫徐公偃蹇一第，官不過郡佐，僻在川徼。會天子興大工需蜀材，督有司至逮七縣令。

徐公慨然以身殉事，入虎豹之穴、蠻夷不測之境，鳩役而役從，諭夷而夷化，求木而木得，陸也神佐之開山，水也龍佐之時雨，事克以濟。公又爲天下後世之慮，陳六難三易之説，破百年之拘攣，貽無窮之利澤。凡徐公所居，皆世所謂不能一日有爲；而徐公所爲，皆世所謂張皇錯愕，以爲必不可爲者也。是果官之拘人，人之不能盡其官耶？

夫事不身歷則無真知，不真知則其誠不能動人。一木也，民出萬死以得之，當事者視之，曾不足以當枯稿；執成式，則刻於分寸，核定費，則嚴於錙銖，視民之命，亦曾不足以當枯稿，果斯人之不仁至此哉？下莫以告而上不知也，宜公言之而上下響應矣。匪獨木，天下之事皆然。嗚呼！上之人以爲易，而下莫敢以難之説進；上之人以爲難，而下莫敢以易之説進。無怪天下之事，日入于難也。公之子德夫既成進士，而公且拂衣歸。夫世有斯人，而莫竟其用，無怪乎天下之事，日入于難也。未嘗爲之而曰事不可爲，未嘗求之而曰天下無才，人人自顧其私，而泄泄一世之事，此歐公所以憂翱之憂，後之人又憂公之憂於無窮也。

營政紀言序

晉江奕開徐侯來令平陵，期年，悉四境之故，考往古之英賢，擥山川之要會。於是政以時舉，自學宫、縣治、城濠、橋道而外，復營夏林閘以利漕，營利濟橋以利涉，營求惠倉以利賑，營伍相國祠以表忠，營貞義女祠以表義，營文昌閣以爲瀨江之鎮。屬歲大旱，徐侯步禱於相國祠，靈雨旋注，民以不死。於是四方之士益知徐侯所營，非苟而已也。皆爲文章以紀其事，彙而爲營政紀言。不佞某既受而卒業，喟然歎曰：「有是哉，徐侯乃可稱宰矣！」

夫邑宰，以一邑爲身者也。是故山川土田，肢體也，有不修飭，是肢體之有痿廢也；忠孝節義，神明也，有不昭宣，是神明之冥頑不靈也；水旱不虞，血氣之壅閼不通也；漠焉不憫恤於心，是聽血氣之壅閼不通也。若徐侯者，乃稱宰矣。

夫以一邑爲身者，是能以天下爲身者也。繇兹進而立於廟堂之上宰天下，亦如是矣。侯不憶曩日籲雨於伍大夫乎，大夫之歿至於今，幾二千年矣。侯搏顙而籲者，籲之於土木偶人耳。從二千年後，求其人於土木之偶，然而風雲變於咫尺，雷雨作於俄頃，則是侯與大夫固昭昭然相酬酢，而大夫與上帝固昭昭然相陟降也。繇是觀之，天地固吾之象貌，今古固吾之呼吸。心誠求之，則鞭雷霆、挾日月、吞吐造化，豈難也哉！故能宰天下者，能宰天地者也。詩曰「蔽芾甘棠，勿剪勿伐」，寧以其物與其迹在？其人在也。猶之金瀨然，伍大夫迹在，其人在也。平陵謍政，豈直一甘棠也乎！

闡幽録序

我神祖御極四十八年，而譴謫諸臣自萬曆五年始。于時江陵相不喪父喪，諸臣以綱常大義諍，杖者、戍者、編氓者纍纍矣。是後以國本，以鑛税，以去奸者、發奸者，以救言者、薦言者、推用言者，相繼譴幾三百人。迨遺詔録用，無禄即世者且半。即存者以酌量裁，以冒濫尼，不能十而二三，何况没者？忠魂炯炯，浩氣揚揚，吾不知鬱而爲苦雨淒風，抑激而爲冬雷夏雪，兩間醇和，剥之萬端，此固其一矣。幸聖天子穆穆，無奏不下；賢宰相休休，無善不庸。南皋先生爲闡幽疏者再，太宰乃奏勳司案，以廷杖獄死者爲一等，贈官予廕，餘爲一等，止贈官。先以七十五人請，將益搜其未盡者，旋得俞旨布海內，使知爲人臣，抒忠誠於國，屈於一時，伸于萬世，彌久而光。諸爲奸利者，赫奕旦夕耳。

嗚呼！此闡幽所以爲人心慮至深遠，以爲無須汲汲者，其度量相越何如哉！夫鄒先生固最先譴，召用而復錮，幾四十年者，吴趙沈艾諸君子相繼没，而先生巋然爲魯靈光。天子用爲御史大夫，諸君子卒以先生闡，天豈無意乎！天之未定，疾風迅霆，日月晦冥；天之既定，水綠山青，蜎蠕以寧。昔屈子賦遠遊，欲長年以觀既定之天。而忠臣義士，顑頷没世者，常以年歲之不延。悲夫！然猶被三朝寵錫，際一時明良，而及兹典，未爲不幸也。

元相前則南昌劉公名一燝，今則福清葉公名向高，太宰則涇陽張公名問達，少宰則定遠盛公名以弘，會稽王公名舜鼎，勳司則奉化戴公名澳。後之覽者考鏡焉。

無錫縣學筆記序

何以使天下治？曰人才。何以育才？曰庠序之教。何以使庠序之教，天下奉之若蓍蔡，循循焉嚮於道也？曰在是非著而勸懲者深。

古者令民五家爲比，其教始於比長。閭胥聚衆讀法，書其敬敏任恤，而掌其比觵撻罰之事，蓋已昭然導之向矣。至於州長以歲時考其德行道藝而勸之，糾其過惡而戒之，行成而後卿大夫以登於王，蓋勸戒森嚴，故民聽不惑。其必爲善也，如水之寒，而火之熱；必不爲惡也，如騶虞之不殺，竊脂之不穀。豈獨其性然哉，所繇來者豫矣。夫有善惡而後有是非，有是非而後有賞罰，有賞罰而後有勸懲。上之人躬明德以示之，又嚴勸懲以一之，若之何士不務於道，而天下不安治且久也。

今也不然：士幼而誦聖賢之言十倍於古，乃其父兄所責成，師友之勸勉，止於一第而已；入官之後，俛仰以隨俗，積金拓産，以裕其子孫而已。簿書期會之餘，計俸待遷，歎老嗟卑而已；上之則詩文酒奕以自娱，仙玄釋空以休老而已。天下滔滔，不復知禮義爲何物也。鄉飲酒以尚齒而崇德也，祠鄉賢以褒往而勸來也，或非其人，而人不以爲榮；士之以行黜也，卿大夫以墨敗也，恬焉安之，而人不以爲辱；閭巷之間，是其同己不必出於善，非其殊己不必出于惡，恕於責小人，而苛於求君子，庶民瞀惑而人不以爲信；至號爲儒者，禮義之心不能勝其嗜慾，恐天下叢而議其後，則皆習爲無善無惡之説以自便，以含糊爲長厚，以退避爲明哲，言行不足訓於天下，於是道德滅裂，而人不以爲貴，幾何不胥而亂也。

然則如之何？曰：救今之弊，則復古之法而止也。德行廢而任詞章，既失其本矣。昔之詞章，猶不敢叛經而亂傳也。今則傳注廢，而士之説經以意矣。説經以意，無不可行意也。意以亂指，指以從邪，浸淫潰決，將六籍之正皆爲姦言之文，是非益謬背而不知所底矣。復之如何？有高皇帝之卧牌，兩朝之勑諭在。學必以孔孟程朱爲宗，士必以孝弟忠廉爲貴，如此之謂是，不如此之謂非。德行繇是，詞章繇是，比閭之論議，達於朝廷之舉錯繇是。賞罰明而勸懲著，耳目一而志慮專，學如是而止也。嗚呼！所以行之者，難言矣！

吾邑思永談公爲學宫筆記，既成以示予，予卒業而歎曰：教典具矣，科目具矣，哲範具矣。富貴如蜉蝣，淑慝如蒼素，毁譽行於一時，是非昭於萬世，其弗可掩也。夫兹記行也，上之人考而思焉，以復古之制；下之人考而思焉，以復古之學。往者之不湮，來者之有述，公之錫類也遠矣。於是不辭而爲之序，且以志其平居之慨。

毘陵人品記序

士無定品，要在不失其人之本色而已。夫子曰「人之生也直」，此本色也。以其本色也而易，如火之炎上，水之就下也，故無鉅細皆足以成品；以其本色也而難，如火之不熄，水之不污也，故無鉅細之品皆見其可貴。品士者，核其人必脉理真而後無膺品；論人者，必群品備而後無失人。

毘陵爲泰伯端委之地，山川平衍，習尚得文質之中，繇周而來風氣日開，至宋而益著。天下有事，毘陵人必有則古昔、稱先王，不忍自決其防者。如慶元、端平間，天下岌岌矣，毘陵人硜硜守其所學，逐而去之者，至以道學解散爲慶，而迄於亂亡，毘陵人猶孤城死守不下，及羽人釋子，亦知與城俱亡之爲義。寧獨天性，亦其習見習聞然也。

毛古菴先生記毘陵人品，顧涇陽先生志桑梓人物，侍御嚴所吴公更雅馴其文辭，續入其後死，合爲書十卷，謂某不可無一言。某曰：侍御之功偉哉！夫人心之所趨，必有所定以爲的，而期中焉。故以富貴利達爲的者，取諸昏夜乞哀之巧力矣；以聖賢豪傑爲的者，取諸平旦虚明之巧力矣。二者如霄壤，不可同日而語，稍錯雜焉，人莫知所趨。侍御之厚於取善，而嚴於别類，其示之的乎！人固有與生俱生，不與死俱死，塞兩間，亘千古不可得而滅没者，非富貴利達之謂也。世人畢其巧力，昏夜乞哀以求之，而與此曾不相涉。夫以百年易盡之身，營此身不相涉之物，譬之冠冕金玉，被飾土木偶人，至於死之日，了無餘味，而後知其向之所爲罔也，大可哀矣！其有感於斯編而興起者乎，侍御之功偉哉！

東林志序

天地大矣，古今遠矣，聖賢之生，豈以一時一地爲盛衰哉！程氏之學錮于紹聖間，朱氏之學錮于慶元間，岌岌乎身之不能保。越百餘年，我太祖高皇帝、成祖文皇帝大明其道，家誦其書，人通其義。春秋大一統，諸子百家無得而奸，其間即有邪説，士得執所守而拒之。嗚呼盛矣！此何以故？洙泗之學，洛閩得其宗，學者繇是而入，皆可不畔于道，傳之萬世無敝也。

龜山楊先生上承洛統，下開閩傳，其棲止於晉陵梁溪間，浮雲流水之迹耳。而吾郡至今言學不畔洛閩，不忍曲學以阿世，于是見先生之精神大而遠也。

先生于梁溪，棲東林。東林之廢久矣，屢有復者而未竟。顧涇陽先生始率同志告于當道而一新之，使夫錫之士，進則行其道于天下，退則明其道于此，如行者之有家，耕者之有土也。道合則進，不合則退，綽綽乎有餘裕也。夫世事成毀，何常之有，變易者存乎時，不易者存乎道。道之所在，易乃不易也，有易故不可無志。涇陽先生屬志于劉伯先，伯先志成，以諗于予曰：「請言所以志。」

予曰：道者，人之神也；迹者，神之著也。故東林在而龜山先生在，龜山先生在而洛閩夫子在，洛閩夫子在而先聖在。神一也，一著而無不著。今夫東林之志彙矣，堂室則志，什器則志，圖書則志。室敝可葺也，器敝可新也，圖書敝可更也，人敝則澌滅矣。何以使人之不敝也？曰：在學。學非他也，人還其人之謂也。如目本明而還其明，耳本聰而還其聰，心本仁而還其仁，四體本恭而還其恭，君臣父子兄弟朋友，本親義序別信，而還其親義序別信。本來如是之謂性，知其如是而還其如是之謂學。不學而人敝，人敝而神離，如呼吸之離于體。夫以千秋之神滅于一日，哀哉！後之君子觀于志，即有不忍于一脉之滅而不續者，斯脉也，即以一念續矣。

東林會約序

吾錫故未有講學者，有之自宋龜山楊先生始。今東林其皋比處也，自元以來蕪廢久矣。復之於邵二泉先生，王文成之記可考也。嘉、隆以來又蕪廢矣，復之於顧涇陽先生。於時中丞則嗣山曹公，直指則起莘馬公，督學則意白楊公，兵使者則龍望鄒公，郡伯則宜諸歐陽公，邑侯平華林公，皆曰都時哉不可失，各捐金搆祠宇。同邑顧侍御驤宇公則出其所有地以爲祠址，林侯復以其工之羡，買田供盍簪之饒，涇陽先生而下，同志者又各捐金買地，搆爲講堂書舍，以爲講習燕居之所。而先生復爲約，指示一時從遊者。

蓋攀龍讀而嘆曰：至矣，無以加矣。古之君子，其出也以行道，其處也以求志，未有飽食而無所事事者。夫飽食而無所事事，斯不亦樂乎，又何多事而自取桎梏爲耶？噫！正以其不能無事云爾。夫人有生則有形，有形則有欲，有欲則有憂。以欲去憂，其憂愈大，蚩蚩然與憂俱生，與憂俱死矣。學也者，去其欲以復其性也，必有事以復於無事也。無事則樂，樂則生，生則久，久則天，天則神，而浩然于天地之間。夫人即至愚，未有舍其可樂而就其可憂。然徐而究其寔，卒未有不就其所憂而舍其所樂者。嗚呼！其亦弗思耳矣。思之如何？約備矣，無以加矣。

謹刻以公同志者，期相與不負斯約云。

同善會序

錢啓新先生倡同善會於毘陵，其會歲以季舉，會者人有所捐，聚而儲之，見有隱于中者施之。於是無告之人，寒者得衣，飢者得食，病者得藥，死者得槥，同會者人人得爲善。吾邑陳子志行聞之欣然曰：「夫學豈託之空言，將見之行事，此其爲行事之實乎！」而問於攀龍曰：「吾知如是之謂爲善也，子爲吾言善所從來。」

余曰：「噫！大哉，子之問也。夫善，仁而已。夫仁，人而已。夫人，合天下言之也。合天下言人，猶之乎合四體言身。吾於身，有尺寸之膚刀斧刲割，而木然不知者乎？吾於天下，有一人顛連困苦，見之而木然不動於中者乎？故善者仁而已矣，仁者愛人而已矣。」

志行曰：「君子欲萬物各得其所，而不能使萬物必得其所，博施濟衆，堯舜猶病，如力之不及何？」

曰：「務博者求諸人，仁者取諸己。取諸己者，力所及也。吾取諸力之所及，天下人各取諸力之所及，何人何我，何大何小，何窮何達，施不亦博乎，濟不亦衆乎。」

志行曰：「聞善者必福，有不然者，何也？」

曰：「凡吾爲德於人，非期人之報也，又非施於人所不報，而期天之報也。求福爲善，故爲善無福」。

志行曰：「人知善之必福，猶弗爲善，必欲其無爲而爲，執途之人，責以聖賢之道乎？」

曰：「噫！是不知不爲善之不可爾。於吾之身，刀斧刲割而木然者，必死人也。於天下顛連困苦而木然者，其死一也。然則吾之爲善，如渴而飲，飢而食，飲食亦望報耶？」

志行曰：「善者固無福與？」

曰：「道二，仁不仁而已。仁，生道也；不仁，死道也。天下之禍，萬有不同，皆死道也。天下之福，萬有不同，皆生道也。仁則生，善則福，猶形影然。有爲之心非仁，無爲之善即福也。」

志行曰：「善，吾今乃知大身是謂同善。」

重刻感應篇序

天地間感應二者，如環無端，生人物之萬殊。感應所以爲鬼神，非有鬼神以司感應也。

凡世人所受，一飲一啄，莫不前定，皆應也，命之不可易者也；凡世人所作，一善一惡，各以類分，皆感也，命之自我造者也。惟即感爲應，故即人爲天。不然，是有天命無人事，聖賢修道之教皆贅矣。或以爲是近於佛氏因果之説而諱言之，不知佛氏因果之説，即吾儒應感之理。聖人以天理如是，一循其自然之理，所以爲義；佛氏以因果如是，懾人以果報之説，所以爲利，其端之殊，在杪忽間耳。今懼涉于佛氏之因果，并不察于感應之實然，豈不謬哉！

然則命之既定者，不可得而易與？曰：何不可易也？數即氣也，氣即理也，理即心也。心之變化無方，而善之與惡殊致，惡以有心爲大，善以無心爲誠。有心之惡，禍斯速矣。無心之善，感斯神矣，是以聖人重無心之感。有其感之，理易而氣易，氣易而數易，皆自心之變化也。此人之所以爲天，而命之胥繇人造也。

端銘厲君重刻感應、救劫等篇，使人知感應之實而誠於爲善，其功大矣。吾特明感應者皆鬼神所爲，鬼神者皆人心所爲。天地之道，爲物不二者也。

合刻救劫感應篇序

聖賢言義理，而吉凶在其中矣。鬼神告吉凶，而義理在其中矣。鬼神别無事，吉凶其善惡以爲事。聖人見善者之必吉，惡者之必凶，如夏之必暑，冬之必寒，而世人不知也。故汲汲然開之，引而之於善，以救其焚，拯其溺，故曰「吉凶與民同患」。而世人不信也，則不若且示以鬼神之言，此吴君伯玉兹編所以刻也。

夫善，人之性也。豈待懼之以劫禍，懼之以感應，而後從事乎！則從不善而入於善之難也。懼而入焉，入而安焉，夫然後知向之爲不善，且自投於水火，而兹編者引而出之也。仁人之利，不既溥乎！

嗟乎！人知鬼神之能爲吉凶，而不知感應之爲鬼神。感應者何？義理也。名之曰義理，人以爲迂，名之曰鬼神，人以爲靈。吾故曰且示之以鬼神。

程行録序

吉人爲善，惟日不足，如樹之必枝葉，必花，必實，自然而不容已也。彼豈以善之可以有功獲福，而爲之乎？然而人之爲不善者，動於欲而不能自克。語之以禍福，猶有所慕而勉，畏而不敢；語之以理，則以爲迂而無當。夫其以爲迂而無當者，不知理之爲何物也。夫理者，何也？天也，善則祥，不善則殃者也。而天者，何也？心也，善則安，不善則不安者也。天下有爲不善而安焉者，非其爲説以自解，必其習之久而不覺也。君子之爲善，循理也，畏天也，求自慊其心也，自然而不容已也。

洗心湯君之爲程行録也，曉然示之以如是爲善，如是爲不善。如是爲善，善雖小，有功；如是爲不善，不善雖小，有罪。姑以禍福告人，引不知者之入於善也。入而安焉，而後知人之不爲善，乃樹之不枝葉、不花、不實者也。伐無日矣，吁！可畏哉。

鄭天台四書題咏序

天何言哉！四時行焉，萬物生焉。此聖人所爲嘿而識之者也。夫曰默識，則不可得之於言，故曰「欲無言」，而其理昭昭乎盈睟而是矣。

或曰：「此與釋氏教外别傳之意同。程伯子亦曰『若識得，信是會禪也』。蓋釋氏最微妙處，已經聖人平平拈出矣。天台先生之題咏也，儻亦有西來意乎？」

余曰：「不然，道無之非是也。惟其無之非是，故無物不可舉而示焉，况於聖賢之言乎。夫子之在川上也，而示逝者之如斯矣。子思子之於鳶魚，與必有事焉之意同。必有事焉，與舞雩三三兩兩之意同。皆於不可名言中名言之，令人憬然而思，躍然而會也。此鄭先生題咏意也。」

或曰：「昔張横浦之咏論語，所以異於論語者何在？先生之題咏，其異於横浦者何在？先生必知之。」

余曰：「然。」相與問之先生。會先生飲酒。張目視曰：「我醉欲眠君且去。」

重刻倪雲林先生詩集序

今天下學者，好稱説中行。夫道，中焉止矣。中行豈不貴？然徐而覈之，往往敗裂名檢者，多出好爲中行之士，何居？孔子時中之聖，孟氏曰「吾所願，則學孔子也。」至其舉聖人百世師，則曰伯夷、柳下惠，何居？豈非以孔子中和之極，如天地渾然無迹，而高蹈絶迹、皭然塵滓之外者，能令人欣慕愛悦、油然興起而不自覺也夫！

吾少則愛慕古之隱君子，如逸民之倫尚矣。至沮、溺、丈人，於陵仲子，未嘗不賞其獨往之趣，以爲其人縱不得附中庸之義，不有聚斂之冉求，龍斷之叔疑乎，何可令諸賢見耶？俯仰千載，而吾鄉有倪雲林先生，間嘗誦其詩，想見其人，如在雲霄之表，願爲執鞭而不可得。會其裔孫錦將重刻先生詩集，謂余不可無一言篇端。

余謂之曰：夫詩也者，先生之所以傳也；先生者，詩之所以傳也。後之人誦其詩，不論其世，可乎？先生生元末，當天下大亂，張氏雄據江右，一時才名之士無不匍匐其門，竊其餘潤。先生知不足與有爲，鴻飛冥冥，不可榮以禄。當是時，先生詩若畫，布滿人間，鄉翁市豎，叩無不得，而獨不可張氏，至麾其造廬之幣。先生以是幾不免，恬然殺身不悔也。易不云乎：「幽人貞吉」，又曰：「其羽可用爲儀」，幽人而可用爲儀也，先生有焉。詩不云乎：「生芻一束，其人如玉」，又曰：「所謂伊人，在水一方」，其人如玉，可望而不可即也，先生有焉，此先生所以爲先生，而先生之詩所以爲詩也。先生嘗曰：「吾所謂畫，逸筆耳。聊以自娛，不求形似。」吾于先生之詩，亦云：如以其詩而已，則其高者固不能出唐，以是求之，小之乎觀先生矣。

夫舉世混濁，清士乃見。當胡元之季，天下腥穢已極，先生生其間，如清風澄露，滌濯寰宇，以開聖朝清明之治。惜天下既定，先生已老，不及風雲之會，而先生亦惟是得遂其肥遁，是其長往，固與沮、溺、丈人輩殊科。迨于今，故老陳説其遺事，猶能使人欣慕愛樂，自拔其沉酣流俗之氣，則先生之風，所磨礪者遠矣。吾惡夫鄉愿鄙夫接迹天下，而漫言中行，故於先生特表而出之，以附於孟氏之義云。

瞿元立先生集序

人言科目未必足以羅豪傑，而豪傑必繇此進。余謂不然，科目未必不足以得豪傑，而豪傑不皆繇此進，則瞿元立先生其徵也。

或曰：「先生何如人也？」

攀龍曰：「此所謂豪傑之士也。」

曰：「先生之學，何學也？」

曰：「經世之學也。」

曰：「先生好禪學，方且稗秕天地，土苴萬物，豈屑屑于世者哉？」

曰：「不然，先生之學，無倚者也。期于皜皜盡無可盡而止，豈其倚于禪？倚于禪，非禪矣。世之倚于禪者，遺棄倫物，繆戾是非，舍民義不務，而汲汲于所謂佛事，蓋徇其迹而失乎己，受其敝而禍乎世者也。夫禪之敝，一言蔽之曰無理。其所謂理，非吾所謂理也。先生之學，格物窮理者也。聖人中庸之道，至于一毛而曰有倫，豈非至極至極者乎？

又何道足以尚之。先生以禪爲近似焉而好焉，故其言曰『吾于釋氏以輔吾所求于儒，非以叛吾所從于儒也』，此其學可見矣。」

往歲壬辰，吾識先生于留京。當是時，先生方浮沉閒局間，嘗抵掌時事，屈指才品，若別黑白，吾于是窺先生之學。及其守黄州、守邵武、守辰州、使鹾司，遂卓卓炳烺宇内，吾又益信向所窺于先生者之不虚。至于詩文，乃其餘緒，然亦見其圓神妙運，本深末茂矣。故曰：先生之學，經世之學也。夫學以當于理而止，苟其協諸天理而協，其學可知也；才以當于世而止，苟其施諸一世而宜，其學益可知也。嗟乎！先生身不踰五尺，而胸包六合；年不滿七十，而行足千秋。豈非豪傑士哉？

眉山張公鴻峴，先生所鑒也，果爲名御史。其不爽于是非類此。公刻先生集而徵序攀龍，故爲之明其學，以見人心無所倚，好禪而不受其敝也。

曹真予先生仰節堂集序

夫學，性而已矣；夫性，善而已矣。何以證性善也？今人欽欽焉目明耳聰、手恭足重、心空空而無適，于斯時也，徹内外非天乎？天非性乎？性非善乎？以其爲人之本色，無纖毫欠缺，無纖毫污染，而謂之善也。循是而動，不違其則之謂道，故學莫難于見其本色。見本色，斯見性矣。程子以學者須先識仁，而謂不須防檢，不須窮索，夫學豈可廢防檢、窮索？欲人識防檢、窮索之非本色，辨其非本色者，即知其本色。知其本色，則防檢、窮索皆本色也。

吾見曹真予先生于長安中，終日欽欽，目明耳聰，手恭足重，叩其中空空而無適也，可以証性矣。夫性，空言之則無朕也，實証之則有象也。先生非其象乎？故先生居鄉乎鄉，立朝乎朝，告君者足以定群嚻、明國是，告友者足以明學術、闡道奥，見于咏歌者足以暢天機、流性藴，所謂循是而動，不違其則之道也。此之謂性，此之爲善。知先生者知斯集，知斯集者知先生，根本枝葉，無二物也。

塾訓韻律序

儒者以玩物爲害道。非玩物足以害道也，吾性無外，故夫天地古今之賾，下至羽鱗走植、器數聲律之微，無所不當格。然而物無窮，知有窮，有外之心不足以載無外之物。或者急其末，遺其本，于是志喪而道病。

雖然，古之人當其小學時，蓋已六藝備焉，及其長也，既得以應世利用，又得以專志於身心性命之精微，故上之不流于空疏，下之不徒守其糟魄。後世詩賦之科興，而聲偶之學始重，君子謂士無志于聖賢之學者，俗學壞之。嗟乎！非學之累志，則無志者之累學也。夫學，欲其得之心而已。無所得諸其心，則物也者，物也；有所得諸其心，則物也者，知也。物自爲物，故物不關于性；物融爲知，則性不累于物，如此而已矣。

嗣瀾王公既注其皇大父所得塾學韻律成以示余，余竟讀曰：公之用心可謂勤矣，以言乎事則稽考者備，以言乎聲則諧叶者嚴，以言乎文則比事屬詞者曲盡。使夫小學之士習而熟之，足以備物，及其長也，又得以不分其身心性命之功，則公成書之意也夫。

石幢葉氏族譜序

谿高橋西北四十里爲石幢，其地九龍映帶，五瀉盤旋，一勝區也。葉氏世居之，吾同年友參之所自生也。葉氏無名公從吴江南徙而來，世以十計矣，人以百計矣。參之從兄懋拱公始與參之譜其宗，而參之友伯升尤公又爲傳其世德。既成書，以示不佞。不佞讀其宗譜而歎曰：美哉！井井而别矣，其支别而後其本重也。既讀其宗傳而歎曰：美哉！繩繩而信矣，不誣其所不可知，而後不疑其所可知也。既讀其世德而歎曰：美哉！彬彬而訓矣，文無溢美而後其美可傳也。

參之曰：顧涇陽先生序之矣，子則何以教吾宗人？

予曰：先生之言親親賢賢也，義無復加焉。余思夫親親賢賢之難也。今夫莫親于父子兄弟也，然而以己親之，猶爲以此暱彼也；莫親于父子兄弟之賢也，然而以己賢之，猶爲以此效彼也。天下之有對者必有間，有間者，非其天然自有也，則盍反其本乎？今夫無名公之來石幢也，一人爾，俄而十之，俄而百之，且將千之萬之，至倍蓰無算，而出于一也；其呼吸定息一也，五官百骸一也，今之爲十百千萬者，人人一無名公也。此之謂本，知其一而十百千萬，如呼吸定息之相屬也，如五官百骸之相運也。此之謂能親親賢賢。

夫族患其弗盛，既盛患其弗治。弗治，則盛乃害矣。是故强者騁，弱者靡，崇者亢，卑者越，嬴者淫，詘者濫，而莫知所底。治之者，自治也，自治者，人人而思其本，曰：此一具骸肉，自無名公遞分而來，如之何自我而土苴視之，鳥獸畜之也？于是强者戢，弱者奮，崇者教，卑者聽，嬴者施，詘者節，親親而賢賢，以不忍土苴禽獸吾無名公也。故曰：自治者，人人思其本而已。

如之何而能思其本？曰：其族之先知者覺之。人人而我其我，則亦人人而人其人，以我對人，二物也，有間者也，先知者覺之，而後知十百千萬一無名公也。是故譜者，由本而明其支也；教者，繇支而及其本也。人有少而亡其親者，長而遇于途，弗識也，宿于旅，弗識也，且相詬焉。有兩識之者謂曰：嗟乎！此即而父子矣！未有不相持而慟其相失，既而笑其相迷者，此譜之教也，善教者以譜明教，善覺者即譜知本。

吕氏合譜序

吕氏之族最貴盛，自昔多賢者，所稱有虞封姜姓于莒，後省草從吕，爲太公望以來者，遐哉邈矣。其居吴中，則自東萊公好問扈駕而南。有欽咨者，居常熟之沙溪，號沙溪吕氏。有師顔者，元末避兵無錫之奚山，號奚山吕氏。兩地各譜其所從來，子孫各世守之。萬曆间，奚山之老与沙溪之老遇逆旅中，相问皆曰吕也，问所從，皆曰某某，于是皆拜曰：「噫嘻，族也！」歸而各持其譜券，皆拜曰：「信族也！」奚山之老乃合兩譜一之曰吕氏合譜，而問序于余。

余曰：「不亦善乎！」當其在逆旅中，一途之人耳，問而知其爲族，樂可知也。況于五服之親，散而之四方，一旦交臂得之，樂當何如乎！於同氣之親，無故而戾氣相加遺，悻悻若仇讐然，一旦革心相交，樂當何如乎！夫天之生物也一本，人物之生久矣，方以地殊，地以氏别，遂各爲城府，爲町畦，爲戈矛，設遡于百世絶代之上，其爲吾之宗耶？非耶？不可知也。是故譜不可以已也。博而求之，非吾譜者且不可知，況麗於吾之譜，敢弗愛與？約而求之，麗吾譜者去途之人遠矣，況于吾同服同宫同氣之親，敢弗愛與？是故譜不可已也。雖然，于吾之身亦有譜。吾之所以爲吾，放而之四方久矣，其爲奚山也，沙溪也，不可知矣。學焉而求之，一旦遇于逆旅，相視而笑曰：「噫嘻，我也！樂又當何如哉。」夫吾之譜明，則天壤之間民吾胞，物吾與，無弗愛也，况于譜者乎？

浦氏世系序

浦氏舊無譜，一輯于箭水公，再輯于震宇公。二公皆浦氏之老，其人長者，闕其疑，傳其信，可俟百世矣。譜成，徵言于不佞。

不佞見世之人有事至大，其理至著，顧忽而不察者。今夫人之有生，無不有姓也。執塗之人問之，不知其姓也，則未有不笑且駭，以爲是天下之大愚也。然人之有姓者，無不有性也，執塗之人問之，不知其性也，則未有以爲怪者。豈獨不怪，有怪之者，且笑且駭，以爲大愚也。彼豈以人必有姓，可無性與？人必不可不知姓，可不知性與？果爾，則亦可以不孝不弟，極而至人相食。彼又以天下人未必有知性者，卒未見皆不孝不弟，至極而人相食也，何貴乎其知性。

嗚乎！亦幸天下人無有不知性者耳。果不知性，未有不相率叛父母逆君上，至人相食也。吾何以驗之？今人有叛父母逆君上者，即塗之人無不欲怒而欲殺也，此果非性與？

然此何以謂不知性？彼不自知其知性也。所謂天聰之聰，天明之明，日用而不知也。然則何以使自知其知？曰：人即至愚，未有不知姓者，然知其稱謂而已，實未有知姓者。果知姓，必思其姓之所自來，見夫具兹譜者，皆其祖之所分，與我一氣也，而愛敬之真油然生矣。此所謂知姓也，此油然而生者即性也。然則知姓者，知性者也；知性者，知姓者也。譜也者，啓其知者也。甚矣，譜之不可已也！

周氏族譜序

天之生人，衆矣。衆而不爲善則亂，亂則相殘，不至相殄滅不已。故必立君以治之，立官師以長之。又于其族生賢者，以紀綱之，勸其善，戒其不善，以相保相禪而不已。故夫國之有史，家之有譜，所以總人群，昭往昔，示來兹，爲紀綱勸戒者也。

丹陽有周氏舊矣。有仲純、季純者起闤闠之中，修詩書之業，又進而探身心之奥，來東林從余游。一日仲純出所爲族譜示余，而徵余言弁之。

余曰：甚哉！譜之爲用大也，令人油然起忠孝之心焉。何言乎令人油然起忠孝之心也？夫譜世遞而支分，即一氏乎林林衆矣。非親生之，何以有此林林？非君治之，何以保此林林？故君子舉念而不敢忘其親，念吾之一視一聽一言一動者，皆親身也；舉念而不敢忘其君，念吾之一飲一啄一卧一起者，皆君恩也。經曰：「夫孝，始于事親，中于事君。」事君非必仕宦也，人人有君親之倫，則人人有君親之事，所以立身也。故曰令人油然起忠孝之心焉。夫人有忠孝之心，則有太和之氣，其能敦倫而睦族必矣。仲純兄弟，非天所生其族之賢，以紀綱勸戒其族者乎？則立身以示範，乃所以紀綱勸戒也。所以大其譜之用者也。

高子遺書卷之九上終

高子遺書卷之九下

序

華無技荷蓧言序

華無技家有廣庭，庭中雙桂對峙，屹如兩山，枝下虬拂地，樹中各可布，席坐數十客，葉密護之如幄。花發時，聳色奪目，濃香沁骨，乍見而駭，不謂天壤間有此奇，蓋世無其儷矣。不佞非以事奪，無年不作賞花人。一日酒中，無技出荷蓧言示不佞。旨哉，無技家太湖濱，青山白水，浸灌久矣，味深矣，宜其能言丈人意中事，言之不足，而三言之，四言之，味愈雋也。第無技即有高韻，一丘一壑，不佞嘗以自與，而不與無技。無技與不佞生同歲，其受氣十倍不佞，當用于世，未可以丘壑與。又其人有肝膽，能當天下事，未忍以丘壑與。然無技閲世多，知世味如此爾。無涯之樂現前，有盡之年迫後，坐雙桂間，香一爐，茗一杯，酒一樽，書一卷，出門而雲煙帆鳥變態于七十二峰，皆吾几席上物，世味豈更有旨于是者？宜其有荷蓧之心哉。

六生社草序

夫士平居誦説經義耳，琢磨文詞耳，鮮有志于道者。豪傑之士不然，憬然而思曰：「夫人也，豈面目四體已乎？豈飢食渴飲已乎？必有所以爲人者。」噫嘻，即吾所誦説者是矣。求之于心，踐之于身，而後出爲文詞，如農夫之言稼，場師之言植，宜其言之旨而膾炙天下也。今吾讀六子文而有異矣，非其有所得，何以言之旨足膾炙如是也？是必有異于人者焉。

夫天之生人也億兆其衆，而能爲文章者百不一二。是一二人者，異時之三事九列、四岳群牧也，億兆人之所寄命也。得其道，則爲忠爲賢爲治；不得其道，則爲邪爲佞爲亂。

是則天下治亂之樞，係之文章之士，眉批：今天下能工舉業之人，便關氣運。而文章之士，邪正之樞，係之思不思而已。六子者，能爲文章者也，世之所寄也。所以憬然而思者，當何如哉？

劉伯先南征會業序

伯先甫弱冠耳，其爲諸生，不踰年間，一試直指使者，再試督學使者，輒冠諸生，而遂舉鄉書，何其鋭乎！則繇此而進可知也。然伯先無以此易視天下之事乎哉。不佞觀于古聖賢，當其大任未受之時，所以困抑萬狀。至近世公卿，蓋多不然，以爲古今人不相侔也。然竟其始終而衡之，其行事亦鮮當可人意者，於是知子輿氏之言不誣矣。

夫人平居習爲章句排偶之學耳，一旦得志，私欲迷之于中，小人乘之于外，何所不至哉。眉批：大賢以下皆犯此。夫貧賤之心歉，富貴之氣盈。心歉者善言易入，氣盈者惟佞諛可投，二者之間，相去遠矣。在易大過之九三，以過剛而自用，其繇曰「棟撓，凶」。益之六二，以虛中而取人，其繇曰「或益之十朋之龜」。夫子曰：「棟撓之凶，不可以有輔也」，「或益之，自外來也」。夫天下惟外來之益，其益無方，而至于使人不可以有輔，凶可知矣。

今伯先行出而用于世。夫天下事變無窮，義理至密，苟非精察之于己，博取之于人，未有能善其後者。夫一第不足以難伯先，願伯先毋以其易者，易天下之事也，伯先于余，爲師之子，有通家之誼焉，故輒敢盡其愚。

劉羽戢知新稿序

劉伯先以弱冠舉辛卯，其次君羽戢復以弱冠舉乙卯，世人視其父子取科名猶掇之也。余謂不然，人知其得之易，不知其得之難。伯先以言事罷官，家居自讀書課子外，無他營也。羽戢兄弟皆總角有奇韻，自讀書課義外無他嗜也。教者必以其道，學者必以其道，用力專，取資富，超于言象之外，循循矩度之内。今其爲文具在，豈偶然之故哉！

往伯先文行天下，余爲語弁之，祈以大者遠者。伯先成進士，服官言事，偉然爲天下奇男子。羽戢文復行天下，復徵余言。余惟羽戢好讀書，無他争者也，其體用備矣。古之人大過人者無他，好先王之道，無世俗之欲而已。是故一介取與，視若泰山；萬鍾千駟，等之鴻毛。惟其中有深嗜者，故物莫能奪也。羽戢既以好讀書無他嗜，成舉子業矣。所以成德者，豈外于是？言者業也，行者德也。不善言道者，其文不工；工于文者，皆善言道者也。能行其言之謂德，夫伯先則既行其言矣，不三十年父子炳蔚宇内，此謂天地至文。羽戢勉之。

去浮集序

夫言，浮物也，又欲去其浮，則誰當存者？說者曰：「聖人之道在六經，裔爲諸子，畔爲二氏。學者不探本而循裔，甚且取畔道不經之談，欲以和合聖道，猶之冶砂而融之于金，知其不合矣，亦去其非金者乎？」

曰：「是猶浮言之也。有兩人于此，嗣其祖父之業。一人焉去之四方，荆棘之與棲，異類之與處，而忘其所有；一人焉扃而衛之，亟號於人曰：『吾守先世所有，甘窮餓以死而不忍發也』，則其人智愚何如哉？聖人之道，欲其存諸心，見諸行。文也者，其所存所行者也。韓愈曰『吾始者非三代、兩漢之書不敢觀，非聖人之志不敢存』，『行之乎仁義之途，游之乎詩書之源』，徐而得之也。嗚呼！彼其爲文如此，聖人之道未嘗求之，未嘗得之，則六經猶浮也，是扃而不發者也。何獨取諸畔道不經者之爲浮哉！」

且吾見世之能名文章者，苟其有所得于心，則有所根柢乎其言，而光必韡焉，雖得之乎諸子百家猶然，夫其得之于諸子百家猶然，而况于得六經之道者乎？若曰制舉義以博一第耳，胡道之云則非知言者也。文乎哉？浮而已矣。

余友張伯可刻去浮集，已屬張以登爲弁語，而伯可欲并存予之説，如此。

拂雲齋書經社草序

夫經莫尊于易，然卦畫于羲皇，而辭興于中古；詩起于商，禮、樂備于周，春秋成于魯史，六藝弗古于書也。書有四始焉：言精一而立德者祖之，言放勳而立功者祖之，言曆象山川而立法者祖之，言典謨而立言者祖之。眉批：古今言書者未之及。四始備，而天下之道舉之矣，學者習而不察也。是故學要于知天，聖要于憲天，政要于奉天。言天者，莫善于書，通于天而書之義悉舉之矣，舉書而六藝一以貫之矣，學者習而不察也。

吾邑秦元厚氏，開蓉湖之墅，築拂雲之堂，摘翠九龍，味腴二水，集邑之俊髦，談藝于中，歷有歲時，成四書義若干首。吾友薛以身既序而傳之，其書義則以屬之不佞。不佞謂南方之學得其精華，自古志之，大江以南莫盛于吴，吴莫盛于蘇、常，蘇、常之專經而書者莫盛于吾錫。故錫之先輩爲道德、爲勳猷、爲氣節、爲文章出于書者常多，在今日則諸君子其卓矣。夫書，四始所具也，三要所本也。舉而措之天下裕如，反之身而裕如，吾且于諸君子觀書，異日者功成而賦歸來乎，棲巖隱谷，研精一之旨，其有味于九龍之白雲也夫。

送祁侯入覲序

己酉冬，長洲令山陰祁侯入覲，其門人王生瑞琦欲不佞爲語贈行。不佞某曰：夫祁侯所謂豪傑之士，而學聖人之學者也。其文章，政事緒餘耳。余不敢以祁侯之緒餘請，敢誦所聞。

吾聞善學者仕，而性地愈明；善仕者學，而物理愈徹。何則？天地之道，爲物不二者也。二之者，妄也。今夫天地之爲物，則吾喜怒哀樂未發之謂而已矣，視聽言動一如其本色之謂允執厥中。聖人之道何其至易至簡，而人自難之。何也？則以萬起萬滅之感觸之外，萬起萬滅之私鬬之中也。夫士出而仕宦，仕宦而爲邑宰，邑宰而爲通都赤縣，其萬起萬滅者無極，而有不失其本來者鮮矣。夫酬應之煩，簿書之冗，雖足以疲吾之形神，不足以奪吾之心志。足以奪吾之心志者，一官之得失而已。眉批：宦途百病，一淺語盡之。于此一徹，則爲物格而知至，于是好惡自正，是非自明，賞罰自當，而于執中幾矣。

今侯入朝上計，正起滅之冲而格致之地也。倘于其本色者，不令一念插入，豈不浩浩乎爲天之徒，其還而治吳民，又何萬起萬滅者足攖其寧哉！不佞誦其所聞而未能者如此。

侯曰：「然然否否，吾之所爲萬起萬滅者異于是，吾方懼夫政之不時，民之不和，而夙夜以思，豈其計于一官。」

不佞則謂王生曰：「識之，侯之所爲萬起萬滅者，斯爲物不二者矣。」眉批：終于規勉。

送遲菴譚先生序

蓋不佞觀于人情之隱知，甚矣，人之自晦其心也。今有人于此執而責之曰：「而非直士也。」則未有不赧然怍于色，怫然怒于言，以鳴其不然者也。又執一人而責之曰：「而何不務任直，惟險邪之是親？」亦未有不怍色怒言，鳴其不然者也。是未嘗不知此之爲是，彼之爲非。然而天下直躬者常十一，直士之見棄又常十九。何也？膏粱之能養，鴆之能殺也，夫人知之，卒未有舍膏粱而饗殰鴆者，從其明矣。至于是非之實獨不然。甚矣，人之自晦其心也。曷爲而晦也？曰：「勝于情也。」

夫人之情皆好譽而惡毀，然又皆好順而惡逆。名之曰直則喜，而逆之以直則又怒。名之曰邪則怒，而順之以邪則又喜。眉批：脱好諛之情者，能燭好諛之情。是非之真，終不可晦者，乘於好名之心，而從違之實，未有不乖者，陷于順逆之情也。何怪天下直士常十一，直士之棄常十九，則又何怪遲菴譚公之以王官去也。

譚公之師于錫諸生也，見其非矩弗蹈也，見其非義弗取也，守其官求稱其事，執其職務核其實。

諸生之言曰：「吾師乎！使余日有程，月有課，猶將宵膏以輔吾力之不遑。」

其父兄之言曰：「吾師乎！使余子弟之晝有營，夕有養，今而始執業之有常。」

其胥隸之言曰：「吁！吾手若絏，吾足若羿，自公來而吾無所用罟擭，以漁獵人之短長。」

縉紳先生之言曰：「都！厥訓孔嚴，厥度用臧，自公來而紅紫夭麗不見于士人之冠裳。」

然一考而公竟以王官去矣，則邑之人皆相顧怪愕，莫知其所以然。

高攀龍曰：「嗟乎！庠序之教其不可振也夫」。以余所觀譚公，其操行方，其取予審，其當職也核，所謂直躬者非乎？然而下莫揚之，上莫知之，世之于公竟何如哉！雖然，今之君子患内信輕而外信重矣。夫伸不伸者，道也；幸不幸者，遇也。人見絀之得，孰知得之不必皆絀；人見伸之失，孰知失之不必皆伸。與其遇而絀，無寧伸而不遇；與其絀而不遇，無寧不遇而伸。不務曠觀嘿識，委運于大化，信道于自成，而欲斲方爲圓，揉直爲曲，寘力于萬有或然之幸，此庸衆所以本末失之。若夫譚公所得，不既多哉。夫直士之棄于世也久矣，亦何有于譚公。

送陳二尹序

天子所與，嘉惠元元，自宰相而下獨有守令，令更衆，得人更難。令所與相左右，以嘉惠元元，有丞、簿、尉，而丞、簿人益衆，得人益難。今所用丞、簿、尉，凡貢、監、吏途三，而吏途益衆，人之出于其間，得一官不勝其艱苦，而上之人待之甚輕。待之既輕，其自待不得不輕，自待輕，故上之人待之益輕。未嘗有詩書禮義漸涵之力以養其心，而機詐權變又盡汨喪其良，安處於行險儌倖之窟宅，而以爲固然，矻矻焉朝夕之所望，與其父母妻子所以望之者，不過多得金錢。至去其官也，不以墨，即以老疾。即去，其槖中裝已可耀示妻兒，了無所悔憾。而民之視其去也，如豺狼蛇蝎之驅出其里，亟須臾以爲快。吾于其中求得其人有志自立，不肯亡恥冒利者，不啻麟鳳矣。而今乃得之繼洲陳公。陳公之丞吾邑也，職水利。故事水利丞督邑中陂塘，則塘長歲醵錢爲丞壽，公一切謝去不顧，則他可知也。此非吾所謂不肯冒利亡恥，有志自立者耶！亡何，公顧以王官去。去之日，邑中小人之言曰：「惜哉，陳公廉而失其官也。」其君子之言曰：「美哉，陳公去猶榮也。」夫天下人情不相遠，則公之歸于鄉，將爲君子焉，必將曰：「善乎，公猶以廉歸也。」將爲小人焉，必將曰：「惜乎，公以空囊歸矣。」

夫士無貴賤，自一命以上，皆足以自立，患在識趣卑而志不立。人願爲君子之所惜乎？抑爲小人之所羡耶？小人之所爲失者，是乎？抑君子之所謂得者，非耶？以此較彼，孰取孰舍？使陳公冒利亡恥，能得其所欲而無悔憾，于其去，其民視之如豺狼蛇蝎然，又孰與今日？繇此觀之，天下未嘗無人，上之人奈何輕待士？陳公即不遇爲君子所與，其得已多，士奈何輕自待？

雖然，公之去也不以墨，不以老疾，以徵輸吴帛，無厚幣饜中貴人，中貴人怒，上言常郡幣惡，天子切責當道，當道歸罪公，卒以罷去。嗚呼！天下之財，歸之墨吏，墨吏之財，歸之中貴人。即吾錫以中貴人故奪其廉丞，天下又安可多得良守令，天子與之嘉惠元元哉！眉批：因一丞推窮蠹原。

靖江令朱華陽父母考績序

蓋不佞知靖江朱侯之政久矣。其民愛而吏畏，善者有恃而不善者有柙，賦不督而辦，刑不弛而清，經界正，水利修，廢墜舉，囂争静，民之疾病者有養，文教蔚起，干澤者知恥，三年而政成。

余友都尉吕君方治兵江上，一日謂余曰：「子知侯之治民，未知侯之治兵也。閲以時，餉以時，賞賚以時，未嘗弁髦武人，咨諏詢度，人得自盡焉。」余曰：「然。先民有言，軍政與民事交重。而俗吏不知，侯知其大矣。」吕君曰：「侯治兹邑三年，報績最，余將以一觴觴侯，而藉子手一言。」余曰：「微子言，吾固將有言也。」

吾見世之惜侯者曰：「侯之才，往者王司寇弇州先生，寔心儀焉。宜冠冕海内，黼黻天子，而顧以一令試。即令不通都鉅邑，顧以江上彈丸之地試。斯豈非牛刀而雞用，烏獲而舉匹雛哉。」嗟乎！是知人之人，而不知天之天也。子不見埸師之種樹乎，髡其枝葉而植其幹，則樹茂矣；不見良醫之治藥乎，泡炙其偏氣而存中和，則藥聖矣。故天之于人，小任則小折之，大任則大折之。任其自生植者，非天所任也。吾見世之巍科膴仕者，志氣靡于宴安，情欲逞于順適。吏于通都鉅邑者，精神疲于奔走，機變熟于承迎，往往若入于陷穽罟擭中而不能自出。今侯以一令試，令而以彈丸之地試，儉其才，使不得旁溢焉，束其氣，使不得突發焉。優而游之，煆煉于人情事變之中；厭而飫之，妙解于簿書期會之外。所謂植其幹而存其中和，繇茲暢茂扶疏，投之所向，無弗效矣。侯精易，吾以易證。夫蠖屈則伸，龍蟄則神。侯之發軔，不以巍科膴仕，所以屈之也；不以通都鉅邑，所以蟄之也。昔者張子房擊秦皇帝博浪沙中，天下震動，其氣固足以吞吐四海，滅裂天地，而圯上老人以一履狎侮之。今茲江上彈丸，夫亦侯之一履也與哉？

呂君曰：「善乎子言天人之際也，謹以爲侯觴。」

陳志行八十序

天下有不可一日無其人者，故其人不可不壽。眉批：陳公真佳吏，以申韓之迹，行豈第之心。

今夫天之覆物也，地之載物也，日月之照臨物也，萬物一日不得之，則無萬物矣。天下有高明博厚之人，其覆載照臨物也，與天地日月同，人自小之耳。世有斯人而久長於世，人必相與欣欣手額曰：「幸其哉！斯人之有斯年也。」何者？謂世之不可一日無斯人也，豈與夫焉能爲有無者，可同日道哉？吾同年陳公志行則其人也。

人之生也，周歲則祝之，周甲則壽之，其後每十年一稱壽。壽必有壽言佐觴，其事起於宋以後。或以壽言非古而欲廢之，非也；以壽言俗尚而徇之，亦非也。必其人生平足述，始述於始壽之年；必其人衆善日積，始述於加壽之年。謂可爲世訓也。今年志行壽八十，友人詣某所，求所以壽志行者。某曰：「是宜壽，是所謂善與年積，可爲世訓者也。」

夫志行令確山、令中牟、郎司寇、守湖州，所至彪炳喧赫，著於政事，孚於人心，頌於人口者，世所共見聞也。譬之於木，其枝葉花實也，請言其本。昔者孟子喜樂正子爲政，不以强，不以智慮，不以聞識，而謂其人好善優於天下也。志行乃所謂好善人矣，故所至與善人相親，善言入於耳而决於行，如舍矢然，脱手而赴鵠矣，此所以爲志行也，猶之木中之春爲枝葉花實者也。故居官而能福其民，居鄉而能福其鄉。世有善者不彰，惡者不瘴，廢墜者不舉，冤抑者不伸，窮困者不恤，志行聞斯行之，不遺餘力；世有邪説亂正，如刪正罪知之屬，志行爲正刪正，罪罪知，辭而闢之，不遺餘力；世有不仁之事，如湔子女屠耕牛之屬，志行斤斤勸戒之，不遺餘力。故曰世不可一日無斯人也。往者志行駸大用於朝，念其母春秋高，拂衣歸，終太夫人養。會世局日變，志行遂不出，日孳孳爲善。而志行又善養生家言，以間則晏坐吐納，雅自康濟，故八十而神明不衰，世所共幸斯人之有年也。

夫志行壽矣，子能世其家矣，一門壽算，稱盛事矣，天之與善人者信矣，皆不足爲志行道也。惟是生人高明博厚之體，與天地日月爲一物者，是真體也。亘萬古不毁者也，而欲蔽之，俗溺之，見縛之，人人自失其長生者，區區以一形爲戀，百年爲壽已耳。志行好善，日孳孳爲覆物載物之事，其用日弘。用日益弘，則體日益著，年日益進，則用日益熟。將吾之官骸神志，悉鎔爲高明博厚之用，而復其三才不二之體，是之謂無涯，是之謂壽，不以百千萬億算數也。非志行，其孰能與於斯！於是觴而祝之曰：海有時竭，石有時泐。惟此仁心，與天無極。子能保之，是曰人極。

段幻然六十序

於今之世，求天下奇才者，吾必曰段幻然公。何以言之？曰：公之才，有本者也。其寂也，渟泓無朕，時出也，變化無方，控御六合，鞭笞四夷，無所施而不可，蓋公自見其一斑矣。

眉批：先生嘗語余，天下才士二人：李司徒脩吾大、段給諫尖，皆足以制東奴，而世不信。

公令常熟，常熟幸安無事。公以廉平治之，無所見奇。無何，以憂去。服闋，令輝縣。是時河臣方治決河，令各郡縣供埽以萬計，所費金不貲。民方饑不堪，當事督之急，公漫不應。久之至檄令對簿，公挾一二蒼頭、囊百金去決河所治埽，不旬日具，入見曰：「如令具埽。」當事者怪曰：「何神也。」公爲言埽編柳束土耳。」幸被檄，來辦河上，省道里費十九。又督供樁木。公曰：「木非地產，陸輸費百倍，木以市便，輸以水便。」自此至某所達河，鑿所不達者，較各郡縣輸木，費不及十三。當事者大喜曰：「以此借筯天下可矣。」

縣歲祲，逋賦山積，至某年大熟未穫，公以征科不及格當降級，輝民恐失公，貸米商金輸官，約以償米，時石減金一銖。公聞，召父老謂曰：「父老苦惡歲久矣，幸有年，奈何以賦故，石損銖金？」逐米商境外，令民至冬勿易，金盡輸米。蓋輝米旁郡縣所仰給也。公白當路，令旁郡縣仰給輝米者，以金及脚直來，輝代爲輸，省傍郡縣得輕齎，輝得厚直，民以大懽。

輝盜藪，公廉得其大首。不誅，令舉所部盜。所部盜至，亦不誅，令遞舉所部。盡得輝盜，籍之官，分攝各鄉盜，輝無敢爲盜者。他縣有貴客出其途，盜掠之，當路捕盜急。公召問諸盜，一人曰：「必某某也。」公曰：「何以知之？」盜出小册袖中，指曰：「某近某地，某日某夜不歸，必爲盜也。」立捕得盜，歸貴客槖。

某縣有訟，數年無能判者。直指使以公神明，檄公鞫，勒七日報。其案盈櫝，公曰：「七日不能竟案，奈何竟獄？」第取初牘繹之，曰易耳。令吏數十輩分伏郵舍中，人給紙筆，筆囚語。公訊獄未服，令人稱使者至，當迓，公攜囚至郵亭，再訊未服，復稱使者至，公出迓，兩造公梏，置庭草中，不相望見。高户闃如也，其被罪者，人人號冤。未被罪者相語曰：「固知事久必敗，今果然矣」。舍中吏人人筆囚語，公歸啟之，囚立服。蓋民有鬬者暗中椎殺兄，誣鬬者殺其兄也。果七日報獄，公間出其奇如此。

及入諫垣，公一切持要以人才爲先，耨其稂莠，不肖者惴惴白簡之將及己，共起中公，大臣調群情，不念國家治亂，而公不容于世。

公于書無所不讀，尤好釋氏。人謂公豪傑，奈何好釋氏。余曰不然，若以釋氏別有道，即非道也。道者人人本色，人自迷之，釋氏曲醒之，即吾聖人亦然，公第謂釋氏奇耳。公蓋入不二之門，具不測之用。吾故曰公之才有本者也，豈世之馳騁浮氣漫嘗事者耶？

昔者徐文貞當國，松坡畢公在言路，舉朝嚴畢公，甚于文貞，議且出畢公于外。文貞曰：「諸公畏之耶？」皆踧踖曰：「豈謂畏之，黄門切直，慮其府禍耳。」文貞曰：「不然，吾亦畏之。顧念人孰無私，私必害公，有若人在，不敢自縱，可寡過也。」聞者歎服。嗟乎！安得文貞與之言幻然公哉！宜乎以公之奇才，當國家之急，而不收其纖芥之用也。

今年公六十，吾邑孝廉蔣君介如，公所識拔士，以一觴觴公，徵侑言于某。某何以壽公，第謂公曰：「人之精神，至寶也，用之則輝煌宇宙，不用則退藏于密，在宇宙則壽天下，藏于密則自壽。公其自壽，以壽天下。」

大司徒脩翁李先生七十序

或問大司徒李脩翁先生于某者，曰：「先生以科場事抗疏救魏侍御，而直聲震朝宁；以鑛税事誅諸税璫税棍，而頌聲遍海宇。」天下之人莫不曰：「使先生入而秉計，度支不虞不給乎！」又莫不曰：「使先生入而秉樞，庶爬垢剔蠹，事有備而戎無生心乎！」又莫不曰：「使先生入而秉憲，是曰是，非曰非，國是其有定乎！」又莫不曰：「使先生入而秉銓，直者舉，枉者錯，俊傑庶幾在位乎！」又莫不曰：「使先生入而相天子，一宮府，劑閣部，順治威嚴，可計日而臻乎！」今縱不能盡如天下人所望，何至攻之不遺餘力，誣之以絶無之事，使國家無故自壞其長城，天下曾不得一被其膏澤。今上赫然詔廷臣，謂奈何遺我壽耇，其亟用以毘朕。衆口復噏訿不休者，則何以故？

攀龍曰：先生受毁之最深也，正以天下人望之最切也。彼其疑先生者，以爲若人用，必不利於我。夫人之趨其利，何所不至，避其所不利，何所不至，則其攻先生而誣之，亦何所不至。吾以爲皆天也，非人所能爲也。往者土木之難，于忠肅起而平之，忠肅以譖鑛稅之難，辟；宸濠之難，王文成起而平之，文成以譖廢。眉批：壽言及此，李司徒蓋非俗人。天下德其大功，東南半壁天下，幾糜爛于豺虎之吻，而先生矻然鎮之，貽萬姓以衽席之安。天下德其大功，故望其大用，反以來多口，蓋自昔已然，又何怪焉。夫使之平虜難、平藩難、平璫難者，天命也，不使之輔成聖主一代之治者，亦天命也。天之生至人也甚難，其用之也又甚嗇。豈獨嗇其用，又從而困折之，至於無所容者。何也？天之意若曰：「斯人也，其有功於世如此，區區富貴，何足酬之，而人猶莫之酬也。甚矣，富貴之不足恃也。」又若曰：「斯人也，其有功於世如此，宜念其功者，人尸而祝之，乃視之蔑如也。甚矣，功名之不足恃也。」又若曰：「斯人也，其有功於世如此，非有人焉掩其功、奪其富貴，安得有一日之閒乎？甚矣，閒身之不易得也。」於是乎休之無何有之鄉、廣漠之野，使其憬然念從本以來，有富貴乎？有功名乎？回視往日焦勞豎立，如浮雲之過太虛，可啞然一笑。然後其意念空，精神固，一旦當天下大事，無論富貴功名，即委身棄之無難焉。眉批：先生自道，因以教人，然能領者難矣。如四時然，至冬乃益固之。夫然後知天之所以厚君子者，張弛異宜，不可得而測也。今年先生壽七十，以家居而神益閒，氣益壯，天之所厚先生者已見，特未測其所以用先生者何若。吾則以一觴祝先生曰：「寧先生恬志於未始有物之先，壽益進於無疆；無寧使世有大艱，天乃以艱大投先生也與。」

繆仲淳六十序

余年二十五而友於丁子長孺，一日長孺謂予曰：「今海内有奇士繆仲淳者，子知之乎？」余曰：「未也。」曰：「其人孝於親，信於朋友，塵芥視利，丘山視義。苟義所在，即水火鶩赴之。」余歎曰：「世有斯人乎。」

越三年，忽遇于内弟王興甫所，歡相持曰：「此爲仲淳矣。」當是時，興甫得異疾，勺水不下嗌，諸醫望而走，一息未絶耳。仲淳爲去其胸膈中滯如鐵石如拳者二，興甫立起，肅衣冠，陳酒餚，拜仲淳。余驚曰：「聞君高義，不聞君良于醫如是。」仲淳笑曰：「吾少也病，而習之頗得古人微處。語世人，世人不解也。」是日與仲淳酒間談説古今事，絶不及醫，仲淳無所不妙解，而後益信長孺言，知仲淳果天下奇士也。

又三年，余以使事至家，得仲兒，日抱弄之。兒忽得異疾，殆矣。一日夜半，余夫婦淚蘇蘇相語曰：「是兒非仲淳不活。」顧安所旦夕得仲淳。坐而旦，門者報長孺至，余妄念曰：「得無仲淳偕來乎！」倒屣出見，長孺果偕仲淳來，果一藥而活。是後余婦余長兒余壻余孫遞遘危疾，皆以仲淳活。於是余邑中不能知仲淳，能知仲淳醫，每仲淳過余，客武相接也。余不厭晉接，仲淳不厭聒人，眉批：不知活人之樂，安能不厭？以方寸紙授方，治之無弗活，而一時同志家所活，無不如余家者。

今天子明聖，輔政皆出東南士，以爲千古奇會。率獻其所學於廷，冀吾君於堯舜，吾相於皋夔，皆以迂不入，後先落職歸。而東南士與西北異士歸田間，甘泉香稻，皆有以自樂，可以誦詩讀書，養心繕性，無富貴之慕，然不能無疾病之苦，兒女之憂。得仲淳，并免於二者。余常手額祝曰：「天生仲淳，爲吾輩也。」

客曰：「仲淳一布衣遊諸公間，寧無仄目乎？」余曰：「不然。仲淳仁者，所至活人耳。」眉批：若果能爾，則仲淳益高。然吾見其聞人之善，如聽聲樂；聞人之過，如聽詛詈；聞貴人之名，如寒之就水而暑之就火。夫超然于權勢是非之外，人能舍之，而人疾痛，號天號父母，無可奈何，號仲淳則立脱之矣，是天不能不庇之也。然吾嘗語仲淳以中庸之理，仲淳心洞然，如鼓應桴、谷應響。夫仲淳奇士，胡以洞此？嗟乎！此仲淳所以爲奇也。

仲淳又精形家，凡山川隱見向背，察之微茫渺忽無失。又能詩，能大字。熟于古今治亂邪正消長之機，熟于兩兵相臨勝敗之算。吾嘗謂仲淳立廟堂爲一官之長，未能或之先，即佐邊陲，隱然長城也。顧不與一第，天必有所用之。誠得深山大谷，二三同心，聚書萬卷，蠹魚其中，相樂以老，仲淳必有千秋之業，而又不可得，天之所以用之者，豈僅如吾前所云者而止耶？

仲淳今年六十，吾邑中凡爲仲淳所活者，皆持觴觴仲淳，而謂余曰：「惟子知仲淳，當有以佐觴。」余曰：「天地之恒，毀人者自毀，成人者自成，壽人者自壽。仲淳壽人多矣，欲無壽，得乎？」然仲淳洞大道之要，道無壽無不壽。今吾冥心而會者，千秋一息也；開目而視者，千秋一息也。兹觴也，一息乎？千秋乎？觴仲淳則千秋矣。眉批：兼文人之致。

雙山王先生八十序

昔者聖人惡鄉原之亂中行，而名曰德之賊，至於過門不欲其入室。攀龍少讀論語孟子，竊疑聖人大仁，未嘗絶物，何獨絶鄉原如是之甚。而後縱觀千古，見士大夫巧于取富貴利達，潛消天下正氣，而陰釀亂萌，使人恬然囿其中而不自覺，未有不繇鄉原。又觀世之君子，敦尚名節，稍有益於風教，卒未有出于聖人所取狂狷二品。而污世流俗所最不能相容者，卒未有出於狂狷二品。於是乃知聖人鏡理亂之源，定取舍之極如此。然狂狷亦有似是亂真，眉批：前哲所未發。聖人又别白言之曰：「古之狂也肆，今之狂也蕩；古之矜也廉，今之矜也忿戾」。蓋蕩則踰閑裂防，與狷相反；忿戾則是己非人，與狂相嫉。中行之敝也，似中行之鄉原，托中行之説以譏狂狷；狂狷之敝也，似狂狷之小人，托狂狷之説而交相譏。似狂者不容真狷，似狷者不容真狂，於是分朋立黨，爲天下禍滋甚。凡天下之亂，每創於似君子，而成於真小人。似君子者，中行狂狷之似；真小人者，中行狂狷之反也。

吾於今之世，汲汲焉思見真狂狷，久乃得之雙山王先生。先生少爲諸生，聲隆隆黌序中，有司且將貢於天子，而先生有所不平於時事，慨然曰：「如此尚可仕乎？」遂棄去，屏居不出，并戒諸子不得復習時藝，應科舉。眉批：勇矣！然令何所爲？於是先生四十餘年不妄出户，不妄見客，不妄飲人一茗、受人一錢，迪蹈仁義，敦行孝友，門庭之内禮讓相先，有不率教，苦身責己，必改而後已。四方之士見先生者，如遊黄虞，如揖巢許。先生即潛修衾影無所表見，而一炙其朴容莊服，誠心質行，令人氣銷意折，有韓彭遇之失其勛，班馬遇之失其文，賁獲遇之失其勇，儀秦遇之失其辯，不知其所以然而然者。

攀龍蓋嘗再請於先生，始得一接顔色，登其堂，領其言論，竊見先生大抵獨往獨來於宇宙之中，不屑不潔於君親之外。其嘐然自得，狂也，實則行常浮言有所不爲，狷也，實則才足有爲。是乃所爲古之狂，古之矜也哉。

今年先生壽八十，攀龍復將求見先生，而一時同志錢一本、顧憲成等俱詣攀龍曰：「爲我輩觴王先生。」往時張禹、孔光、馮道、胡廣之徒，以其媚世之術竊取卿相，營營一生無異雞彘，孰與王先生蕭然自足于窮巷中，而吐氣足以塞兩間，流風足以濯百世耶？

願先生長壽以示世人，見聖人所取狂狷之士，即不用於世，猶足以砥柱一世乃如此。

二思毛翁七十序

晉陵有二思毛翁，少爲世家子，能持身謹度。奉其二尊人至孝，失其父而自志曰怙思，失其母而更曰二思。事兩兄，撫兩弟，情好無間。與人交不爲脂韋，亦絕無城府。自奉甚儉，敝衣糲飯，而客至必盛爲具，投轄交歡，繾綣備至。性好讀書，居恒杜門據案，尤好左氏春秋、紫陽綱目，及蔡氏書傳。客有論及者，語亹亹不休矣。少爲名諸生廩學宫，已爲名博士訓太平。其居官如其爲諸生，談説經史外，無一切媕阿纖曲、調時諧俗之態。以是得王官歸，而翁益自喜，下帷讀書。有三子，皆諸生，有聲。

今年辛丑，翁壽七十，以仲秋二十五日爲懸弧之辰。其女夫馬君惟任進翁百歲觴，而惟任與余交最深，欲以余言爲侑。

余謂造化之於翁良厚矣，去其戴冠束帶，而與之散髮舒嘯，林皋偃仰；眉批：世人信不及。去其車塵馬足，而與之虛堂安几，親朋晏談，子姓旋繞；去其簿書期會，而與之左圖右史，低昂百氏，揮霍千秋。古人云一室之内，有以自娱，豈易易哉？或謂以翁之才而不竟其用，爲翁惜。夫以翁之熟于古今成敗理亂之數，以之訓其子孫，及于閭里塾黨，寧非翁之用？而必以身試爲？身安於素履，心逸於無營，神全於機杜，世之取於翁者薄，而翁之得諸天者厚矣。

而吾又有進焉，翁篤嗜史，吾即以史計。自有宇宙以來，入尚書者千四百十有二年；入春秋者，二百四十有二；入綱目者，千三百五十有三。凡此二千餘年間，如飄風流電，曾不足以當翁一席抵掌。至所爲與天地爲昭，揭日月而行者，何物耶？吾知翁必曠然有會，則繇兹以至於終古，一息耳。彼夫耄期之年，又何足爲翁祝哉。眉批：每讀先生壽言，所謂「心如太虛，何幻質之足戀」，蓋見之久矣。

薛守溪六十序

萬曆丁未，河南薛守溪君壽六十。培正吴伯子，其東床之選也，伯子與余有通家誼，請余一言爲君觴，且言君世業農，敦儉朴，有古人風。

余曰：君業農，吾即以農言壽，可乎？今夫五穀，天生之，地成之者也。然而耕耨之不以道，灌溉之不以時，則弗實，再種之而不甲拆。夫人亦然，天生之，地養之，而立人之道曰仁與義，是故仁則氣和，戾氣不得而干之；義則氣正，邪氣不得而伐之，是所謂耕耨而灌溉之道也。壽道也，豈惟壽於其身，積之久，將壽於其子孫。古之人取髦士必於農，謂夫農致力勤苦，不見異物而遷，其大朴有未斲伐者，况夫又有善德培壅之，子孫必以詩書興，猶之夫穀受氣既充再種之，而甲拆繁碩也。子以是觴君，君必欣然有取夫余言。

龔舜麓六十序

天子萬曆三十六年，歲曰戊申，龔子舜麓年週甲子，謂高子曰：「何以觴我？」高子曰：「吾聞人得天地之性以生，有善而無惡，故人之七情好善而惡惡。此性包六合而無外，歷萬古而不搖，其壽不可算數計也，人人有之。而局于形，亂于氣，誘于物，迷于欲，人人自失之。而區區以一呼吸之附于形骸者爲壽，豈不謬與！吾見子之好善惡惡，往往不背于正人君子。設有學問以養之，無飢寒以亂之，令此性直而不闕，融而不偏，雖以子之藐躬，將浩然塞乎天地之間，而得無算數之壽矣。吾試與子持一觴酒，仰視大空，見白雲時去時來；俯視人世，見萬類時榮時瘁，此一呼吸之軀，亦如斯而已，何足道哉！何足道哉！凡情脱落，則聖境現前，無疆萬壽，在此一觴中也。」敬以爲獻。

諸延之先生七十序

余兄事延之三十年餘矣。延之年且七十，人生六十始稱壽，壽必頌其生平懿媺以爲祝。君子曰：「是非古也，俗之靡也，風之諛也。」余曰：「亦顧其人何如，果有道之士乎？是有教焉，事可傳也，子弟可述也，世可式也，若延之其人也。」

夫人少必有所業，壯必有所樹，老必有所養。譬之於稼，藝不以時，雖有地力弗滋也；耨不以方，雖有天時弗培也；獲不以候，雖有人工弗實也。人少則業詩書，或以嗜好亂之則惰。延之于書無所不誦，雖至精熟，必覆讀數百過，故其書終身不忘。爲文章，令心手相習，如原泉然，浩浩乎出之無滯而後已。孰不業詩書，有如鳥之赴樹，蜂之赴花，酣嗜而無二念，若延之者否？人壯則樹名節，或以富貴奪之則隳。延之甫成進士，糾御史房寰之詆海忠介公者；司教中州，正師儒之體於直指使者；官儀曹，糾東征之失算者；居里中，糾匪人之濫鄉飲賓者。他事不可勝舉。孰不一第，有能見義如猛獸之必噬，見不義如鷙鳥之必擊，若延之者否？

人老則頤天和，或不勝其欲，自徇焉而不恤其後，延之體魁肥，飲啖絶人念。豐于形者嗇于神，蚤歲即斷慾，飲酒必節，禁肉食，多茹淡，故至老聰明不衰，神氣加王。居恒手不釋卷，晚而好易，孳孳編纂，几案蒙塵，庭草蕪没，處之泊如。孰不七尺，有能奉保生之矩，如岱崋之不移，遠傷生之物，如砒鴆之不御，若延之者否？夫少而不自勵則無業，壯而不自立則無品，老而不自嗇則無年。三者生人所共急，而延之其法程也。故曰有教焉，事可傳也，世可式也，子弟可述也。

自吾事延之以來，見其巨細期會，刻晷不移，信莫過延之者；爲人緩急，竭蹶從事，厚莫過延之者；朋友箴規，領納無忤，虚莫過延之者；世局轉徙，雲雨翻覆，讒搆百端，屹然中砥，貞莫過延之者，是皆教也。古者五帝之養老也，憲而不乞言。憲者，法也，法之而已。延之其人也與！延之其人也與！

先生嘗有書責延之晚節不終，蓋在七十之後也。生平自好，一事敗之。讀壽言，使人樂爲善；讀責書，使人履薄臨深。

清翁俞先生八十序

客有坐而談清菴俞先生者，喟然歎曰：「士不必能，能不必遇。先生博學能文章，爲學士領袖，而數奇於一第，僅得歲薦，兩爲諸生師，遂邑邑抱經世之志於山林泉石間以老，今八十年矣。夫舉一俞先生，而天下之爲俞先生者可知也，造物者與其才，不庸其身，何居？」

高攀龍曰：「不然。夫客亦小之乎觀俞先生。昔者聖門高弟如子路、冉求之徒，皆欲以所長用於世。至狂點不然，春風沂水之趣，飄然于事物之表，夫子有慨於中，吾與之歎，其致思遠矣夫。夫子蓋嘗使開也仕，至其平日所稱許，則無以加於顏曾閔子。是三子者，視諸侯大夫之門，若將浼焉。然而聖人不聞一言以挽其獨往之志，豈其視三子在漆雕氏之後乎？其後由之纓求之斂，爲瑕於千古，而三子者不以其闕經世之用，爲虧於聖人之學。然則自聖人而下，天之厚三子至矣。夫龍逢、比干厲皎皎之忠，子胥、屈原鬱憤憤之志，其流至於東漢諸賢，欲以市井草莽之議，成一代之事實，究也身與國兩無裨焉。於是馮道、胡廣之流，眉批：鄉原，乘氣節之後。峩冠大紳，高位厚禄，藉口於委蛇用世之説，掃節義而盡滅之。故隱淪之士寧蹈東海，一丘一壑，誦詩讀書，猶得以追游先王之餘化，以盡其天年，而其法言法行，不失爲後世之師範。夫自聖人而下，自非大賢之才，而汲汲於經世之功名者，皆代大匠斲也。今先生即不一第，而其質行經學已被服於高虞二邑之士，不可謂未嘗試之。及其退而老于梁溪之上，角巾布衣，圖書琴瑟，口不絶吟於唐室諸賢之韻語，手不停披於百家自勒之名言，出以林泉爲家，入與聖賢爲友。今壽且八十，聰明倍勝，飲噉逾加，與先生齒驚謂先生之少於我也不啻倍，而少壯者又驚謂先生之强於我也不啻倍。蓋其風霜瘴癘山川之險，既未嘗外損其形，而人情物態機械之險，又未嘗内損其神，故先生之所得於天者保之獨全，天之所以厚先生者不至矣哉。嗟乎！仕宦之足以奪人志，敗人守也久矣。故君子以處爲常，而遇合無心焉。夫其處也，無可以爲處，則顔曾閔子之不爲荷蕢丈人也者幾希。眉批：以有用爲志，不以必用爲志，有用即體也。今先生之處也善矣，又何必於用？吾又何必以不用爲先生憾？」

於是客起而謝曰：「願以聞之先生，當欣然爲子加一觴。」遂以爲壽。

俞毅夫先生七十序

萬曆辛亥，雲間俞毅夫先生年七十，其弟仲濟公，余之心交也，徵言爲先生觴。余曰：「凡爲觴者，必有以樂之。吾於先生惡乎樂之？頌先生之往者乎？往者既往，先生視如飄風行雲焉，不屑也；祈先生之來者乎？來者未來，先生視如儻來寄迹焉，不屑也；爲詩歌文辭、仙靈奇瑞之説乎？詩歌文辭莫有工於先生者，仙靈奇瑞，先生知爲文辭之絢藻而非實，不屑也。吾惡乎樂諸？吾揭先生者，相與樂之可乎？夫人心何以不樂耶？物入焉而膠則不樂；神出焉而騖則不樂。物無入也，以其膠焉而謂之入；神無出也，以其騖焉而謂之出。知其無入，不必爲扞也；知其無出，不必爲留也。蕩蕩焉、平平焉、正直焉，目如其目、耳如其耳、心如其心、四體如其四體，是之謂内寧。君臣焉如其君臣，父子焉如其父子，夫婦兄弟朋友焉如其夫婦兄弟朋友，是之謂外寧。如是焉之謂天之道。去其不如是，還其如是，之謂人之道。天之道無所加於人之毫末也，人之道無所損於天之毫末也。未嘗生，不必求佛氏之無生；未嘗不生，不必求老氏之長生。

知其未嘗有所於加、有所於損之毫末也，而贅毫末焉。毫末之累如丘山，惡得而樂？」

諸先生瞿然起曰：「異哉！道乃如是乎！聖如是，凡如是，古如是，今如是，天如是，人如是，幽如是，明如是，吾求吾之所謂不樂者而不可得也。趣觴觴吾，此之謂萬年之觴。」

靜菴華翁七十序

動靜者時也，聖人以動靜不失其時爲艮，不偏言靜也。濂溪周子獨言「定之以中正仁義，而主靜立人極」，此所謂靜，以不易者言。眉批：主靜即在定上見。是故於君爲仁、於臣爲忠、於父爲慈、於子爲孝、於夫爲義、於婦爲順、於兄爲友、於弟爲敬、於友爲信，不易也。是故在貌爲恭、在言爲從、在視爲明、在聽爲聰、在思爲睿，不易也。是故人此爲仁、宜此爲義、履此爲禮、知此爲智、實此爲信，不易也。聖人任萬物之縱横變化，不可揣量，其一於是而不易，如五嶽之各居其方，四瀆之必赴於海，莫能撓之，是之謂中，是之謂正，是之謂静，故曰易有太極。若夫脱落世事，超然物表，深山茂林，隻居無耦，境静而已。澄湛虚明，心冥太始，無善無惡，騰騰兀兀，念静而已。眉批：念静與氣静又如何。静於境者，不可與於物宜，而當天下之動；静於念者，不可與於典禮，而善天下之動，去主静立極之道遠矣。

静菴華翁以静名其菴，是有志於静者也。其爲人長者，言色有度，喜怒無溢，於人無貴賤老幼，敬之如一，於事無巨細始終，敬之如一，藹然穆然，即之者心醉意銷，是能静者也。余辱於翁之子潤菴君游，以是知翁。今年翁壽七十，鄭君商野徵余言爲翁壽。余謂壽之道莫若静，聖人曰仁者壽，以仁者静也。然仁知猶偏言，故壽猶以數言之。若得所謂不易者，與天地無始，與天地無終，名象所不能求，算數所不能及。故至静之静，静不可得而言，至壽之壽，壽不可得而言。知至静之静而後能静，知至壽之壽而後能壽。謹以是爲翁壽。

浦震宇先生七十序

萬曆乙卯，浦震宇先生壽七十，其高第弟子某等若干人，爲觴觴先生而徵言于某以爲侑。

某曰：子知壽乎？夫壽者，假百年以爲萬古者也。是故七尺者，百年之物也；一靈者，萬古之物也。眉批：「此身不向今生度，更向何生度此身？」馬自然語，先生取其意。一靈者何？天地所以生生也。無萬古之物，則無百年之物；無百年之物，亦無萬古之物。是故君子慎所以修之，不使乖戾之氣戕其生生之物。夫然後一靈者壽，而七尺者亦壽。乖戾者，生之反也。人率憑其戾氣，戕其生機，非獨學習失也，蓋亦氣質使然。故質美則性易徹，質濁則性難開。學習以修治其質而已。質美者則不習而默符于道，如震宇先生是已。

先生熙熙怡怡，與世委蛇；慥慥肫肫，與物皆春。與先生遊者，不絲竹而樂，不酒醴而醉，不談經論學而歸之仁義澤如也。蓋其氣質粹美，生生之機流露盈溢，即先生不自知其所以然，是能不失其萬古者，以得其百年者；不失其百年者，以得其萬古者，故曰假百年以爲萬古。吾歌以爲先生觴，可乎？

歌曰：「乾坤浩蕩兮，春風融融。室家其宜兮，一畝之宫。一觴兮心如太空，再觴兮氣如長虹，三觴兮渾如鴻濛，先生醉且樂兮無窮。」

薛翁〔一〕七十序

薛翁所居，負群山，面太湖。其村多桃李，每春時爛如錦幄。翁嗜讀書，家貧教授，從之者輒異于常兒，人望而知其爲薛翁弟子。涖諸生甚莊，及其與人，春風襲襲，鄉里人皆樂與爲群。其季子用章，文而有行，從余遊。

天子戊午，翁年七十矣。諸善季子者，爲翁觴而問言于余。余往者知翁嘗疾甚，幾殆，其伯子禱請身代，至虔，翁忽夢神示奇兆，竟奪孝子而壽慈父。吾嘗謂天地間惟生機相摩相盪，爲不可致思，故鳥之伏卵，木之接枝，或同氣而運于各質，或異質而聯其一氣，所謂摩盪之神，聖哲所不得而知也。夫孝子一念精虔，立袪翁久嬰之苦，續其方新之氣，若吹噓而輸灌者然，抑何異也。然則用章所以壽翁者易矣。

夫子曰：「妻子好合，如鼓瑟琴，兄弟既翕，和樂且湛」，「父母其順矣乎」，此人人所能也。故衡門泌水至適也，稻粱菜鮭至味也，好合和樂于妻子之間，至真也。今舍其人

〔一〕「薛翁」，四庫本作「薛少泉翁」。

人所能，而求不必得之事：甘珍未備，謂不足以養親；聲色未侈，謂不足以娱親；章服未備，謂不足以榮親。親以是期其子，子以是歉于親，若有物繫于中，即有山水之致，景物之和，家庭之聚樂，弗樂也。是謂棄真取僞，彼其僞者，又安有摩盪之神，吹嘘灌輸于一氣之中，召吉祥善事哉？用章之壽翁，壽以真者而已。

爲之歌而觴翁曰：「山寂寂兮湖水洋洋，林密密兮茅屋深藏，有士兮秉德孔良。衡門兮晝閉，琴書兮連床。傾筐兮紫芝，方熟兮黄粱。一飽兮鼓腹，緩步兮虚堂。鳥啼兮花放，月來兮酒香。子孫兮趨庭，笑語兮義方。一榻兮偃仰，心豫兮體康。山長兮水遠，人壽兮無疆。」

馮敬山翁暨錢孺人伉儷七十序

人之靈于萬物者，必有所貴。得其貴者，匹夫而可建天地，一事而可俟千古，故曰不朽。不朽之謂壽，言形壽者，溺其旨矣。今夫人必有置其身者，五倫，身所置也。不置于彼，則置于此。欲一日離之不可得。人之異于萬物者，以合五者而成身；其貴于萬物者，以合五者而成道。道之所在，如鑛之成金，不可復滅，故曰不朽，此壽之説也。

吾邑有馮子文九，從吾遊久矣，蓋志古人之道者也。其尊人曰敬山翁，曰錢孺人，皆有過人之行。翁既委禽于孺人，孺人目忽瞽，兩家議罷姻事，翁曰：「既已爲吾婦而不娶，誰爲非其婦而娶耶？」亟止罷姻議。無何，孺人得良醫，目復明，人以爲德感。于後翁室有篷，孺人視之一體，篷生子，孺人視之一體。翁落拓不事産，又不吝，兄弟間推讓，交知間施予，家以壁立，孺人一切拮据苴補而鏄室之。子三人，教之以義。環堵之室，藜羹糗飯，慼容不入於眉，慨息不出於口，人人充然意得也。

今年翁與孺人偕壽七十，翁敕其子曰：「愼毋以吾年聞里中，令里中長者車塵吾席門也。」文九等謹受命而私于不佞曰：「時見賓無能以世俗歡歡兩尊人，而世俗歡亦非兩尊人所歡。藉手先生一言，子婦執濁醪敬共而稱之膝間，可乎？」

不佞曰：「然。子之尊人有過人之行，所謂匹夫而建天地，一事而俟千古者也。子不見天地之化乎！天地之化，以貞而固，故貞而復元。凡冬蓄之旨不易腐敗，以其貞也。其在人一念秉持，不逐凡情者是矣。故瞽可娶也，二女可同也，夫婦正而父子兄弟之儀不忒矣，道之所貴也。吾歌以風世矣。」乃歌曰：「衡門兮静而杳，盆卉爲囿兮盎水爲沼。朝暾上而融融兮，夕月來而皦皦。有人兮于于，兄弟翕，妻子合，一室之内有以自娱，彼富貴而笑，毋乃爲此拘拘。」文九等觴而陳之翁與孺人。翁乃軒髯而笑曰：「有是哉，吾父父子子，兄兄弟弟，夫夫婦婦而油油于此也，一日而稱千秋也可。」

應峰王翁七十序

應峰翁年始耆，諸知交謀所以壽翁者，問於攀龍。攀龍曰：「翁夙講長生之道，請言長生。夫長生者，天地之道也。天地之道，變易者其不易者也；不易者其變易者也。古之至人，以變易成其不易，以不易貞其變易，故與天地同其無疆，非呼吸吐納之謂也。夫人自少壯而老，身體膚髮日遷日謝，變易矣，而心不易也；夫人之心思營爲萬起萬滅，變易矣，而性不易也。何謂性？於五德曰仁義禮智信，於五事曰恭從明聰睿，於五常曰親義序别信，千古而上、千古而下不易也。吾以萬起萬滅者，注之於是而不二焉，是爲以變易成其不易。久之而熟，道義成性，向之萬起萬滅者，轉而爲萬變萬化之妙，是爲以不易貞其變易。夫人之夢也，其遊魂能視、能聽、能言、能動，無質無體，與有質有體者不異焉。然遊魂爲變，變而不可知者，以其昧而不靈。至成性而遊魂始靈，故大人通晝夜而知，與天地合德，日月合明。天地日月變易，而吾不易也。故長生者非形軀，亦非仙家所凝氣之精英，是皆屬於變易，而非不易也。應峰翁篤於人倫，勤於問學，年七十而修不替，是將道義成性者也，是真能長生也。」客曰：「善，謹以爲翁壽。」

鳴陽伯兄六十序

萬曆戊午，伯兄鳴陽年周甲子，余及諸弟五人，兄之子五人，諸弟之猶子十有五人，兄之孫四人，猶子之子十有二人，少長咸集，蓋高氏之族萃是矣。進而颺言曰：「兄，家之家也，宗之尊也，吾儕豈惟是一觴一祝，修世俗之具哉？要以邕和志娥，陳戒示則，爲吾宗無疆之休，其各言吾兄所以壽。」

于是諸弟皆欣然起曰：「請對其質。先君子勤生儉食，承先裕後，吾子孫世世法則也。惟兄守之，是其神守而不佚矣，壽之道也，家之則也。」余曰：「然，未也。」曰：「吾聞積針縷者成帷幕，合升斗者盈倉箱，言乎百得之得于一約也。惟兄約于口未嘗侈其奉，約于體未嘗侈其服，約于婚嫁未嘗侈其用，約于燕遊未嘗侈其具，是其神約而不騖矣，壽之道也，家之則也。」余曰：「然，未也。」

曰：「吾聞蟻穴之細可潰河防，蠹啄之微可仆柱梁，言乎百失之失于不慎也。惟兄慎于出入，其户閾如也；慎于臧獲，其人欽如也；慎于交與，户屨泊如也；慎于放利，什一戔如也，是其神慎而不漏矣，壽之道也，家之則也。」余曰：「然，未也。」

曰：「吾聞危封王不如安眠床，憂食羊不如樂飲湯，言乎自適者之不存於富貴也。惟兄一丸之庭不虛四時之卉也，一葉之艇不虛四時之興也，一味之旨不虛盍簪之樂也，一夕之飲不虛嘯歌之致也，是其神適而不梏矣，壽之道也，家之則也。」

余曰：「然，蓋有其本。以吾見兄仁心爲質，慮以下人，渾乎元氣之醇，穆乎太古之璞，鞭笞幾廢于家，聲色不徵于邑，所謂耕之耨之，治其方寸之田者乎。是將壽其身，壽其子孫，以壽吾宗于無窮也。夫天下之生久矣，即吾祖宗遞傳至先君子一人耳，未百年已四十有二人，繇此而之，豈可量也？士之貧者十而八九，即素封之家，迨其子孫萬柝而千，千柝而百，百柝而十，岌岌乎不支矣。子孫復以驕心侈念乘之，寧知所稅乎？故兄之則户可守也，守兄之則人可自樂也，喬木之門，百世不易姓可矣。是曰無疆之壽。」諸弟皆曰：「甚哉！兄之善言壽也。不可無以示來者。」

乃系之詩曰：「九龍之山，下有二泉。其出一掬，其流涓涓。放于五湖，浸日粘天。人亦有言，百福之淵。匪繇于他，繇于寸田。惟此寸田，禾黍芊芊。是薫是蓑，必逢其年。太和之世，晝作夜眠。衡門之中，一琴一編。人亦易足，何爲物牽。生之以勤，用之不愆。守而不失，可以得全。有如不信，視彼原泉。涓涓之流，終古永傳。」

於是胥諧兄歌，而進百年之觴。

鳳池馬公七十序代撰

民生於三，自古志之矣。今世號爲人師者，少而授句讀，已則爲偶句爾，已則口訓經義，握管雌黄其所爲課藝爾，豈其遂與君我生我者等耶？孔氏之門，無論三千人，即七十子，不彬彬道藝哉？迺夫子曰「回也，視予猶父也」，蓋儼然子之矣。自回以外無聞焉，則其義何居？夫師弟子之間，果其如父子相視也，則遂與君親等，誰曰不然？然而先王設爲五品之教，朋友之交列焉、而不及師，其義又何居？噫！聖人若已懸見萬世之後，其所號爲師如世俗所稱者比比，而其相視爲父子者百千不一二焉，眉批：感慨極矣。故繇前則等之爲三，繇後又不列之於五也。而孰知百千不一二者，獨得之於鳳池公。

方余三兒之幼失其母也，長者仲者方髫，少者在抱，蓋煢煢焉莫之依，而後先受業於公。公爲字句之，駢偶之，以迄於呷唔爲博士家言，靡匪公口吻授也；飮啖時之，寒燠時之，勞逸時之，迄於纖悉端委，靡匪公之深念而周體也。眉批：非師而父，乃師而母也。故奇。六期而入塾，俄而成童，俄而弱冠而成室，靡旦夕不與公周旋也。余蓋時戚焉，念三孺子爲無母也者，孰顧孰復之，則尋自慰曰：「馬師在，無恙也。」即三孺子一切所需，則皆曰：「以告馬師，無恙也。」屈指蓋於今四十餘年，師之所以視弟，弟之所以視師，如一日也。

而公壽且七十。不佞無似，謬與公齒齊，三兒益喜不勝，緘來白下告曰：「三子視馬師猶父也，而壽亦與吾父等，非吾父莫能壽馬師。」余愴然寄語曰：「而翁之有斯年，亦馬師力也。」當而失恃時，余外掣於宦，內掣於而等，非馬師使余無而等憂且立稿，則余何以壽馬師？抑余有悟於生之理矣。大塊之間，一氣氤氳而摩盪萬分之爲人身，氣長存則長生，而無所以滑之耗之摇之則長存，故惟淳龐敦重之士能之。馬師非其人也耶？而之少也，非馬師莫安；馬師之壽也，非而等莫安。其務所以安馬師者，庶無愧先王民生於三之義哉。

馬母林孺人六十序

蓋孺人有子曰惟任，與不佞等托肺腑交。萬曆辛卯，孺人壽始周其甲，於是王生等若干人，謀所以壽孺人。不佞颺於衆曰：「今夫世俗所以爲人壽者，必期其年，非所爲耋耄、期頤與彭、聃齊算乎？」則皆曰然。「爲人子壽其父母者，必期其子，非所謂組圭軒冕帔珈錦綺乎？」則皆曰然。「爲人子而壽其親，爲人親而壽於其子者，必鳴其事之盛，非所謂韝臂曲膝饋漿酳爵乎？」則皆曰然。

曰：「夫然，則其事之不可必者，懸之造化，不因吾言而得，不因吾不言而失。事之可必者，又不出家庭子職之常，而可以無言，請言其至者。余聞惟任生十有四年而失其先大夫竹崖公也，當是時，孺人以庶母臨其諸嫡子，而惟任以幼弟事其諸長兄。使孺人諸所不平於中，輒以亢心憤氣行之，未有不以剛敗者也。孺人所舉二子，其少者方呱呱在抱。使孺人戀戀形影之情，以呴濡爲愛，勤瘁爲不忍，使二子幼無所教，長無所習，不如今日諸君子所以稱説惟任兄弟者，是又以柔敗也。而孺人皆不然，孺人所謂融剛柔之德，而時出之者乎。今惟任學既成，將用於世，余亦遂以其説進。今夫高明之士可與入道，然往往狠愎自用，狎侮不恭，薄經常而崇異端之説，駕意氣而縱血氣之私，是皆以剛敗者也。而沉潛之士則又隨物變化，與俗轉移，是非鬬之於内，物交引之於外，依違兩可，牽役萬端，尺寸不能自決，是皆以柔敗者也。惟任反其道，以柔心遜志，精探仁義道德之奥，以剛腸强力，戰勝紛華靡麗之交，卓然朗然，淵然澄然，使天下聞且見者，皆曰是馬大夫之孤也。是嚴父所不能得諸其子，而孺人得於大夫背棄之後者也。則孺人之聲施不朽，而爲壽不既無疆哉！若夫世榮者，惟任所能自致，而彭、聃之算固天所以報孺人，不藉言矣。」

衆曰：「至矣言乎！爲孺人壽莫善，爲惟任壽孺人莫善。於是乎書之。」

顧母華孺人六十序

人生受氣有厚薄，得數有修短，罔不在厥初。愚者不察其原，謂欲去可留，既去復有輪轉。於是佛氏乘而入之，天下半入於中，而生民之財用十五耗之於此，惑弗可解也已。友人顧嗣得之母華孺人亦雅好佛，于是孺人生六十年矣，精神安强不衰，説者或歸佛力焉。高攀龍聞而解之曰：「豈其然！豈其然！夫孺人非溺於佛者也，佛亦烏乎能壽？」

客曰：「何哉？」

曰：「人受天地之中以生，於是有君臣、父子、兄弟、夫婦、朋友之倫，得全爲存，失全爲亡。佛一切棄絶之，是其形色存而天性亡矣。至其徒之最愚者，并其形亦戕之。或自焚以爲化、或飼虎以爲慈、或投崖以爲捨身，種種俚鄙以陷愚俗，是率天下爲殤子者，佛也！佛烏乎壽？今夫孺人之歸曾泉君及奉君之二尊人也，鄉閭之人皆能言之，克稱婦矣。其教嗣得諸昆季也，彬彬乎可徵見，克稱母矣。凡人倫之大，孺人無愧焉，而佛能之乎？夫佛，絶人倫遺世事者也，孺人即髮種種乎。家内外一切持之井井，時其贏絀，劑其寬嚴。有謂曾泉君嗃嗃治之不足，孺人不聲色而帖然，佛能之乎？吾故曰孺人非溺于佛者也。」

曰：「何以稱孺人好佛也？」

曰：「孺人好善，非好佛。眉批：真好善不好佛，若好佛非好善。世俗見佛以慈悲爲教，率稱善者曰佛。孺人勤行善，故遂蒙好佛之名而弗察也。然則孺人之善，得之於性，而非得之於佛。善者天之所壽，則孺人之壽得之於天，而何佛之云。誠以是説也從容陳之孺人，將逌然得其本心，而又安知有所謂佛哉？」

于時嗣得若諸友皆當于心，曰：「善，子之言孺人也，請以爲壽。」

秦母顧孺人七十序

余與伯兄雲翔交于秦文成兄弟間，則嘗聞其尊人少山公治家纖嗇勤苦，歷艱難而不挫其業，每亟稱之。以爲吾邑當三吴孔道，居聲譽之區，其民習見侈靡，往往侻成侻毁，無雲礽之積，秦又望族，始未嘗不完璞純素，而後漸雕斲也。是宜表其纖嗇勤苦者訓，即矯之，小過不害。少山公有五子，其非出于元妃而出于顧孺人者曰文成、文裕，文成爲名諸生，文裕以貲郎再遷佐江右藩臬。兩君學專其業，仕能其官，是爲子克家而滋大少山公緒矣。今年孺人壽七十，凡爲兩君之友皆謀所以壽孺人，而謂余宜一言。

余曰：壽以觀養也，不養無爲貴壽也。養有二，其上曰志養，君子之所貴也。然天下盡尹彦明之母也而可，其不然者，伐檀河干之歎，士人不免焉，况婦人乎？次曰禄養，世俗之所貴也。然有母尸饔，無論不堪其爲子至夙夜無寐，母之思又不啻什百于其子也。故廬江之檄，子有其母矣，君子猶以爲末；綿上之歌，母有其子矣，君子猶以爲怨。今文成君尚在潛陽，雲蒸霞變，交睫不可知，然而孺人得有其子，怡然五畝之宫。文裕君又將徼天子之寵於其母。兩君如左右手，有出者可與安河清之樂，有居者可與分將母之憂。孺人何以得是？曰：在鵲巢之詩。夫鵲巢言夫人之德也，鵲則有巢而鳩居之，國君有家而夫人則居之。其居之也，德足以宜之也。少山公之貽其子也，以纖嗇勤苦，孺人宜少山公，故能居少山公。兩君之承其考也，亦以纖嗇勤苦，孺人宜兩君，故能居兩君。觀少山翁而孺人可知，觀兩君而孺人可知。婦德不見外，吾見之于其所居。於是酌彼大斗，使文成進之孺人。

慮得集序

慮得集者，華貞固先生所以訓其子孫者也。先生遜其智，居其愚，若曰是千慮之一得云爾。吾繹其旨，淵乎！淵乎！

昔者聖人曰「人無遠慮，必有近憂」，是故飲酒而旨之，惕然曰「後世必有亡於酒者」，見色而悦之，惕然曰「後世必有亡於色者」，謂其可欲也。凡人之所欲，未有不足以殺其身而亡其家國。聖人慮之於遠，故得之於近，慮危而得安，慮亂而得治，慮亡而得存，推此類也。一舉口而慮，無興戎矣；一舉足而慮，無冥行矣；一舉念而慮，無非幾矣。夫人之率然而動，皆欲也；惕然而慮，皆理也。欲動而慮止，則得失之分，而安危存亡治亂之幾也。是故先生之訓其子孫者，總而示之曰禮義，提其要曰慮。慮以明諸心，禮義以守諸躬。自鄉黨自好而上至爲賢爲聖，率繇之。

先生當皇明始興，復歸於錫，迄今二百五十年。子孫繩繩不替，甲於他族。水之放海者，發源必遠；木之干霄者，植根必深。讀兹集者，觀其淳龐敦樸之意，可以知其源與根矣。得此而弗失，雖與天地無終極而存可也。其八世孫繼祥重刻兹集，廣布族人，是能慮者也，是能得而弗失者也。

默石翁劄記序

歲己酉，潛江朱翁默石來東林。越七年乙卯再至，其於學益孜孜焉。曰：「吾老矣，吾求所爲吾之歸宿者，印之四方，庶不謬乎。」

予聞而竦然曰：「嗟！世之人懵懵而生，懵懵而死已爾，孰有知其歸宿者？易有之曰『原始反終』，夫其所爲始者，是其終也。夫其所爲終者，是其始也。原則知始，我之始生，有何物乎？反則知終，一念反觀，何物爲我乎？故原始反終者，大明終始之要也。夫然後知人心之日增日益者，皆逐流而忘其原；日馳日騖者，皆一往而不知反，如旅人畢世栖栖，而莫知底止也，悲夫！」

翁曰：「吾比者恍然見是焉，吾繇此而之，庶不謬于所歸乎？」于是出其所爲筆記若干首示予曰：吾又多乎哉，今而往，吾默如石矣。」

予曰：「翁知嘿乎？言亦嘿也。使夫世之懵懵者，繇翁之言，知翁之默，而人得所歸也。又豈多乎哉！」

嵩臺集後序

嵩臺王公佐令吾錫既二載。庚寅一攝行令事，於是訟者無不燭之情，盜者無不暴之隱。眉批：安得此丞爲令，天下皆此丞，天下治矣。公又以其間練兵壯，饟者無不稱之事；置義冢，死者無不藏之骨。冰心湛於方掬之間，苞苴却於百里之外。一時臺使者以下不曰公丞也，而如其所以視令，其民不曰公丞也，而如其所以嚴令。一日公出其所爲律判若干條示余。余既竟讀，作而起曰：「嗟乎！是律之意也。」

夫律未嘗一日不在矣，然而上欲民之出於律也，而下所以入之者愈不勝其多；上欲民之入於律也，而下所以出之者愈不勝其巧。何居？知律而不知所以律也。今公之於民，必有快然而無所怍之心；故民之於公，必有肅然而不敢犯之心。此肅然而不敢犯之心，豈得之尺箠間哉？所從來微矣。以余觀於公，氣盛而鎮，才辨而捷。倘令公睍而自雄曰「一丞何當我哉」，則未有不弛然自廢者。又不然而曰「即文無害乎世，孰能知之」，亦未有不弛然自廢者。吾不知人之視公何如矣。故曰：「士之才苟出於誠，大用之則大效，小用之則小效。」夫律也，律己而律人者也。成人有兄死而不爲衰者，聞子皋將爲宰而遂衰之。成人曰「兄則死而子皋爲之衰」。嗚呼！此所以爲律者也。王公得其深哉。

事物别名序

吾邑有復初盧子嗜讀書，喜爲編彙，彙必成書。爲韻家字家書，手自楷録，搜抉訂讐于毫毛同異之間。

一日梓其所集事物别名示不佞，不佞謂之曰：「子之于書可謂勤矣，亦嘗遊于物之初乎？夫天吾安知其爲天？地吾安知其爲地？人與禽獸草木，吾安知其爲〔一〕人與禽獸草木？其初何名之有？名，賓也。天下之生久矣，文煩而名日增，賓紛而主益亂，子又從而別名之，是猶以手指日，而又指其指以爲日也。不既多乎！雖然，天地之道一，而一不得不兩、不四、不八，八不得不引伸而萬，不萬則一者息。吾不能使物之不萬，而又烏乎惡其名？吾聞之，江出于岷山，其始出也，其源可以濫觴。子知夫名之名，吾欲使子觀無名之主。昔者聖人之作易也，繫乾曰元亨利貞。元亨利貞，天之名也。夫子翼之曰仁義禮智，是又其別名也。不寧獨易，六藝皆是物，聖人別名之，使人思也。子知夫無名者，而名者皆別矣。獨是編爲別名乎哉！」

盧子憮然曰：「吾過矣！吾過矣！善吾子之發吾覆也。請書之，以示別名之微意。」

高子遺書卷之九下終

〔一〕底本無「爲」字，據四庫本補。

高子遺書卷之十

碑

泰伯廟碑

吾邑之鴻山，古所稱皇山。皇山有泰伯墓，南徐記及聖賢冢墓記同，其爲泰伯墓審矣。蓋梅里平墟爲泰伯端委之地，皇山爲歸藏之地，兩地竝重。今梅里廟貌肅穆，而皇山草莽榛蕪，邑之人往來於此者，不知其爲山，其爲墓。指點疑似，樵蘇畜牧，且狎遊而穢踐焉，於大聖人墓宜然乎？萬曆之季，紳衿始謀立碑而表之，旁爲屋以居道者，禁樵牧，而憩往來之伏謁。既立石，欲余記其事於碑陰。

余惟兹土，古所稱荊蠻，聲教不通於上國。泰伯至止，而東南之文明始闢。今且擅宇内之英華，而上國莫及焉，則是至德之聖，讓天下而逃，不之於名山大川，不之於長林浚谷，而之於荆。其之於荆也，不之於三江五湖，不之於幽巖絶壁，而之於吾錫之泱莽平墟，豈其無故耶？况乎臨於平墟，墓於玆山，相去不數里而遥，若其有擇於玆者，又豈其無故耶？錫之士可思矣。之於荆而東南之文明甲天下，之于錫而錫之文明不當甲東南乎？錫之士可思矣。

夫文明者，非文詞績藻之工已也。記堯者曰文明，記舜者曰文明，則文明可思也。堯之文明曰親九族，舜之文明曰徽五典，至德之聖，以天下讓者在父子兄弟之間，則文明可思也。嗟乎！古之聖人以父子兄弟之間讓天下而不顧，世之人乃不免簞食豆羹争於父子兄弟之間而不恥。若是者，尚可稱錫之士，而過梅里之墟皇山之野乎？人人思而恥之，而父父子子兄兄弟弟，錫之文明甲天下矣。

傳

薛文清公傳

本朝薛文清公，名瑄，字德温，山西河津人。幼有異質，因觀性理大全歎曰：「此孔孟正脉也！」其書不下數百萬言，悉手録之，至忘寢食。學務力行，嘗曰：「聖賢千言萬語，皆説人身心上事。誠能因其言反求之身心，擺脱私累，則身心皆天理矣。」登永樂辛丑進士。宣德初，爲御史，時楊文貞公在閣，求一識面，不可得。正統初，提學山東，首明理學以淑人，士人稱爲薛夫子。時王振用事，問三楊吾鄉誰可爲大臣者，皆薦先生，召爲大理右少卿。三楊欲先生一見振，先生正色曰：「安有受官公朝，而拜恩私門耶！」振聞，憾先生。會有獄夫病死，其妾欲嫁私人王山。山，振侄也。正妻不許妾嫁，妾遂誣妻毒殺夫。下御史獄，坐妻死，先生辨其冤。眉批：是大理職。職所在，道所在。都御史王文怒，譖於振，振嗾言官劾先生故出人罪，論死。先生怡然曰：「辨冤獲咎，死何愧焉！」獄中日手周易，誦讀不輟。將刑，神色自若。會王振一老僕哭于厨下，振怪，問之，曰：「聞今日薛夫子將刑耳。」振問：「何以知之？」曰：「鄉人也。」備述其賢，振爲之動，忽有詔赦之。通政李錫歎曰：「真鐵漢也！」居家六年，閉户不出，造詣益深。

用侍郎江淵薦起大理寺丞。時蘇淞饑民貸粟富民不得，遂火其屋，竄匿海中。朝廷遣王文往案，文坐以謀叛，連五百餘家。先生抗章力辯，獲免。文謂人曰：「此老崛强猶昔。」陞南京大理卿，太監金英奉使南京，諸公卿共餞江上，先生獨不往。英北歸，言於人曰：「南京好官，惟薛卿耳！」

天順改元，擢禮部侍郎兼翰林院學士，入内閣。一日召入便殿，上服小帽短衣，先生不入。上遽易服，入見，所陳皆正心誠意。語左右曰：「此正薛夫子也。」會欲遣使徵獅西番，先生持不可，不得。又見石亨等竊弄朝柄，歎曰：「君子見幾而作，豈俟終日乎？」遂引疾歸。至直沽，道遇風雨，舟不前，餱糧俱匱，日中猶未食，從者皆愠，先生歡然吟咏。

居家八年，卒。卒之日，作詩曰：「土床羊褥紙屏風，睡覺東窗日已紅。七十六年無一事，此心惟覺性天通。」

羅文莊公傳

本朝羅文莊公，名欽順，字允升，江西泰和人。弘治癸丑進士及第。自幼不識禪學，在京師遇一老僧，訪求心要，遂爲之搆思，徹夜不寐。一日攬衣將起，恍然有悟，流汗通體，證之禪書，如合符節，自以爲至奇至妙，天下之理無以加於此矣。後取五經四書，濂洛關閩諸書讀而玩之，漸復有疑。久之，乃喟然歎曰：「昔兩程子張子朱子早歲皆嘗學禪，皆究其底蘊，及於吾道有得，始大悟其非。吾今乃知前所見者，此心虚靈之妙，而非性也。」遂研磨體認，於道心人心、理氣性命、神化陰陽皆極其旨奥。

正德戊辰，以忤逆瑾，落職爲民。瑾誅，還職，歷官吏部左侍郎。嘉靖元年，以父年踰八十乞歸養，尋以父憂。服闋，起禮部尚書，改吏部尚書，力辭不就。

先生追悔年幾四十始志于道，雖粗見大意，自謂可不負此生，而官守拘牽，加以善病，工夫不專。及是力辭冢宰之命，杜門謝客，足迹不涉城市，潛心二十餘年，乃曰：「道在是矣。」

著有困知記。嘗曰：自昔有志於道，學者罔不尊信程朱。近時以道學名者，則泰然自處於程朱之上。然究其所得，乃程朱早年學焉而竟棄之者也。夫勤一生以求道，乃拾先賢所棄以自珍，又從而議其後，不亦可歎耶！

先生精思實踐，篤志不遷，毅然以衛道爲己任。聖賢諸書未嘗一日去手，於禪學尤極探討，發其所以不同之故。自唐以來，排斥佛氏未有若是之明且悉者。「家居惟以著書明道爲事，本分之外一無所預。眉批：有孚乃爲學。家人子弟守其家法，欽欽一步不敢肆。」每訓諸子曰：「勢位非一家物，須要看得破。」仲子謁選，未嘗通書故舊。瀕行，酌卮酒訓之曰：「前程有分定，惟安義命便是。」比授官有期，欲圖南方，以便音問，乞先生一達相知。先生曰：「數字本不惜，但惜乎信命欠確耳。」竟不之與。

林希元曰：「先生自發身詞林，以至八座，其行己居官，如精金美玉，無得致疵。辭吏部一節，真是鳳翔千仞。」故學者服其行而信其言焉。

陶菴先生傳

陶菴先生者，歸子季思也。蘇之崑山人，名子慕，字季思。其父故太僕震川先生諱有光。歸子兒時即有至趣，嘗掛酒衣帶間，見一卉一石佳者，輒引酒自賞。自餘童孺所弄，一切睨視無所屑。及長，苦心爲文詞。有境必詣其奥，有致必極其微，醲味沉情而出之以輕聲遠度，飄飄乎如祓濯於醴泉甘露，而蕩以清風、被以鮮霞者。

辛卯，舉南畿。乙未，從京邸交于嘉善吴子志遠，過錫山交於高子攀龍，三人相得歡甚。時高子築室於蠡湖之上曰水居，吴子築室於祥蕩之上曰荻秋。歸子既三對公車不第，又兩喪婦，得羸疾，築室於崑之西村曰陶菴。三子者遞相過從，几席湖山，衣被風月，飲食圖史。見者以三人相對一室，終日默然自怡，而不知其所事也。然歸子病相尋不已，遂屏迹陶菴。

陶菴者，縛茅爲屋，插槿爲牆，屋後樹梅，庭藝菊杞。室中琴一張，書數百卷，一爐，一藥囊，一瓶粟，他無長物。歸子鼓琴讀書，晏坐默識，窮天地之無垠，察品物之有自，陶然不知身之病也。時復行吟溪畔，覽物從容，作小詩自娱。客至，煮蔬沽醑而已，其陶菴儀載集中。

歸子自居陶菴，不與衣冠之會，不詣府縣，不受當路問餽，不爲宗黨争訟伸白，不爲子姪應試干請。雖甚貧，養其子之孤者，養其弟婦之寡者。雖甚病，於人倫事未嘗偷惰。少孤，事諸兄友愛特至。平居無疾言遽色，農夫牧豎相與依依如儕伍，周念童僕如子弟。其病愈久，其學愈進。讀劄記，足見其行己之概矣。

客有至陶菴者，登其堂未見其人，不知塵念之從何去也；見其人未聞其語，不知和氣之從何來也。飲食焉，笑語焉，退而慨然以歎，油然以思。人人覺其形穢，不知心腹腎腸之胥易矣。此所以爲陶菴也。

或問高子曰：「歸子何以願學陶也？」高子曰：「嗟乎！使歸子而得志，所謂斷斷休休者其人與？而以病廢，所自饜足者，東籬、南山之味而已。此誠天下高士也，而使歸子以高士名，則世不幸也。」崑山令王公時熙嘗造歸子，屏騶從，載酒肴而往，歸子欣然納之，清言彌日，時以爲白衣之致。

及卒，學者稱爲陶菴先生而以傳屬高子。高子謂吴子曰：「惟子則能傳歸子矣。」吴子曰：「子第傳之。凡人之美，人懼溢，歸子不懼溢，天下之美備是矣。」高子曰：「予懼予之得其郛郭，而遺其神理也。」吴子曰：「不然，歸子如冰壺，内外瑩徹，其郛郭者，其神理也。」高子曰：「善夫吴子之傳歸子也。」

歸子有一子名奉世。歸子遺言敕奉世曰：「人能親近賢者，雖有下才，不至墮落。吾無以貽汝，貽以此言。」

歸子得年四十有四，其卒以丙午十二月二十日。

韓氏七世祖傳

余窮居東林，有韓參夫者儼然就余論學焉。問其人，曰燕人。問其名，曰位。問其來，挈家而來也。問其何以來，曰：「以學。燕人無論學者，吾慕南方所在，講壇學會，飲食衣被於學也，心樂而慕焉」。曰：「吾生也有涯，吾學也無涯，以有涯窮無涯，吾其晚矣，敢憚勞乎？敢以年歲計乎？願家于南，學于南，庶有幾于道也。」余心異之。

假館于東林之旁舍居焉。參夫與其内子行古之道，内外肅睦，祭祀齋虔，晝則杜門讀書，以間則彈琴歌詩，從容乎樂也。蓋參夫以德行冠其鄉人，吾鄉湯質齋侍御督燕學政，特以德行補弟子員，異數也。其學一以考亭爲宗，嘗曰：「儒者之學在讀書循理。孔門博約，惟朱子學得其宗，可萬世無弊。」余益心異之，奉爲畏友。

居年餘，授經白下而去。去之日，謁余而請曰：「吾韓族微，居真定藁城之野。先世之可得而知者，自七世祖始，諱俊，娶盧氏。六世祖諱世權，娶路氏，繼娶張氏，家世農桑，其行事亦不可得而知。生子名宗儒，此則韓氏之譜矣。無可譜者，以子之一言譜。自兹而往，位能譜之，令吾子孫傳之永永也。」

余曰：是其爲韓氏有名之祖也。子亦知無名之祖乎？夫自七世等而上之，究至於無窮，必有所從始者。所從始者則氣化所生也，繇氣化所生者而上，則天地也，是之謂乾父坤母，不可得而姓，不可得而名者也。雖然，無其名也，不可謂無其傳。所傳者，吾今日一呼吸之息是也。此一呼吸之息，從天地始交來，億萬世無異也。此一息在，億萬世無名之祖在，言乎遠則不禦，言乎邇則静而正。循是可以知命，可以知性，可以知學，子之所謂以有涯學無涯者，其在斯乎。豈謂譜子之七世，以譜子之萬世可矣。

儕鶴趙先生小傳

先生磊落英邁，卓然物表，了無蓋藏，渾無涯際。臨事直心自遂，矢志報國。嘗見其於銓曹，孜孜矻矻，繫念海内賢人君子，推轂遷除，蓋無虚日。機要所關，身不得爲，必倡率同志爲之，激以名節，無不感奮。以功郎司癸巳内計，所訪必擇其人，所聞必考其自。眉批：訪問之細。先生有姻親爲公論不容，客謂先生何以處之，先生頻顣曰：「此官在長安暫耳，此身在鄉井常也，異日作何面目相向？」客曰：「君愛其親，誰不愛其親者？」先生即謝曰：「然，眉批：受言之勇。此國事也。」於是先生黜其姻，而冢宰一人在吏部者黜，首揆一弟在太常者黜，當路私人無一得免。國論大快，謂二百年計典絶調，而政府恚甚，尋謀逐先生。

先生歸，築一室郊坰，擁書閉户，非其人不與見也。性善飲酒，爲小詞，多寓憂世之懷。酒酣令人歌而和之，慷慨徘徊，不能自已。

先生敏慧天植，見人望形而別其臧否，聞言而悉其底裏，積數十年後，無不驗者。眉批：觀人之捷。題覆章奏，破小人陰私，洞徹其肺腑，故當世疾之如仇。

今年六十，健壯如少年，而先生則素閑養生之道，能以呼吸使其氣轆轆周身如環。嘗曰：「服食之法，草不如木，木不如禽，禽不如獸，獸不如人，人不如己。」人者，乳之類。己，謂攝養也。

薛孝子傳

孝子名教民，字以孝，其父少泉君。孝子八歲而失母滎氏，幼奉少泉君及繼母楊。已夔夔異凡兒，年十八，棄舉子業而農，即盡瘁耕耨。已又喪其婦朱，即盡瘁井臼，子婦之職，孝子身兼之。其父母既藉孝子養，其季弟俊民又藉孝子讀。自少泉君所得里塾束脯外，家內外纖悉出孝子十指力矣。

而孝子居恒念少泉君且老，嘗指天問俊民曰：「此茫茫者，有主否？」俊民曰：「有帝則。」又曰：「吾儕匹夫，叩之應否？」俊民曰：「誠則動矣。」即沾沾喜曰：「有是哉！天固可叩也。」眉批：因不讀書，一聞即篤信。於是絶葷酒，每朔望必叩天。烏烏然有以禱，而不聞其語，四五年以爲常。

歲庚戌，少泉君病瘧而殆，孝子曰：「吾有一子足嗣世，兩弟足養親，吾身可代父死。」於是率朝夕虔禱，而後乃知其前所禱，禱親也。而少泉君病益殆，孝子仰天呼曰：「天乎！帝而不靈乎！」而禱益虔。居數日，而少泉君果有起色。一夕夢神人玄冠緇衣，語少泉君曰：「父生於子，子死於父。」少泉君不解所謂，俊民輩聞而奇之。少泉君病益愈，健啖，而家如洗，無以供。孝子則蚤夜爲貿易，戴星而出披霜而行，苦雨寒風未嘗少息，每日不再食，即一錢必節嗇以餉少泉君。無何，力竭而病，而嘔血死矣。孝子死而少泉君霍然起，日號哭而弗病也。

高攀龍曰：匹夫積誠心數年，造化始憑而旋焉，豈一朝夕之故哉！不知天者，謂物有成數，非人所能爲，則是圓頂方踵者，曾不異犬豕牛羊之屬。然知感應之説而易言之，非也。心不易盡，斯天不易移。人盡即天，豈以此叩彼，有應不應哉？嗟乎！孝子可謂善用其身矣。世之人有其身，率罔然自豢而死。悲夫！

汪節孝傳有贊

汪節孝者，浙之烏程里人匡霞妻也。年十六歸匡，十七霞死。節孝所志，在一死矣。顧有寡姑在，未忍，相與守夫之薄田朝夕也。無何，匡族之惡少奪其田鬻之，節孝之父訟之官，官追給焉，然惡少所鬻價盡，計無復之。節孝乃謂姑曰：「與其保田也寧保身，避惡人以保身也。」佯受斷而不責券，於是家壁立。父憐而歸之，并歸姑。節孝盡瘁十指，以佐養也，凡十九年。而姑疾，節孝刲股和藥，姑竟不起，節孝葬之。喪之三年，服除。服除之夕，懸夫像設祭，哭盡哀，遂不食死。嗚呼！節孝所志，在一死而已矣。必如是乃善其死。眉批：此節此孝，直是知道。

贊曰：或偷而生，或殉而死。以死視生，死則可矣。於死之中，又求其是，如是而死，死則盡矣。以智自保，以孝自毁。畢三年喪，愀然而止。協於人心，安於天理。三十九年，百千萬祀。

贊

堵方伯傳贊

吾少於文社中，諸名士畢集，各言志。有志一第無餘願者，有志一第必自樹立者，有志宦成歸築精舍名園爲娛樂者。最下曰：人生駒隙，名成則聲色叢中一暢云爾。後多如其言，而易足者不第，最下者未第，敗矣。眉批：此为不學言。變化氣質，則不可量。人少則器局已定，如所含之蕊，則所吐之花、所實之果皆具。

吾於許靜餘先生坐中窺太冲堵公，竟公之身，則坐中所窺也。人始未嘗不兢兢自好，涉世久，年高官尊，則多喪其守。公不然，所以可貴。人貴知學，知學則能變化。眉批：堵公蓋中人任質者。如公者，蓋天成之。然公七年南曹，公餘獨坐，流覽今古，目不停披，手不停抄，其學豈可量哉。

文學華二菴傳贊

聖人惡鄉原。解者曰：「原，謹厚也。」夫人謹於言行，厚於倫物，雖甚成德，無以加焉。然則處鄉之道莫若原，何居以鄉原稱？是不然，鄉原者，務悦人而僞爲謹，務悦人而僞爲厚。鄉人，鄙人也，群而稱之曰原，實非原也。眉批：鄉人誤認爲原耳。惡似，即惡其似原。聖人惡其似是而亂真，及賁易，以慎之至者當大過初六，以厚之至者當謙九三，蓋謹厚竝稱云。若二菴公者，乃所謂真謹真厚，是聖人之所謂德，而惡鄉原亂之者也。

封京衛武學教授雲陽施公傳贊

高子曰：人謂雲陽公際父子間甚難，不知其父子際公更難。名家子一不類，上類其父，下類其子，非渺小也。人又謂家世累善，故發其子孫於科目。不知其家世累善，故不生不善人。生不善人，則科目者，乃不善人籍而敗其家世，禍酷于不生科目也。吾于公而益信施之世善。

科目而爲善，福將益滋，人須識科目所以可貴處。

卞氏二隱君傳贊

高子曰：豈不以時乎？當國初，醇濃之氣在宇宙間，巖壑之士皆務修姱節，樂恬退，吾于卞氏三世而得隱君子二，諸覯記所不及，可勝道哉。嗟乎！有不可晦之心，則有不可朽之人，如夢草著介石於當年，三韭麾妖冶於暮夜，彼豈其欲人知而然？使其欲人知而然，人弗知矣。何者？飾於此，敗於彼，不出於誠心所樂也，故好名者名不歸焉。二隱君以詩翰重，二隱君詩翰以品重。人徒慕富貴，富貴人有幾及二隱君者耶？

記

武林遊記

庚寅八月，余以事遊嘉湖間，而武林在杖屨中矣。幼時聞長者談其湖山之勝，至此遂擬遊焉。以朔日行，同行者楊君益卿、俞君汝定也。先是，約同年華德元，與偕謁座師沈晴峰。德元行後，維舟蘇之閶門俟之，德元至，聯舟行。五日抵平湖。是時天久旱，農困已極，晚而小雨，秋飆颯然。六日謁晴峰公，公言其郡守黄仰齋，令人嚮往。眉批：當時已不容，今安得有此郡守？黄公爲守者二，而謫者二矣。今復守嘉，自奉惟蔬腐，日早起坐堂皇，門無守者，即窮鄉下邑婦女豎稚，皆得自達，胥隸無敢呵沮。監司兩院檄至，即纖悉事，不可意，輒封之還。監司使者嚴憚公，不啻如其屬，士大夫登公堂，亦凜凜無敢爲居間者。余爲跂仰久之。

七日已擬回棹，而適聞平湖去海僅數里而遥。蓋余未嘗觀海，德元亦然，遂偕往，且欲觀晝潮。舟抵乍浦，不暇呼舁人，疾趨而前。過乍浦堡，至海濱可三里，未見海數百武，已聞濤聲，若風撼萬樹。須臾蒼茫接天，紺赤無際，歷歷遠山，在天水縹渺之間，疑爲浮雲，徐觀之皆山也。潮至亦無他奇，但漸盈坎而來，初海塘去海可半里，潮至則直逼塘，觀益曠，洪濤撼足矣。徘徊良久，心目曠然。晚復抵平湖，別德元。余竟至嘉興，在煙雨樓。樓前臨湖，下復有石臺，顔曰釣鰲磯，觀湖更曠。湖中足菱芡，右環居民星列，左環緑樹參差，亦見小致。九日次崇德，天復雨，杞人之憂稍解。十日次塘棲，雨更甚，作詩志喜。

十一抵杭，飯畢冒雨至昭慶寺止焉，得一僧號惠谷者，吾邑人也，頗慧。余急欲顔色西湖，日將晡，雨小止，急索屐至湖濱，徐步蘇堤。堤爲中貴孫隆新葺，舊堤所植惟桃柳，孫復雜植諸卉甚整。堤界於内外湖中，兩湖之勝，俱掇之矣。是時雨絲陰濛，水煙籠樹，遠山層疊，濃淡相間。内湖荷香襲人，遊人歌吹，與點點漁舟，錯落左右，瞻眺怳然自失。

旦日買舟遊外湖，自寺前解維，放於中流，表裏青山，參差緑樹，朱碧樓臺，掩映秋水。所到可入圖畫。午漏抵净慈，殿宇殊弘敞。雨復作絲，卒卒而返。至龍王廟，即三賢祠也。唐白香山，宋蘇學士、林處士主在焉。堂顔曰「會景」，又曰「漾碧軒」，前築露臺，三面繞山，臺下植荷，水烟山翠，在楹欄之間。已至湖心亭，四面可憑眺。少憩，至望湖亭。繇亭而前，即中貴所築新堤矣，乃舍舟徐步堤上，暝而抵寺。

旦日遊内湖，解維即至大佛寺。已至放鶴亭，林處士墓也。低回墓側，思不得如處士長主湖山，誦詩讀書，俯仰出入於烟雲水月之間，一爲悵望。左上爲四賢祠，前三賢復益唐李鄴侯泌也。蓋杭地近海，民久苦江水鹵惡，至泌始開六井，鑿陰竇，引湖水灌溉，民得其利。然湖泉葑蔓易壅，六井湮塞隨之，後李能修其業者白，後白能修其業者蘇，杭人尸祝三公，有以矣。夫三公文章政事無論也，而處士以清風高節，雁行俎豆，士迺猥云窮達哉！已至武穆祠墓，肅衣冠拜謁。至瞻遺像，繞墓三匝，南枝蕭蕭，秋風颯然，便欲泣下。汝定持巨石擊檜賊頭，聲硜然，稍爲吐瀜。歸舟，復泊漾碧軒，臨臺小坐，遊人縱横，歌聲笑語，頓失秋山蕭瑟。已而明月滿湖矣，復次望湖亭，平波印月，遠樹籠煙，野色蒼茫，漁燈隱没，心境一佳。汝定、益卿清興遄飛，鼓余仍勿舟而命趾堤間，花影交錯，至景物尤佳處，輒趺坐玩視，命酒三四行而歸。

旦日爲十四矣，湖境已涉，遂屈指南北山。早起詣玉泉，泉池可畝許，隱隱見泉從石隙中迸出，因詠樂天詩：「湛湛玉泉色，悠悠浮雲身。閒心對定水，清浄兩無塵。」心賞之。元時舊畜五色文魚，爲遊人奇覯，客秋一夕爲盜所盡。旁泉遠近千畝，轉灌悉仰給泉云。已至傅家莊，小有泉竹之致。已至集慶。飯畢，取道三竺，孤峰插天，竹木參雲。過嶺至呼猿洞，晉僧慧理嘗畜白猿，六朝僧智一亦畜猿於山，每臨澗長嘯，則諸猿皆集，故以名洞。洞止一石虢，益卿曰：「積陰之中，懼有毒焉。」余不敢入。蒼頭以火炮投入，其聲通山後，乃知洞深不測也。已至靈隱，殿燬而新創。唐人蓋多詩詠，宋之問有云：「樓觀滄海日，門對浙江潮」，今寺前據山，不識所謂。山麓有亭，即冷泉也。泉從石中冷冷而去，奇石纍纍，皆如刻珪削玉，森立其前。緩步至飛來峰，飛來又名靈鷲，晉咸和西僧慧理來登斯山，歎曰：「此中天竺國靈鷲山之小嶺，不知何以飛來？」故峰有二名。峰高不踰數十尋，而怪石壁削，若駭豹蹲獅，衡從偃仰，益玩益奇。異木突生巨石中，根出石隙，遂合爲一。其下三洞，委蛇相屬，巖扃窈窕，屈曲通明，懸泉淅淅，乳溜垂垂，或圓澤似蓋，或絢綵如霞，不可名狀。盤旋稍憊，就洞中小憩，此時前後應接，不能默識。躍起復繞之二匝，上下藤蔓入左出右，柔身入石穴，然燭究洞底，有徑必窮，迺自快然。猶不忍捨爾泠泉，復徘徊澗底，臨流枕石，偃仰少選，率爾成詩寄志。起來明月已在峰巔，松蘿弄影矣。歸寺坐月文昌殿前，念明日南山諸勝，欲稍畜精力，遂各就枕。

早起至龍井泉，泉味澄冽，中有藍魚盈尺，出没旁穴。寺僧言其寺有十景，因導余一一識之。辟塵爐乃宋時一石爐，瑩潤如玉，惟一足微損。神運石，高可六尺許，奇怪兀突，有木香穿繞竇中，正統間中貴李德，因旱令力士淘龍井中得之，上刻「神運」字，傍多款識，然漶漫不可讀矣。一片雲石，高丈許，玲瓏若鏤刻，在鳳凰嶺。又上則獅子峰，一石儼然肖之。餘所稱浣花池、插劍泉、浴麟池、仙人洞、過谿亭，皆湮没無足稱。僧復延至其精舍，曲折幽藏，圖畫滿壁，依山開窗，巧石縱横。汲泉烹龍井茶飲之。已至煙霞洞，石脂凝五色如霞。可三四十步，擴然開朗，後漸窄深，入不可測。聞杭人以雄黄塗身，持火入，取白泥作餅粉，進數里，未竟其底也。洞右百武，有石峰下垂，曰象鼻石，克肖。已至水樂洞，水從洞中流出，清響如樂。取道南高峰，益卿、汝定疲矣，余獨鼓昇人往絶頂，極峰石竹木之勝，東可瞰湖山，南頫大江，第爲蔥蒨所翳，不能遐覽。時桂叢盛放，飄香滿山。歸途袂拂峭石，肩摩青篁，反曳徐下，復苦易過。已至八仙臺，乃何氏宗祠，無他致。已至石屋洞，洞開廣度三丈，如軒榭，所恨四周皆刻佛像，天巧削盡。前飛來、煙霞亦然，傳皆元時胡僧所爲。洞底邃窄不測，中貴孫隆復立石門限之。是日十五，杭人競將泛月，而陰濛作雨，余亦促歸。從六橋迤邐而西，得飽長堤兩湖之致。道經陸宣公祠，入謁。祠前臨湖甚敞麗。抵昭慶，暮使童子覘湖堤遊人作何狀，歸報寂寞甚，迺就寢。中夜雨甚。

晨復雨，余曰：「度不能久旅吴山之勝，可奈何？」皆冒雨行。入杭城，雨迺漸霽，貫城中闤闠之盛，自金陵而下無其比。已登吴山。曰吴山者，春秋時，爲吴南界，以別於越，故云。從高下瞰，萬户鱗櫛，市聲雜沓，耳目俱勝。更上謁子胥祠。所謂十廟者，惟城隍廟眺江稍佳耳。竟至瑞石山，秀石玲瓏，愈上愈奇，堪與飛來峰石相抗，而獨無佛像削損。上有紫陽菴，丁野鶴遺蜕在焉。更上爲槖駝峰、雪風洞，洞不甚深，余與益卿、汝定、僧惠谷坐於峰下，四周峭石聳立，當空一石，突兀上覆。時復雨，天光漏處，淋漓滴瀝，而巨石所覆，恰庇一几。四人更尋徑至絶頂，近俯闤闠，遠眺湖山，大江蒼茫，俱落眉睫，曠然大快。余謂遊之益人多矣。山岳之峻絶，江湖之浩漫，皆令人有萬仞壁立、百折不回之思。而烟雲變態，洞府幽奇，又令人飄然神往，一洗塵世之想。至於登高俯下，千里極目，天地户牖，萬象晦明。當此之時，其境有不可得而言者矣。故余自觀海之後，復一快於茲山云。復出清波門，至萬松嶺，松已濯濯矣。至萬松書院，弘治中參政周公木燬報恩寺而建大成殿，中設先師像，及四配十哲。余恭謁畢，殿後爲明道堂，堂後爲周程張朱五先生主，旁出則草莽中楚楚秀石卓立，舊有軒亭，已皆荆棘矣。更轉徑則臨湖山，地境絶佳，志稱有浣雲池，不得其處。白樂天詩：「白雲本無心，舒卷長自潔。影落一鑑空，可浣不可涅。鳶飛魚躍間，上下俱澄徹。此意難與言，覽之自怡悦。」旨哉其言矣！以余所見，在處佛殿鼎新，木聲丁丁不絶，至此獨草棘凄涼，一望蕪穢，何也？一爲慨歎。復自六橋堤還，山光水色，取之無盡。抵寺，大雨踵至。

明日雨，不可出，又明日爲十八僧邀觀潮。復自六橋堤往，冒雨出，復稍稍霽，取道至虎跑泉，一潭澄泓。寺僧言舉咒誦經，可使其泉貫珠而起，余心私謂動静乃泉之常耳，與益卿傍欄觀之，泉忽躍然珠起。覩壁間坡公有詩刻碑，余甚取其「因病得閒殊不惡，心安是藥更無方。」之句，和詩有「鳥啼深樹僧方定，花落閒門日正長」，亦見風致。已至真珠泉，澄碧可愛。已至江頭，風静波平，雨晴山澹，景物殊佳。觀六和塔，徐步江濱俟潮。江濱人云，今年潮不波，索然而返。余觀志，知〔二〕浙江潮不波，甚非國家所宜，復動杞人之愚矣。自六〔三〕橋舍舁泛舟而歸。

十九日浩然歸念，蒼頭束裝。余欲搜書肆中，以葉舟泛湖至湧金門，貫城步歸，湖山烟光縈帶，兼以雨色淒淒，歸舟返顧，猶不勝情。越二十五日抵蘇門，旦日至虎丘，少步而歸。

志正氣豪，文彩飆發，後來闇淡静深之基，築於此矣。蓋正初未見此記，以爲三時之嚴潔是精進時，水居之淡曠是得手時，可樓之隨寓無心是結果時。未知其三十以前，英豪忼慨錦心繡腸有如此者。緬想陽明先生文章氣節事功道德無所不備，爲本朝

〔二〕底本無「知」字，據四庫本、康熙本補。
〔三〕「六」，底本作「一」，據四庫本改。

第一人。愚謂陽明第一才人，非第一學人也。高子不及者，事功爾。然陽明嘗答人云：「吾請盡捐所長，亦不失爲全人。」此可參兩君子之學矣，君子多乎哉。

三時記

余以癸巳冬仲謫尉潮之揭陽。越明年七月二十六日，始克成行。時叔時先生以削籍歸，信息至矣。予欲俟一晤而往，且先之海虞吊趙定宇夫人之喪，便道問於季時。是日至小范家飲酒半，季時至，知叔之歸尚遠也。明日凌晨而發，季時方舟行，小范不及來。午别季時，舟中遥拜，以書别老親。言所以不歸竟行之故，留書致叔時。有「吾曹一時退處，其得閒身，造物之意，夫豈偶然，不知何修可以報稱」之語。是日莫抵海虞，不值少宰。予於少宰，戊子僅識其人於南雍，是年夏，以書來，故吊而報之。翼晨遊虞山，望大海。小范走人來，録屈子卜居於扇以贈行，予笈中亦攜得楚詞，取而讀之，竊怪世人僅知屈子以詞，而儒者又謂其過怨，失中和之則，不知其所自得，固有天下之至樂者存。「耿吾既得此中正」，「溘埃風余上征」，蓋真見其中正之道，上與天通。而乘鸞跨鳳，何天之衢，不復知世中更有何事矣。故其詞曰：「民生各有所樂兮，余獨好修以爲常。雖體解吾猶未變兮，豈予心之可懲」，「定心廣志，予何畏懼兮，知死不可讓，願勿愛兮」。蓋爽然於死生之際矣，千古心事，晦翁爲一筆寫出，而世人反誚其爲騷人作注脚，豈知聖賢意義耶。累日讀之，方寸如洗。小范之啓我多矣。

二十九日至吴門會管東溟公，爲黍食之，議論英偉，一時如遊奇山怪水之間，應接不暇。復曰：「吾人有一念毁譽着心，還是小人路裏人」，令人更發深省。别後，候王少湖先生。先生益衰矣。教曰：「凡人待文王而兴者，便是凡民。须是一家非之、一国非之、天下非之而不顾，不要懦弱了。」余猶记去年先生一見謂予曰：「居鄉勿为鄉原，居官勿爲鄙夫」，實當終身誦之。别回舟中，則日葵、四弟、五弟皆至。韋所亦至，邀余四人飲，飲於虎丘致爽閣。蠡陽至，酒酣而别。蠡陽約余歸舟一過其家。翌晨五弟先别歸。日葵、四弟則西湖之興躍如也。

八月二日至嘉善，吊璞齋父母之喪。璞齋病已黯然，不欲勞之，小語而别。三日至檇李，拜吴海洲，吊朱虞崶封公之喪，虞崶留晚話。四日海洲約飲於煙雨樓竟日。

六日至武林，寓大佛寺，湖山在軒几間，昏旦弄色媚人。舍舘定，與日葵、四弟往訪舊寓僧寄滄。遇吴子往、陸古樵，古樵名粹明，廣東新會人，萬里孤身，東遊訪學三年矣。子往見而奇之，朝夕與俱。其人清苦澹默，終日静坐。或至閉户經月。與之錢則辭，與之衣，寒則衣之，暖而返之，井然不苟也。問其所從師，曰潮陽蕭自麓。問其學，曰主静。謂予曰：「只要立大本，一日有一日之力，一月有一月之力。務要静有定力，令我制事，毋使事制我。」余深喜其言。又嘗謂子往曰：「静後，覺真氣從丹田隱隱而生。」予又懼其悮認主静之旨也。

子往有小舟如葉，攜入湖中。午後，余五人共載而泛，張布帆，信風所之，甚見氣象。遊静寺而歸，賦詩志之。八日，蚤起獨步山薄中，或登高而眺，或臨水而坐，悠然於無人之境，别有一種意況。午歸小憩，再與日葵、四弟步六堤，帶月而回。至斷橋，月佳甚，命酒而飲，各有詩句。酡顔抵寺，則子往、古樵來，言如此良夜，不當泛舟耶？五人别坐一舟，蕩小舟取酒，童子踏而鼓，水注入，盡濕子往所攜，興沮而回。余謂一日中所得於山水者多矣，進而不已，宜其咎也。

九日，與日葵、四弟出遊，至高麗寺遇雨。雨止，往法相寺。飯後觀錫杖泉，叢桂盛發，亞覆泉上，醲芳清響，極一時之勝，相與樂之，遂止寺中。明日遊石屋、水樂洞。至滿家莊觀桂，則桂已後時，遂往五雲。此武林諸山最深處，所謂九溪十八澗者，兩山之間，泉凡九漈，澗凡十八曲。五雲於諸山最高，諸山至此而盡，山外則大江矣。從絶頂眺望，大海莽然，江流縈繞，千山蹲踞，收入一覽，更無遺恨。飯於山菴，取道天竺。上下崗巔，舁人指點，頗得兩浙之概。復遊飛來、靈隱而歸。

十一日，丁長孺至，日葵、四弟别去，執手不免悽惻，一笑而意解。十二日，王洪陽公以書來，因托寄朱鑑塘中丞、逯確齋兄書。午後，長孺約遊湖，小坐蘇堤，月色不佳，興亦不至。朱梧峰聊爲鼓琴，夜色淒淒，懶緩而散。十三日，洪陽來，余以野服偶寓湖濱，不能入城交際，遂謝不見。方散步歸，則錢繼修、傅太恒持舟來拉往晚泛。太恒復云開樽昭慶，以待夜談。舟抵寺前，維於池岸，岸狹水齊，予既短視，瞑色蒼茫，遂步入水中，太恒急命僕援之，不至狼狽，一時解衣驚迫之情，更深見其交誼也。更衣入寺，長孺亦至，呼酒大浮，酒酣耳熱。日間偶聞一士人炎涼之狀，深愧其復負時名，偶爾談及，抵掌盡發，繼修、太恒俛而聽之，余據省其非。別歸就寢，思一時言行俱失，三復小宛之六章，不能成寐。明日，范熙陽公枉駕，亦謝之。余欲湖上過中秋，且觀潮而去，及長孺來，隱踪遂露，軒蓋時臨。不可居矣，遂行。長孺送至江口，小酌六和。連日意態頗倦，此夕明月臨江，不能飲酒，亦覺幽藴内攻，不暢諸外也。長孺復遠步送余登舟，慨然作別。

十五日五鼓渡江，連日陰雨不開，空度佳節，蓬窗隱坐，深自克省，知前功之不切。手勢一轉。十六日早，雨中登釣臺，拜嚴先生祠。兩峰插雲，與人俱高，清江駛流，俯仰低徊，忍不能舍。自此而上，山水之勝，目中未見，千峰翠色欲浮，一道碧流縈抱，真堪漁樵肥遯也。二十日至常山，陸行。二十四日過分水嶺。畢日所經，兩山夾路，飛泉繞足，竹木喬秀，亦極其勝。

二十五日至武夷。二十六日遊九曲。二曲拜蔡九峰先生，五曲拜朱夫子，即武夷精舍也。六曲而上，羽士言山勢已散，無足觀。余見挽舟上水甚艱，遂返。大抵此山峰巒奇絶，中間飛泉劈瀉，繞於諸峰之中。遊者必以舟，舟中拄頰仰觀，隨水所曲，峰形亦變，往返所見，體勢亦殊，頃刻萬狀，不可名言。其最勝者，則文公書院之間，後枕隱屏，前臨晚對，茂林屏翳，深藏不測。登高視之，則諸峰羅列，俱落眥際。隱屏一石，拔地萬仞，其絶頂載土，竹木蒼翠，四隤則反削而入。稍下，有三峰附之如筍，名接筍峰，皆壁立，無階可升，有木梯千級，附石而上。既至半嶺，鑿仄道，僅可置半足，橫拖鐵鎖，攀而行，圓轉百武，始有石磴可循，上皆道流居之。余冒險直至絶頂，然戒心亦凜凜矣。再至天遊峰，其峰在三曲之内，陸行至其巔，則出七曲之後。上有菴宇可憩，一望則隱屏當前，三峰如架，其餘諸峰皆摩其首，此亦一絶勝處。至九峰書院，則四捫、大王、鐵板、玉女、妝鏡、兜鍪諸峰，攢矗可愛。其餘幽勝，未暇細探也。留詩四絶，寄長孺而去。

二十九日至延平，會趙控江，托寄李見羅先生書并許敬菴中丞書。見羅以去秋書來論「止修」之學，至是始荅之。見羅書云：「果明宗、果知本，真有心意知物，各止其所，而格致誠正，總付之無所事事的光景矣。」又曰：「格致誠正，不過就其中缺漏處，照管提撕，使之常止。常止則身常修，心常正，意常誠，知常致，而物自格矣。」余則以大學格致即中庸明善，所以使學者辨志定業，絶利一源，分剖爲己爲人之介，精研義利是非之極，透頂徹底，窮穴擣巢，要使此心光明洞達，直截痛快，無毫髮含糊疑似於隱微之地，以爲自欺之主。夫然後爲善而更無不爲之意，拒之於前；不爲惡而更無欲爲之意，引之於後。意誠心正身修，善之所以純粹而精，止之所以敦厚而固也。不然，非不欲止欲修，而氣稟物欲拘蔽萬端，恐有不能實用其力者矣。且修身爲本，聖訓昭然千古，誰不知之。只緣知誘物化，不能反躬，非欲能累人，知之不至也。何以旦晝必無穿窬之念，夜必無穿窬之夢，知之切至也。故學者辨義利是非之極，必皆如無穿窬之心，斯爲知至。此工夫喫緊沉着，豈可平鋪放在，説得都無氣力。且條目次第，雖非今日致、明日誠，然着個先後字，亦有意義，不宜如此儱侗。此不過先儒舊説，見羅先生則自謂孔曾的傳，恐決不入也。

九月六日至安沙，自延平取道沙縣。萬山之中，商旅罕繇，怳非人世。安沙而上則山益高峻，皆危巖絶壁，斬然兩開，中瀉碧流，石磴高處，上下相去丈許，急湍飛騰，瀑注，如白龍蜿蜒而下，如此者凡九，故名九龍。其間稍亞於龍者爲灘，灘凡十八。余所買清流之舟，僅容兩人，主僕分載。自延平至清流皆逆流，舟子終日傴僂負舟水中。至九龍則盡一時所集之舟，合數百指之力，兩岸翼以百丈倒挈其舟，猿掛而上，每上一龍，輒至移時，蓋以諸舟合力而輪升也。余每至龍，先往山麓，坐大石而觀之。蔥蒨蔭人，四山如圍，異鳥百態弄韻，而牽舟之人，與水聲浤浤許許，相切和應，自喜以爲絶致。夜則隨意所止，山高水險，亦不虞盜。峰頭月吐，村酒小醺，焚香吟咏，倦而就枕，中夜夢回，水聲愈苦，清徹骨髓。數日心境，得山水之助，殊不小也。余於壬辰之春服闋，赴京。計當得部，欲告南以便攜家。卜得一籤云：「一生心事向誰論，十八灘頭説與君。」不解所謂。至京而舊例忽改，迺得行人，此語益覺無似。揭陽之命下，途中偶檢程圖，见谿江右至潮，當經十八灘。瞿然而驚，又詢知從閩道徑。余戲謂：「神無如我何，業已指閩省而漳而潮矣。」至崇安，主人云路出三山迂，取清流便，且從省而東，更無水道，勞費非計。欣然從之，不虞其有所謂九龍十八灘也。人生分定如此，世情可一笑而破矣。

重九至清流，山城也。登高展眺，野店飲酒，作詩志喜。縣令聞之，勸入官舍，辭以即次已安。明日陸行。十一日午至汀州，有記學者，在困知録中。傍晚散步康莊，道傍見一坊，顔曰「鄞江第一山」。入坊，得一碧雲宫爲霹靂觀，觀後一山，山下立石楚楚，或呀然而爲谷，或隱然而爲洞，所在翼然有亭。最勝處爲碧雲洞，亦自幽澹可人。復買兩舟，順流而下。然舟愈小而陋，一竹席僅可禦雨，前後風洞入，爲置草席簾蔽之，偃仰其中，意更舒美。十五日，過大姑，險絶處不可屈指。前所經九龍諸灘，以上水，雖艱而穩。此皆順流，且身在舟中，灘流湍急，從高而墮，其下復亂石縱横如牙。舟别無舵，舟人僅以兩槳幹旋之，每下一灘，舟輒刺入白浪，浪裹而復出，穿於石罅中，幾希乎公孫大娘之劒。假令張旭、右軍觀之，書法當更進耳。余初亦不免動色，已遂視之如夷。以此知險須用習，習坎之義大矣。午後至峰頭，又當從陸。雨不止，家人束裝，勞憊可念。啓塗雨霽，從山陸行十里，復當從水。易一舟稍敞，平水隨流，晝夜不泊。

十七日遂抵潮。會唐曙臺，知朱任宇已於前月抵任，時亦在府，遂至開元寺拜之，假舘寺中。十八日謁道府。晚赴曙臺酌，余意甚暢，曙臺神情不王，談論不盡展也。二十日飲林仰晉，夜半至揭陽。縣中别無公署，假於李氏之祠，有池，有茂樹，有花竹，幽雅不陋。廿一日謝恩，拜聖廟，晚赴任宇公宴。廿五日蕭自麓公來，以余寄陸古樵書，故遂枉訪。公舊在羅念菴先生之門，以主敬爲學，所見甚正，談論終日，歡相得也。翌日復來，小坐而別。自是官舍中讀書静坐之餘，日有儒童以所爲文來，稍正其文體，爲新説所惑，敢背傳注者，亦反正之。每旬一會，從文字中察其品，略得數人。

十一月，二府致菴莊公以王文成年譜來，欲予叙而刊之。余觀文成之學，蓋有所從得。其初從鐵柱宫道士得養生之説，又聞地藏洞異人言「周濂溪、程明道是儒家兩個好秀才」。及婁一齋與言格物之學，求之不得其説，乃因一草一木之言，格及官舍之竹而致病，旋即棄去。則其格致之旨未嘗求之，而於先儒之言，亦未嘗得其言之意也。後歸陽明洞，習静導引，自謂有前知之異，其心已静而明。及謫龍場，萬里孤遊，深山夷境，静專澄默，功倍尋常，故胸中益灑灑，而一旦恍然有悟，是其舊學之益精，非於致知之有悟也。特以文成不甘自處於二氏，必欲篡位於儒宗，故據其所得拍合致知，又粧上格物，極費工力，所以左籠右罩，顛倒重復，定眼一覷，破綻百出也。後人不得文成之金針，而欲强繡其鴛鴦，其亦悮矣。余於序中亦未敢無狀便説破，姑記於此。初九日自麓以書來，曰：工夫不密，内有游思，則主不一；外有惰行，則儀不飭，非敬也。必須内外協持，積養深厚，使此心無少間雜，斯謂能一，斯謂真敬。先儒曰「此心有些罅隙便走」，又曰「學貴含蓄深固，最忌洩漏」，某嘗自思惟，只用功不密，洩露太早。敬爲執事誦之，毋若某之徒老而自悔也。語語破的，謹爲書紳。且自麓所最服者，魏莊渠先生，又可見其學之正矣。余數年來，亦殊悠悠。自出至此，已三轉手勢。以此知學者瞥見些光景，而遂以爲有悟者，皆妄也。

十七日往潮陽訪自麓。風日如春，征行甚美。午後至自麓家，劉鴻陽大參往訪，其人甚爽愷。晚宿自麓别舘。十八日，赴縣公酌。十九日，覓騎往海門觀海。至蓮花峰，平地突起一石，剖作數片，皆自相依傍，削直數仞，旁一片斜插，勢如欲偃，遠望之，如蓮花尚蕊而一瓣先放者然，故名蓮花峰，文丞相於此佇望帝舟。峰間兩石相拱，如門生於其中，前臨大海。是日風静浪平，雖未覩洪濤猛勢，而天清日麗，兩儀一色，閒心澹澹，渾合無間。命酒沃之，爲成小詩。歸則自麓與鴻陽攜酒西園，相約以菜止五簋，盡祛繁儀。時潮俗頗侈，蕭氏諸郎皆謂不可，自麓見信，獨守約言。自是連日在自麓家相對静坐。自麓出念菴諸書觀之，其學大要以收攝保聚爲主。而及其至也，蓋見夫離寂之感非真感，離感之寂非真寂，已合寂感而一之。至其取予之嚴、立朝之範，又正陽明門人對病之藥也。

廿一日，鴻陽邀遊東山，遂早往拜張許雙忠祠、文丞相祠、韓昌黎祠。其地有張許祠者，宋[一]朝二公，眉批：張巡、許遠也，乃云宋朝二公。鴻陽述其事甚奇，第以怪，不可道。文山公曾謁其祠，輒與二公杯棬酬酢，其事更怪。至以所乘馬與神賭拳，文山負，其馬立槁，至今馬塚尚在，天地間感應之理，要亦無足怪也。自麓隨至，共飲祠下，鴻陽攜具亦如約。酒半，至泉簾亭，臨流更酌。既而登山眺望，正當落日，遠水烟生，千山皆紫，大海隱躍在指點之外。暝色東來，遂相與緩步而歸。廿四日，遊西巖。巖不爲佳，第上絶頂，東山如屏繞其左，南山隱隱列其右，大海蒼茫於前，更佳於東山之望矣。歸至自麓別圃，林池更幽，梅花薔薇，俱已盛放，一爲心賞。將別自麓，請教，曰：「公當潛養數年，不可發露，先輩皆背地用一陣堅苦工夫，故得成就耳。」余深然之。廿五日歸，凡在潮陽八日。

廿七日，曙臺之友蔡大秋來。此兄瀟灑不俗，與雜論圖書卦象，頗亦了了。十二月初八日，按君王梧岡以書來。先是，余具文乞休於兩臺，至是以傳符假余以書差歸。余在縣

[一]「宋」，當作「唐」，高子誤作「宋」。

凡三月，揭陽之民，力耕自給，民頗饒，亦罕梗化。止有兇人名陳所藴者，工於刀筆，以起滅爲事，潛結惡少年，布滿各縣，凡有睚眦之怨，即令其黨捏一事訟之官，此縣人必至他縣告，可勝則織成其罪，度不可勝，則沉其案，原告皆詭名，官府不可問，而所藴常立於無事之地，莫可誰何。眉批：流寓一時，亦爲除惡。尚無是心，即非真學。以是細民至縉紳，莫不畏之，語及，必左右顧屬垣之耳，而後敢發，常若所藴之日介於其側者。予聞而奇之，至詢其人，本一士夫林氏家人子，迺淫其主女，後女出嫁，又婉轉用計，占以爲妾。予始憤然，以爲如是則紀綱滅矣。告於任宇密擒之。十二日，明其證佐，所藴服其辜，痛治之，僅不使至死，辭成而上之。

十五日啓行，任宇送至三十里而别。十六日至府，江鎮海參府枉顧。參府名應龍，一見謂予曰：「前聞至蓮花峰觀海，恨不及負前茅。公亦見鄙人海濱結搆乎？」余曰：「何居？」曰：「以祠文丞相，丞相之履及斯地也。且舊有張魯菴先生者，隱居不仕，結茅蓮花峰下，琴書自老。鄙人以丞相大節，震耀宇内，如先生，豈宜泯泯？欲以先生配祀丞相，爲大海生色耳。」予心喜，以武弁那得有此見解，稍稍與語，此中井然，殊不可得也。

是日赴莊二府酌。十七日遊金山，拜周元公祠，謝、陳二上舍攜盒小酌。山不甚高，有大石茂樹，可蔭可坐。山巔爲宋安撫馬發合門死節之所，建祠其地。稍下則元公祠，亭宇修潔，四望亦佳。晚赴沈三府酌。十八日江鎮海邀遊湖山，蕩舟西湖，狂風觸人，頗妨瞻顧。湖南傍山，山麓新創梵宇，後有清泉立石，石上皆勝國時題名，蓋舊爲學宮，故登科者皆題名石上。攜盒酌於活人洞，參將殊不俗，把酒淋漓，高談軒豁，衆山如賓，列石如侍者，清流縈迴於前，俯仰俱勝。落日蒼然而別，赴徐道尊酌。

十九日啓行，舊父母李公名思悦者枉顧。公之蒞九龍，余猶未出人間，於是公髮亦種種矣，猶識大父静成公，問知余祖，歎曰：「有氣概人也。」別去，遂至韓山，謁昌黎暨陸丞相祠。丞相祠頽，貌在雨打日暴中矣，一爲長歎。揭陽生儒送者皆集。謝見溪名良政者，余聞於曙臺，以潮人惟此友向學，余至郡訪之而不遇，至是亦來，因相與論説以勉諸生。時諸生已得數人興起，余在官舍編集朱子要語，亦已成次第，遂以梧岡及任宇所饋二十金，鳩工刊之，庶幾其有得門而入者耳。移時別去，行三十里，見溪與諸生再集，小酌而別。行三十里，諸生復集。余曰：「日暮矣，不可前，諸君且休。諸君努力，自當相遇中原。」與諸君矢：「繼自今脱鄙人毁廉蔑檢，無以見諸君，諸君不克砥礪，厭厭世俗，亦無以相見。」則皆曰：「誠如此盟。」是日至黄崗。廿一日將至漳浦，見道旁立石，大書曰：「宋鄭虎臣誅賈似道於此。」甚快之。

廿二日至漳州，入署則李見老來，便留予過歲。余亦即過其寓，隨榻焉。見老謂予「心性之辨，已自了然，所争條目耳」。因爲申諭，明不可易，且云「此來必令洞然無疑，方始去得」。予所執者本自無疑，見老學已成家，長者亦不敢與深辨，故連日但巽心聽教，受益甚多。見老出見客，坐中有詆宋儒者，不免又起辨論。其人曰：「至善是性體，如何認作極功，都没用了」。余曰：「公自認作極功，朱子未嘗如此説。門人問曰：『至善是各造其極，然後爲至否？』朱子曰：『至善是自然的道理，如此説不得。』又曰：『至善是些子恰好處，天理人心之極致也』。公且看人心若純乎天理而無一毫人欲之私，此何等境界，還算不得性體否？」曰：「一草一木皆要格，如何？」余曰：「公看上下文否？」「不知也。」余曰：「如此何以駁先儒？聖賢之言，隨人抑揚，人欲專求性情，故推而廣之，曰：『性情固切，草木皆有理，不可不察。』人欲泛觀物理，則又曰：『致知當知至善所在，若徒欲泛觀物理，恐如大軍之遊騎，出太遠而無所歸也。』一進一退，道理森然，何嘗教人去格草木？」曰：「今日格一物，明日格一物，如何？」曰：「自是問者疑一物格而萬物皆通，故云：『雖顏子亦未至此，惟今日而格，明日又格，積習多，然後有貫通處耳。』此於道理何疑？豈曾限定公一日只格得一物耶？」

適有泉友張子慎名維機者來受業見羅，書其所見爲質問，雖尚有騎牆之見，而中間有云：「宋之諸儒求其彷彿孔顏者，惟程明道，而集諸儒大成者，獨有朱晦菴，大率程之學粹、朱之學博。程之學以誠爲主，以涵養爲功，以無將迎無內外爲定性，其元氣之會，如瑞日祥雲渾然天成。朱之學主敬以立本，窮理以致知，反躬以踐實，其表章之勤，如迴瀾揚波浩然東注。故嘗謂道宗於宣父，顏曾思紹其傳，至孟子而始著。道章於孟子，濂溪張邵繼其絕，至程朱而始著，乃一再傳而不能不錮於見、局於域、墮於蹊、而流於支，則後儒之咎也。吾黨未覩一斑，奈何輕評先輩。今人士有不誦習朱説者乎，青衿而遵之，係籍而變之，猶曰見有異同也。甚至病以楊墨，斥以夷狄，則豈免逢蒙之罪。王新建卓識宏才，疇得議之，乃其徒何紛紛也，有憚於修詞而逃者矣，敗於名檢而逃者矣，擅於聲利而今逃者矣。不知孔門四科，果爾錯雜耶。大都晉六朝之談，崇莊老而明擠之聖人之下；今學者之談，斥佛氏而陰奉之聖人之上。宋後儒之支離，不過割裂於訓解；今學者之支離，反至割裂於心體。當今之時，夷而敢於猾夏，怪而敢于干常，毋亦關竅風聲，密與運會，而吾黨崇奉西天之教，潛爲之徵召歟！」此其言雖聖人復起，恐無以易也。余不勝快心。拜而納交。

廿三日蚤赴吴參將酌，午赴同年温用廷、黄雲寰、蔣恬菴酌，晚赴吴翼雲酌，一日併了人事，得與見老静對兩日，亦極其樂。見老苦欲余過歲，余不免歸心，見老笑予世情，余亦不覺自笑耳。二十六日，與見老及子慎諸兄執手郊外。明日至同安謁朱子祠。二十八日至泉州，王對南出訪，拜何匪莪不遇，劉景范留予清源過歲，余以郡中人事雜沓，不樂也，去之。二十九日至楓林驛，四壁大樹扶疏，鳥雀繞鳴，寥寂之中，自有深致。明日郵丞致酒，寒燈獨酌。屈指庭闈，尚隔三千，憮然就枕。元旦，驛中拜牌畢，趣駕遊九鯉湖。蓋迂道九十里矣，日昃而至焉。湖在高山之巔，山高十餘里，上有良田茂林，别成世界。山巔復行十餘里，始抵湖。蓋山泉從福而來，已四五百里，至此山，忽結爲一石，石坎星布，其最大者可數畝，深二十餘丈，泉奔入坎中，晝夜如雷。相傳舊有九鯉魚，何仙丹成，鯉皆化龍，仙乘而去，故名。泉從此湖而溢。又里許，山忽兩翼劈開，斬然絶壁，立地萬仞，泉從中飛瀑而下，如珠簾，故名珠簾泉。其下不可至，從山之右翼，臨不測而觀之，竦魂駭目，亦天下之一奇也。又從右翼攀援藤葛，猱身側逼而行，里許，則左翼有玉柱峰。一石圓立如柱，水四道下注，其珠簾泉至此石，復下削百丈，水直衝注，聲震兩壁，其觀愈勝。遊人以道險罕至，繇此而進，則鳥道亦窮矣。初二日盡日盤旋於此，蕭蕭身世，雲水孤清。有仙祠臨鯉湖，沛人晝夜偃卧其中，以祈仙夢，争割雞血以塗神口，尤可怪也。祠左另有官署，清幽可居。

初三日早發，初五日至省，寓城外荷花亭。亭俯清湖，左面群山，特野曠，更無寢室，非冬日所宜。明日早去芋源，登舟，以書聞於許敬菴先生、徐匡嶽憲副。敬菴以敬和堂集來，匡嶽以來益堂集來。敬菴先生之學，以無欲爲主，自是迥别世儒，不必以大學論離合也。當時濂溪無欲之學，大學未經表章，反覺潔净。今日人人自爲大學，執此病彼，氣象局促耳。匡嶽以余竟去，疑余過絶之，且云：即欲拂衣，乞先謂景陽、我素、二泉，劍石之間，有徐生之迹矣。

初八日，陳蘭臺少參以書追至，雅有志嚮，爲不可及。初九至延平，趙控江留小坐。初十早，拜李先生祠。十二早，往考亭拜朱夫子。其地清邃可愛。書院前臨翠屏山，山下滄洲泉，澄泓一鑑，清氣洗人，後倚玉枕山，皆喬松茂林。朱氏五人出迎，十三代孫也。有名弘演者，志甚向學，眷然難别。恨不信宿，以窮山水之幽，慰諸君之雅。晚止武夷山房。十三日，以前遊未盡，再窮其藴，直至九曲之終，山勢既散，豁然桑麻，真朱子所謂「莫言此地無佳景，自是遊人不上來」也。往返三十六峰之間，胸中圖畫了然，意興始愜。舟回，復步上大王峰，暖日酣人，攀援過力，頗爲困乏。晚至崇安官舍拜趙清獻公。公舊令崇安，故官舍亦設其主。十四至車盤，風雨如晦。自炎方而來，此日始識寒景。被褐淒其，郵丞致酒，小酌而醺，賦詩自戲。十五日至廣信，宿城外寺中。大街燈火頗鬧，月色不明。覓佳醪不得，捺興而卧。解衣，則馮二府攜盒送酒來，不能再整孤懷也。十七至常山從水。十八至衢州，二府陳敬九、同年李景穎來，向余津津爛柯之勝，入山僅二十里，竟吝一日之程。十九、二十大風雪，舟不能前，失一名勝，仍留滯兩日，當是柯山仙靈作崇耳。廿一日行，兩岸殘雪妝點，野色甚佳。廿三日，睡起問釣臺，則去之三十里矣，回首慨然。

廿四蚤至杭州，寓元妙觀。范熙陽來，相對半日，絶非世情。別去，買書肆中。時以范平麓之死，致逮彭直指魯軒，王洪陽亦革任。每逢父老，輒詢其事，無不扼腕歎息，謂二十年來，未見此撫按，民之不幸，一至於此。至言范死之故，則直指絶無搏擊之實，中丞更博大裕民，時論之盭甚矣。廿五宿舟中。明日大雪，思湖上之勝，神興飛舞，而蒼頭倦遊，卒爲所尼。廿七至唐棲，吊卓月坡之喪，稚成兄弟留小坐。會胡玄敬，休仲之尊人也，一市賈耳，三十喪偶，遂絶欲不娶，二十年來，稍稍知讀書，求身心之要，奇士也。休仲亦沉潛向裏，與卓稚成、吴子往，三人爲同志之友，蓋俱有拔俗之韻焉。談夜分而別。廿八復雪，三日不霽，東風逆舟，日行數里。初一至嘉興，風雪益甚，遂易小舟而前。至新安訪華蠡陽，踐別時之約也，秀谷在焉。遠客初歸，故人握手，問得庭闈無恙，便呼酒自慶，一時風味，殊不可狀。酒酣下榻，覺而辨色矣，急起登舟。至家時，二月四日也。秋往春歸，凡歷三時云。

水居記

漆湖之干有洲焉，可二十步，三分嬴一以爲廣。其外，池周之，其外，堤周之，其外，湖周之，又其外，山周之。所謂軍將、漆塘諸山也。主人即洲作居，以水爲垣，豁然四達。主人偃息其中，以水爲娱，泊然自得，或凭軒而眺，或隱几而瞑，或曳杖而遊，目之所赴，意之所遇，魂魄之所安，無非水也。

居久之，於是主人閲日月升沈、雲霞起滅、草木榮瘁、禽魚去來，與四時百物相代謝於一水之間，而忘乎其爲我也。居又久之，於是主人且宅天宇之寥廓，餐元和之膏潤，乘浩氣而翩躚上下於無窮之門，而忘乎其爲水也。

或曰：「子之樂微矣，獨矣。」主人謝不敏，曰：「夫造化者，固逸余於是夫。」吾請問之，及命之泰筮，得節之兑，其卦曰水澤，其辭曰「安節，亨」。主人莞爾而笑，乃歌曰：「可以樂飢，泌之洋洋兮；所謂伊人，在水中央兮。」

可樓記

水居一室耳，高其左偏爲樓，樓可方丈，窗疏四闢，其南則湖山，北則田舍，東則九陸，西則九龍峙焉。樓成，高子登而望之，曰：「可矣。吾於山有穆然之思焉，於水有悠然之旨焉。可以被風之爽，可以負日之暄，可以賓月之來而踐其往，優哉游哉，可以卒歲矣。」於是名之曰可樓，謂吾意之所可也。曩吾少時，慨然欲遊五嶽名山，思得丘壑之最奇如桃花源者，托而棲焉。北抵燕趙，南至閩粤，中踰齊魯殷周之墟，目觀所及，無足可吾意者，今迺可斯樓耶？噫，是余之惑矣！

凡人之大患，生於有所不足。意所不足，生於有所不可。無所不可焉，斯無所不足矣，斯無所不樂矣。今人極力以營其口腹，而所得止於一飽；極力營其居處，而所安止几席之地；極力營苑囿，遊觀止於歲時。十一之托足耳，將焉用之？且天下之佳山水多矣，吾不能日涉也，取其足以寄吾之意而止，凡爲山水者一致也，則吾之於兹樓也可矣。雖然，有所可，則有所不可，是猶與物爲耦也。吾將繇兹忘乎可，忘乎不可，則可樓者贅矣。

鄒忠公惠山祠堂記

忠公居晉陵，故祀晉陵，惠山何以有公祠也？公之弟進士至遠公，高風亮節，與公同氣同心，始居我錫。至遠公十六世孫學憲愚公，築名園惠山，極泉石之勝，慨然念曰：「士當明時，歸老於家，擅有丘壑，此人世最適。吾何以得此？吾祖忠公遺休也。敢忘所自乎？」乃搆祠泉上。未落成而公卒，公之子始祀忠公，奉至遠公與愚公配，於是惠山有忠公祠。

鄒宗之賢者期楨等，謁予記其事。余惟記其祠者，必表其人。公立朝直節，竄逐坎壈，守志堅貞，彪炳史册，固無晦而不彰，微而不闡，有俟於表。余獨欲窺公當年所以蒙難貞志，坦然於屯亨夷險而不二者，是遵何道也。公之言曰：「聖人之道，備於六經。六經千門萬户，從何而入？大略在中庸一篇。其要只在謹獨。」公之所謂「謹獨」，蓋超然有悟於傾耳莫聞、拭目莫覩之真，非如他人得其郛廓之近似者而已。吾於是而知公之所以爲公也。

夫子曰：「獲罪於天，無所禱也。」他日又曰：「丘之禱久矣。」又曰：「知我者其天乎。」聖人所息息相保、心心相符者，惟天也。眉批：堯舜以來相傳之意。天不變則道不變，世之常變固不得而變之。今人日見太虛浩浩，而執其妄心以爲心，乃指其見者曰虛空，若與我不相屬者。然不知虛空者即天之貫於人，妄心者即人之隔於天。學者用力久而妄心脱落，虛體全彰，我與天一物矣。妄心者一刻萬變，天者萬古如斯，無生死之變，况於區區亨屯夷險乎。古之忠臣孝子吾不知其於聖人之道如何，要之忠孝則無妄，無妄則天通。人試自反，果不獲罪於天，其心浩然無涯，非天而何。寧可舍是而謂蒼蒼者之非此物耶，然則公之履險如夷，虔終如始，至於今英爽洋洋於上下左右者，非此物也耶。公之慎獨，蓋慎諸此。此公之所以爲公而能千古者也。

吾邑有公祠，九龍〔一〕若增而輝，二泉〔二〕若增而旨。公之祠與兹山，終天地而不朽，愚公之味於兹山者深矣，爲德於兹山之人久矣，其與至遠公同配享，公而永永不朽也，

〔一〕「九龍」，此處疑指九龍山，底本作「九泉」，據四庫本改。
〔二〕「二泉」，底本作「二水」，據四庫本改。

宜哉！

汧陽縣三賢祠記

汧陽三賢者，曰燕公伋，從夫子於適[一]周問禮之時者也；曰郭公欽，肥遁於王莽篡漢之世者也；曰段公秀實，死節於朱泚之亂者也。舊皆祀于學宫，邑侯夏公始創三賢祠特祠之，請記於馮仲好先生。仲好一日謂余曰：「若是者，世之相去也，品之各別也。假令三賢者生同時，聚同堂，其志同乎？同而後可同祠也。」余曰：「同。」曰：「有説乎？」

余曰：「天地大矣，惟人與之同者，其才同也，故曰三才。才者何也，生也。生者何也，心也。故人之得其本心者，同於天地；失其本心者，同於禽獸。雖有賢哲，語之同於天地必駭；雖有凡愚，語之同於禽獸也必憤。是烏知不同天地，則同禽獸，其間不能以髮也。夫子論成人，非謂合知廉勇藝之四子，又文之禮樂，而後爲成人也。謂即知廉勇藝

[一]「適」，底本作「遵」，從四庫本改。

之四子，各文之禮樂，皆可爲成人也。且推之利無苟得，難無苟免，不忘久要者，則不必有四子獨到之才，苟不失其本心者，皆成其人也。夫以陳亢終身依聖人，不識聖人。夫子問禮之時，名未著於天下，而燕公首得聖人宗之，視亢等憒憒何如乎？楊雄號稱大儒，不免死於莽大夫，視郭公冥鴻威鳳，翱翔雲漢何如乎？李懷光千里赴難，破賊解圍，不甘奸臣之讒，甘爲亂賊而不顧，視段司農一笏何如乎？此本心之辨也。三賢者不同品，同於不失其本心，心同則才同，才同則與天地不朽同。故成人者，其塗甚博，其要甚約。既成其人矣，又惡乎不同？」

仲好曰：「善。即以記三賢可矣。」

夏侯名之時，成都人。

王侯祠兩廡記

天下有事，匹夫能執干戈捍寇賊，即不幸而死，其一念自足千古。何者？此一念正氣也。惟正氣不可磨滅，天地之常運，日月之常明，山岳之峙、江河之流皆氣也。聖賢能精之一之，與此渾合無間。即匹夫匹婦一念秉正而死，其氣未嘗不與之合，然其心非精一之心，故其氣非充塞之氣。眉批：視子産論伯有又進幾階。譬則盎缶之水，必歸於器。有所歸則聚，無所歸則散。聚則伸，散則屈，伸則神，屈則鬼。鬼則爲厲，神則爲祥，其小大之分然也。

往者嘉靖甲寅、乙卯間，吾邑有倭寇。邑之義士何五路等三十六人，奮然持白梃出擊之，敗死城西之壕，巫覡往往有言其爲厲者，邑人即其死所祠之，蕭鼓繽紛，遂爲淫祀。余既與邑之紳衿建松磁王侯祠於惠山之麓。王侯者，寇未至而築城，城甫完而寇至，使我邑萬姓不糜爛於寇者也。吾同年陳公筠塘曰：「當寇之熾也，百雉而外白骨矣。義士輩雖敗而死，寇虞其有繼至者，獸駭而去，城以獲全，是則侯之城，體也；諸義士，用也。猶之手足，捍衛其軀者也。烏得而無祀？」乃自捐貲爲兩廡列祀焉。眉批：非陳公之獨任，即兩廡不成。有司春秋犧牲惟謹。自是而淫祠之祀大衰，不知其所以然也。

余謂公之此舉有四善焉：表義、息邪、彰往、示來，大錫福於邑也。夫一筵之醲醇，一夕之妖冶，一朝之寒暑風露，皆足以殺人，與諸義士西壕之死等，而諸義士之死，不死有事，執干戈爲吾民衛者，必相繼而起。故曰公一舉而集四善，大錫福於邑也。也。即不信，視西壕之簫鼓，鬼神之情狀大可見矣。死者有所歸，生者有所勸，天下一旦

常熟縣重建儀門記

常熟縣儀門，建於嘉靖癸未，歷八十五年，木石盡壞，貫弗可仍。瀛海耿侯，涖事之三年，召父老謂曰：「吾聞古人所舍，雖一日必葺其牆屋，去之日如始至焉。況吾吏茲土，眉睫間事，迺視爲傳舍耶？其撤新之。」於是鳩工以丁未某月某日，訖工以某月某日。門成，邑之人懽曰：「侯之不自暇逸，視官事如家事如此；不怠宦成，視終事如始事如此。」文學邵某、王某、薛某、浦某等，則走錫山謁攀龍，請記成績。

攀龍曰：侯於虞山，濬水利，建書院，教養備舉，是百世績也。一門也，而足爲侯績乎哉？雖然，弗可以弗記。昔者夫子作春秋，蓋土工必書焉。夫民力，聖人所甚重，不可不思也。自天子下至一邑之宰，稼穡焉而食，民之力；布帛焉而衣，民之力；宫室焉而寢處，民之力。一舉目靡非民力也。是以君子一舉目而不敢忘民，思其艱也。斯門也，可

無思乎？吾出門而如見賓乎？闢門而四聰達乎？無邪曲如門乎？門之内，憑吾威福以毒吾民者，能旁燭乎？門之外，萬目視我，萬手指我，吾幽獨無怍乎？喜怒無縱乎？民隱盡悉，民瘼盡軫乎？自有此邑以至于今，令之出入斯門者，不知凡幾，其賢者民德之，去而思之，歌詠而俎豆之，其不賢者怨詈而疾仇之，其或不任受德，亦不任受怨者，適去適來，如草木朝鮮夕萎，無當於有無之數也。是以君子無不思也。無不思則無不敬也。故曰弗可以弗記，以繫思也。

於是作記，其詞曰：「維歲在丁，維月之午。維我耿侯，爲民之祜。爰作斯門，百福所府。門之揚揚，邕和召祥，五穀用穰。門之黝黝，神氣所守，我民壽耇。門之秩秩，民以寧謐。髦士斯出，孔壬斯黜。獄訟是窒，仁讓是帥。以及萬祀，受茲多祉。」

侯名橘，字庭懷，河間人。

興讓堂記

聖人之教，莫先於禮，亦莫重於禮。禮，體物不遺，仁義智皆禮也。孔門善學者莫如顏子。顏子之學，復禮約禮而已。然夫子曰：「不以禮讓，如禮何？」言禮必以讓者，何也？辭讓之心，爲禮之端。禮無形，讓乃禮也，餘則其文也。

燕超華公，司教寶邑，以禮爲教。然公之冰心檗節，範身如處子，坦衷直腸，忘機一赤子也。故多士翕然興焉。公時時與多士求修身繕性之方，治世理人之要，而講習無所。潘君烜如煜如，乃以其所有地，讓爲講堂。林君時芳、劉君心學，相與經營成之。堂成請名於公，公名曰興讓，令高子記其事。

高子曰：天下之亂，亂於相争；其治也，治於相讓。上不争，而下乃讓，士風興而民俗乃興。讓也有，舍我而從禮者也。我所欲言而非禮則讓，我所欲進而非禮則讓，我所欲得而非禮則讓，我所欲吝而非禮則讓。何以知其非禮也？吾性之莫爲而爲者也。讓則安，不讓則不安。人思即其所安，豈有争乎？無争之極，則無欲，無欲之極，則無我，至無我而學之能事畢矣。故曰克己復禮。聖人之教莫先於禮，亦莫重於禮，讓乃禮也，民興於讓而天下治矣。惟當仁則不讓。眉批：人人有仁，本無可讓。

兹舉也，邑侯向公實與公同心，故公得成多士之美焉，是千秋之業也。公名允謀，無錫人。向公名孔門，宜都人。

承賢橋記

錫城中有箾河九，通者一而已。無論形家言，凡河渠疏，則靈氣鬯，如人身血脉然，然而湮塞所從來久，民居踞之不可問。惟在冉涇里者，計丈百有三十，而通者且百有十。是爲文莊公邵二泉先生故里，先生亟欲疏之，尼於里人不果，特爲陰渠石甃之，以通於所謂弦河者，蓋先生之寄趣遠，欲二泉震澤之脉，沿洄旋匝於吾前以爲快也。先生既没，垂百年，太學尤君時純，居先生里中，慨然念曰：「是先賢之志也夫，吾不可以不承。」乃捐其樓居二十有一楹，鑿爲河。河成而橋之，請名於予。予曰：「是惟二泉先生之志，謂之『承賢』可矣。」太學君曰：「橋之至於河也，其地爲河者若干，爲陸者若干，具有籍。子其志之，庶可永也。」

予曰：噫！事其有可知者乎？夫以二泉先生之賢也，又貴重也，曾不能以尋丈之地得之里人，而其志遂尼，何也？語曰：其父析薪，其子弗克負荷。即以父兄之命其子弟，有弗克承焉。今先生之没垂百年，當年一念，渺乎若逝水之無蹤，而君忽承之，又何也？皆事之不可知者也。眉批：東坡曾言不可知在氣運。先生言不可知而可知在人心。則由此而之陵谷之變，又焉可知乎？雖然，其可知者固在也。夫以先生之賢也，而君承之，誰其甘爲不賢者而復湮之？果其甘爲不賢者，是人之最賤也，世之所共惡也，或擊之矣。是可知也。是役也，邑侯同生許公寔主之，故莫或有尼太學君之義，而卒告成事。侯名令典，海寧人。

龍江沈先生泰交始末記

今上在東朝時，先生以贊善侍講讀。壬申四月十日，講讀畢，上出檀扇二，命先生與編修張帙各書詩句。張書唐人早朝詩，先生書魏卞蘭太子頌。既呈，有旨命解説大義。先生倉卒敷陳，大發頌中親賢遠奸、窮經致用之要。上改容拱聽，命書講章以進。

明年登極後，先生每在講筵，上見先生舉止與他講官不同，退輒與侍璫言某事某事沈講官行的是。先生輪講日，亦輒與侍璫言沈講官講的好。先生以外艱歸，又接内艱，上時問沈講官何久不見，内侍以居艱告，久之又問，内侍云服未闋，上曰：「令先補沈講官官，待其服闋即來。」先生服闋，于講筵見上，上甚喜曰：「沈講官還是舊日模樣。」江陵秉政久，以先生志誠無他齮齕。眉批：江陵猶賢于後人。及江陵病，舉朝官爲禱祀，先生獨不與。會江陵故，先生得不被禍。及先生晉宗伯，有□□縣、産麒麟，旋斃，上聞，欲觀之，政府曰：「此禮部事。」欲先生行文至彼省。先生曰：「此端不可開。果爾，天下言祥瑞者紛紛矣。」執奏不可。上曰：「此小事，沈尚書看得大了。」還要取看。先生仍執奏云：「麒麟已斃，腐穢不祥之物，臣不敢進至尊。」眉批：志誠人進諫極有術，鄰侯不能過也。上乃止。

先生掌禮，每事與吴縣相枘鑿相左，吴縣又忌先生得上眷，急欲去之，乘先生請告，遂票旨放歸。上見即曰：「沈尚書是好官，何處得這人來替他？」温旨留用，吴縣益忌。給事陳與郊承其意，疏詆先生，先生求去益力。上曰：「沈尚書不曉我意，苦苦要去。」時有老宫人名銀杏者聞上言，令其姪一小内監密告先生。先生正色曰：「此宫禁語，若奈何輕洩？」内監恚而去。司禮張誠亦知之，令先生同鄉廖太監以告先生。先生曰：「此等語，張公不宜語若，若不宜語我。」廖監恚曰：「佳信報公，公乃爲此語耶！」先生曰：「翰林官入内閣，乃其本分事，須要以正進。譬如人家女子，其嫁夫乃本分事，忽有人語之曰，某人悦汝，要聘汝，其女子喜而延接之者，必淫女子也；即嘿而不言者，其心喜之矣；必罵而斥之者爲正。何以異於是？」廖去，先生又對中書高務實述之曰：「昨以此語廖，廖必不語司禮，幸爲我直致之。」張誠聞之恚甚，而先生亦竟歸。

後推閣臣，吏部首列先生名，上見，即欣然首點，四明無能遏也。然四明爲吴縣、太倉的傳衣鉢，素忌先生，又素知上眷先生，大懼，即貽書淮中丞李修吾曰：「歸德公來，必奪吾位，將何以備之？」此明知先生難進易退，欲中丞傳此語於先生，先生必趦趄不前也。中丞乃力言先生忠實無他腸，勸其同心輔政，於是四明大憾中丞。先生與山陰同召，而山陰乃四明腹心，隨事媒孽先生。

先生初入閣，即以沿途所見鑛税之害爲上陳之。越數日，山陰語先生曰：「鑛税疏吾兩人宜再上。」先生曰：「告君有體有幾，數日有兩疏，無乃非體非幾乎？」山陰曰：「敝邑人口語不好，便以伴食相加。先生不上，某當上。」先生不得已，乃復上疏。上頗不悦，曰：「我正向他，他却不向我。」四明、山陰聞之，大喜中計。久之先生乃謂四明、山陰曰：「鑛税疏此時宜上矣。」四明曰：「雖上，恐亦不看。」先生曰：「第具疏，進當以時。」一日大雨如注，先生謂兩臣曰：「今日乃是上疏之時。」兩臣曰何謂，先生曰：「今日大雨，吾輩宜素服躬到文華殿上之，上必動心。」兩臣不得已，同先生往。内臣驚問故，先生曰：「有要事，第對上言，三閣臣皆素服冒雨在文華殿進疏。」上見疏，果曰：「必有急事。」啓閱，知爲鑛税，亦頗頷之，不怒也。

長至日，四明被論注籍，先生與山陰詣宫門外叩首，上賜飯小閣中，命陳矩陪席。先生見小内史往來竊聽，無何又見持紙筆竊記者，知是上意，心念曰：「此時語勝奏疏多矣。」眉批：知幾。乃謂陳矩曰：「某一路來，見鑛税害百姓，所不忍見，再三疏請，皇上未見允行。」陳矩蹙額曰：「誠然。」先生曰：「若説害百姓，還是第二義。」矩曰：「百姓受害何謂第二義？」先生曰：「皇上受虧多了。」眉批：善言。矩曰：「何謂也？」先生曰：「如今人家，也要風水興旺。今國家把名山大川都鑿破，靈氣發洩盡了，將來聖躬豈不受虧？」矩曰：「此利害真不小。」時山陰一語不發。飯畢，各謝恩而出，陳矩復命，上曰：「兩閣老有何語？」陳矩備述先生言。上曰：「這話説得是，關係我身上的。你去與沈先生説，有甚培補法子替我補一補。」先生對曰：「名山大川靈氣發洩，如何補得？但急停了鑛，安静久了，靈氣自復，便是培補的法子。」矩以復，上點頭。四明聞之，恐先生獨收其功，急令李九我代草一疏上之，上怒又止，久之，始有停鑛分税之旨。

上有乳母號翼聖夫人者，其夫爲都督同知，二品官也。一日母三疏，要令其姪承襲，上傳旨内閣准他。先生曰：「都督同知，非世襲官。且姪不祔姑，亦無姪襲之理。」票旨兵部查例，兵部覆無此例。上謂夫人曰：「這個人情，他每内閣不肯，我也難做。」遂止。又有真人張國祥，自言皇孫誕生，有祝禱功，乞三代誥命，且乞世襲詹事府主簿，上亦傳旨内閣准他。先生具揭言：「皇孫誕生，自是祖宗與皇上深仁厚澤結于天心，故天降休美，一道流何功之有？皇上若念其祝禱微勤，止可金帛酬賞，國家名器，豈宜濫與？」上曰：「也罷。」止賞二十兩，幾表裏。

雲南税監楊榮，爲諸武弁所殺，上震恐，立命緹騎逮諸武臣。先生即具揭，首言祖宗取雲南艱難，及其地方反側難定；次開楊榮罪惡諸款，次言榮今被殺，雖非國家法紀，亦見聖德入人之深，其地不忍謀叛，但殺首惡，以一兩人正法，即定矣，若不速下處分，漫遣官逮，是速其反也。上見揭怒解，即罷遣逮。

沈四明以妖書謀危先生者百方，幸上見素定，屹不爲動。先生在閣，以一木屏書：「天啓聖聰，撥亂反治。一望謹天戒，二望恤民窮，三望開言路，四望發章奏，五望補部院大僚，六望補中外庶官，七望起用廢棄，八望照例考選，九望釋放冤獄，十望撤回税監。」每晨列屏，焚香祝天。四明即買内監讚先生咒詛。上一日忽遣人取先生屏，覽之曰：「這如何叫做咒詛？」讚者曰：「牌上寫的，不是他口裏咒的。」已又令讚先生穿大紅蟒衣潛往邊上看牆。上令陳矩訪問，矩明其誣而止。

嗟乎！以皇上天聰天明，使無申、王、沈、朱諸奸亂之，早用先生，當何如哉！夫天未欲平治天下也。

並封記事

王錫爵以壬辰冬至京。癸巳正月，忽傳有中官持御札至閣下。錫爵獨袖歸私邸，張位、趙志皋隨内相同至王邸，禮垣都諫張貞觀亦至。錫爵已擬二旨，其一云依明德皇后抱妃子爲子故事，欲元子拜中宫爲母；其二則三王竝封也。貞觀持二旨示給事史孟麟。未幾，封王之旨竟下。次日，刑科給事王如堅，光禄寺丞王學曾、涂杰、朱維京上疏争之。又一日，禮部主事顧允成、張納陛，工部主事岳元聲上疏争之。而六科掌印者李汝華、張貞觀、許弘綱、史孟麟等，同至朝房見錫爵。錫爵曰：「竝封事，部院大卿多以爲是，諸公又何言？」孟麟曰：「外廷俱諒老先生調停至意，第祖宗二百年來，東宫不待嫡，元子不封王，創有此旨，殊駭人耳。」錫爵曰：「東宫不待嫡，某亦知之，但皇上必欲如此。元子不封王，穆廟之封裕王，何也？」曰：「世廟立太子，而穆廟同日封裕王，非以元子封王也。封王非徽號之比。今日所封之王，即他日所之之國，普天之下，莫非王子之國，以何國封王子乎？」錫爵久之曰：「當如祖宗舊名。」孟麟曰：「又有可慮者。元子冠婚在邇，封王，則當出居十王府。冠婚皆以王禮行，元子在外，幼子居宫中，老先生擔當得否？」錫爵語塞而罷。

次日如堅、杰、維京、學曾俱邊衛充軍。於是顧憲成、史孟麟、張輔之、于孔兼以同鄉見錫爵。錫爵顧孔兼曰：「封王儀注已進未？」于曰：「未敢。」史曰：「國朝止有立太子儀注，及封王儀注。今以太子封王，于郎中何敢進儀注？」錫爵曰：「皇上處置王給事等四人太重了。」史曰：「國家養士，正爲今日。凡廷杖、充軍、謫官，自是建言者分內。老先生只要把事體端正，諸公得罪甘心也。」錫爵曰：「吾已具揭救。」已而四人止爲民，顧允成等三人俱罰俸。而竝封之事，舉朝皆以爲不可，文武臣工，各有疏争，大九卿且議輪番伏闕，錫爵不得已而反汗焉。

是舉也，文臣中無疏者，祭酒曾朝節也。

毘陵歐陽守紀略

歐陽東鳳，號宜諸，湖廣潛江人。以萬曆辛丑守常州，故事新守到任，五縣飾供帳，所值千金，公至，盡撤還之，自製布帷瓦器，泊如也。日費錢不滿百文，積公用千金。復龍城書院故址爲先賢祠，祠一郡鄉賢。自延陵季子以下六十九人，考其行事，人著爲傳，頒布士庶，使知仰止。每以春秋集五邑紳衿於祠中，講學問政，凡農桑、水利、人才、賦役，無不咨究，而於激濁揚清、抑强扶弱，尤惓惓焉。每受訟詞數百紙，非係風俗利害者不行。其不行者，必破所以，如見肺腑。皆以崇朝發出，民無伺候之苦，亦不敢易詞再訟，亦不敢至當道越訴，訟以大簡。地方大窩大猾，悉擒錮囹圄。積年大盜，減贓寘罪。官府莫能詰，皆延訪得實，以他事致法，夙害悉袪。嘗以聽訟時，下縣解官銀至，吏秤座右，公據案批牘自若。秤畢，即曰第幾包銀何得獨重銖許，驗之果然，立抶吏，人以爲神。朝廷忽下罷税之旨，邸報以巳刻到府，公不白當路，即以巳刻撤所部關税。當路來詰何以不俟明文，公對曰：「大哉王言，何明文如之？救民水火，寧緩須臾耶？」後旨不果行，而常郡之税，獨得浹月之惠。

公喜讀書，退食手不釋卷；夜多不寐；文移往來，日至夕發，不滯信宿；接縉紳士人藹藹而正氣凜然，人無敢干以私。

先生原記二賢守，其一爲王鍾嵩，事詳行狀中，此不復載。

家譜

譜序

高攀龍曰：吾作譜而滋懼也。夫譜，以譜其可知者已爾。繇可知者推而上之何如也？祖也。繇不可知之祖推而上之何如也？天也。然則吾之一呼吸而在，吾之親在也；吾親之一呼吸而在，吾之祖在也；吾祖之一呼吸而在，不可知之祖在也；不可知之祖一呼吸而在，天地始交之呼吸在也。嗚呼嚴哉！

吾之身，即親也，即祖也，即天也。吾之兄弟，吾之宗，吾之族，皆親也，皆祖也，皆天也。是故君子之孝，没身焉而已。無不孝也，則無不敬也。出於敬，入於刑矣。嗚呼嚴哉！

夫天與吾一呼吸也，其感其應，一呼吸也。以爲不信，則祥之魚何以出於冰？宗之竹何以笋於冬？江之流何以湧於詩之舍？諸如此者，動於此，應於彼，如舍矢之及於鵠焉。善者如是，何怪不善者之必以誅而不聽耶？今世人所求者富貴爾。夫富貴，善人之資，不善人之刑也。其出道也彌甚，其入刑也彌酷。蓋昭昭於耳目之前，人鶩俄頃之欲而弗顧也。悲夫！是故君子一舉念而弗敢忘親，一舉口而弗敢忘親，一舉足而弗敢忘親，懼其僇吾身以僇吾親也。是故修諸心者謂之五德，修諸躬者謂之五事，修諸世者謂之五常，修此三者之謂敬，之謂不忘其親也。是故貴而可，賤而可，富而可，貧而可，壽而可，夭而可，險而可，夷而可。其順福也，其不順非刑也，君子弗畏也。詩曰：「胡不相畏？不畏於天。」夫豈其影響恍惚焉，而直爲此兢兢乎！

高攀龍曰：嗚呼！訂頑其至矣哉！蓋爲天下萬世而譜其祖也。

譜傳

高攀龍曰：譜其弗可已矣。夫譜，以追往示來也。人必有所自始，家必有所自興，起家之主，必有異人者焉。其子孫始未嘗不兢兢，而後稍陵夷也，禍敗所繇來矣。夫圖其終，其始未有不慎也；思其始，其終未有不善也。是故祖考思子孫可守，無不慎之始，子孫思祖考艱難，無不善之終。安危所係，豈不大哉？往余聞吾祖黄巖公事至纖悉也，今已有若存若忘者焉，况繇此而之乎？吾甚懼前者之弗著，來者之無聞，其於開承奚賴？譜其弗可已也。爰述家傳，稍次其行事，使後世得覽觀焉。

高氏可知之祖，自孟永公始。眉批：一始始生。聞之吾祖曰：「高世居青城鄉，世農，其事無傳。自孟永公始居邑東南隅。贅福州守張公遯軒，而字號亦不可考矣。」嗟乎！士生治世，耕田鑿井，相忘帝力，身没之日，與化而徂。夫亦身經兵戈之苦，貴隱賤通，不習文字使然。遐哉邈矣，一代之興，幾於厥初生民之始也夫。

曰耕樂公，諱如圭，孟永公子也。好學能詩善清言，生六男子。曰羽曰翼曰綱曰習曰翰曰倫。羽、翰皆蚤卒，倫出贅朱海家，生卒缺，葬龍山。

曰省軒公，諱翼，字鵬舉，以字行，耕樂公第二子也。聞之吾祖曰：「其行己也敬而信，以篤誼重於時，縉紳先生推稱之。」娶鄒氏，生二女，長女字華馴爲贅婿，次女嫁陸繼初。二室錢氏，生子曰適。後娶鮑氏，生子曰遜。公以宣德丁未年生，以成化乙巳年卒。月日缺，葬龍山。蓋攀龍於敝篋中得先世析箸書，而重傷之也，曰：嗟乎！昔之人艱難如此哉！耕樂公既没，鄒孺人秉家。成化五年四月，析諸子，人受田十畝，一牀一桌，一橱一爐，一釜一磨，兄弟三人，屋五楹而已。至省軒公，遂有田三百畝。斯非善承善開者乎？夫星星者培之，其火傳焉，涓涓者疏之，其流衍焉，惟善之積亦然。是故君子思艱，則善心生也，豈獨稼穡之難哉？

曰雪樓公，諱適，字伯達，省軒公長子也。生九歲而省軒公疾革，鮑孺人所生子曰遜者尚襁褓，於是省軒公謂其贅壻華馴曰：「而念此兩孤，一切户外事，而勉之矣。」居久之，華壻多秏蠹，家人不堪。鮑孺人乃析産三，令壻與二子受産埒，而别建繇田授壻，令應繇。然壻益善蠹，將挈所授繇田歸，不爲高氏繇也。於是胥訟之官，卒還所授繇田二十五畝去。當是時，雪樓公且壯，撫膺痛曰：「吾以蚤失怙，故失學，孺子可教矣。」蓋指黄巖公也。即開塾延師，勤身治饔飧，若饒有力者以奉其師，黄巖公卒以此成學，聲在諸生中藉甚。授經於縉紳先生家，縉紳先生聞雪樓公長者多大節，願得交歡，雪樓公曰：「吾布衣安能局促軒冕間？」一避匿不見。公性恬曠，不屑細事，亦不識世間人有何等機詐事。喜飲酒，充然自樂，每黄巖公自館舍歸省，公必陳饋酳酒，倚門待之。父子相對飲輒醉，醉輒相攜持，或時俱仆地，相扶大笑起。雪樓公一日晨起，若有人當前哦曰：「又上青山去，青山千萬重。」公怪曰：「是何異邪？」無何病竟卒。卒之年，黄巖公舉於鄉十年矣。黄巖公擇葬地，久不得可者，得可者乃名青山也。事固前定，豈人力也哉？公生於成化丙申九月初十日，卒於嘉靖庚子十二月廿四日，年六十五。生男子三人，女子二人。

嗚呼！我高氏之起於儒也，眉批：二始始仕。自黄巖公始矣。黄巖公，雪樓公長子也，諱材，字國文，號静成。七歲能作偶句，時有誣雪樓公者，公願偕至縣庭，令占句試之，如響應，令大奇，賞與果餌筆紙，爲抶誣雪樓公者。十歲能文。以嘉靖辛卯舉鄉試。其人剛果英邁，重名節，多智略。眉批：節則貴智，無節則寧不智。邑中有顯者奴，笞一孝廉、一文學於途，諸孝廉、文學譁甚，求直於太守。孝廉中有最辯口，得顯者金，中撓之。公曰：「去敗群者事乃濟。」乃計歸之，而後力申大義，諸奴皆伏辜。既令黄巖，有尚書黄綰有才名，家累巨萬，侵細民；又爲良知家言，令至即稱門生，惟所頤指，紀綱之僕至令庭，令爲設便坐，訟獄以意左右。公初謁尚書，尚書謬引上坐，公即上坐。公亦謂尚書何以教令，尚書曰：「今學者大患好名，如漢之黨人、唐之清流是矣。宋之名士，盡於史嵩之一毒，悲哉！」公曰：「固也。即非清流，究竟死，死等耳，以清流死，不勝耶？」尚書默然。一日其僕大帽華衣，直入令庭言事。公曰：「若何爲者！」褫其衣笞之，民大喜，皆起暴尚書諸不法事，得數百牘，公束之送尚書自爲理，盡反侵奪民田地。尚書大窘，令其子槖珍寶飾美姬至錫，冀餌其家壞之，計卒不行。眉批：事各有本。語具太學公傳。而公治巖。訟責主訟者，凡獲姦猾數人，隸之官，詷事一不讐，輒問誰爲此以欺令也，訟遂大簡；盜責主捕者，盜發，過期不獲，囚諸捕，以次出捕，捕盜盡，乃出之，盜屏息；役責主田者，以若干役隸若干田，計田承役，役乃均。一年而庭可羅雀，所攜惟二倉頭，眉批：以身爲本。圖書蕭然，以間引名士啜茗咏詩而已。有顯者奪民地，民訟之。公驗，果民地也，第以二詩批牘曰：「一片青山一片金，百年人有萬年心。鴻溝未必常爲限，倏忽浮雲變古今。」「踏遍青山山轉峩，問山不語奈山何？若無山下纍纍塚，料得争山人更多。」顯者慚而還民地。一姦胥世掌軍籍，爲贗册誣民，而匿其應解歲衣食之所從來，久不可詰。公一日忽入胥家破壁，得真册，所出入千家。公立杖殺胥，盡釋誣者，即曰：

「清勾無補軍伍，起解大擾良民。」并焚其册。又有無名册，霍御史核之急，里胥相連斃杖下。公進曰：「奸弊誠有之，令死杖下者，非爲奸者。」御史怒曰：「如令言，何以清勾爲？」公曰：「固也，非所論於台。眉批：識時勢。昔方國珍聚烏合之衆據茲土，高皇帝惡之，盡籍爲軍，旋散亡。此册在永樂時已不可問，徒殘民無益。」御史愈怒曰：「如是盡令爲政也。」頃之，部使者魏公至，御史告之故，魏公曰：「令言是也。」御史乃喜，一聽公，六邑得無擾。於是六邑民皆號公真鐵漢，事不决争，願一得當公。而倭且突至，巖無城，寇至，公猶坐堂皇，矢及案。公曰：「去無之，死此矣。」崔丞呼曰：「以公得民深，出可拯民死。」掖公後壁出。公乃募壯義數格殺賊，公亦數數幾死。持數日而吾衆集，賊懼遁去。公曰：「吾死矣而幸生，乃今身吾有矣。」遂歸。自公懸車至捐舘，凡三十有四年。攀龍猶得十餘年見。公不問生産，不治宫室，不近聲色，眉批：至難。不内寢，不外遊，不接賓客，不事博奕，不畜玩好，不服華好衣服，門不納僧道師巫俳優。所居書齋三楹，寢室三楹。庭中時植百卉，四壁瓶罍纍纍者，二泉也。喜食蓮芰芋栗，喜吟杜詩，喜談古人節義事，喜文中子言：「敝廬足庇風雨，薄田足具饘粥，讀書談道，足以自樂」。

時誦之，輒摩腹長笑。訓攀龍輩曰：「謹以養神，勤以養志。神完則志鋭，志鋭則學成。」後攀龍遊海上雁蕩諸山，過巖，肅拜公祠。祠宇甚治，香火嚴。祠前居民争指余曰：「此『高一合』孫也。」余不解其語，問父老，則曰：「噫！我公聽斷敏，民以訟至，持一合米事竟矣。往有周太守者，案無留牘，民裹米半升結一訟，人呼『周半升』。而公加敏，故號『高一合』。」又曰：「倭熾時，有擒賊數人，公訊之，曰：『鮝商也。胥奪吾金，又誣吾盗。』公鞫，出其橐千金，即取鑼鼰之，氣鮝也，問橐中裝幾何，皆符。公曰：『賊劫人金，寧知數乎？』立釋之，還其橐。」又曰：「倭去，公有罰鍰千八百金。吏白曰：『方多事，此足自衛。』公曰：『吾不受人錢，誰當受吾錢者？』悉輸之府。」又曰：「按察司都吏權最重，守令媚事之。巖有都吏休沐歸，爲人居間，公怒曰：『汝吾民也，何敢爾！』笞之十。後公以倭事問勘，適當吏，吏乃謂其儕曰：『此一文不取縣令，勿有所冀。』」眉批：吏賢于今之官。又曰：「台之倭，自撤海船始。海船者，募閩人習倭者備倭，人給異等餼。倭平久，舟兵卒以聞輸倭貨至，大姓得直，且稱貸復往以爲常，而亦有遂緣爲姦劫商舶者，監司遽撤之。諸大姓受輸貨，見船撤，遂詈其直不與，黄尚書家爲多。諸兵無所歸，又銜諸大姓，又素習倭，遂搆倭入寇，我兵格殺倭，往往有生擒舟兵者，舟兵大言曰：『黄尚書令吾等來殺高令公爾。』諸監司皆喜，謂公曰：『尚書齮齕公久，此足報矣。』公曰：『豈有是哉？彼自恨没其直爾。』尚書聞之，大慚服。」眉批：至難至難。父老言細事，不能悉志，志其大者。嗚呼！人豈其以聲音笑貌强得者邪？公生弘治戊午九月十一日，卒于萬曆乙亥四月七日，年七十八。祀黄巖名宦，葬惠山黄家灣。生男子一人，女子三人。

曰處士公名校，字國明，號静逸，雪樓公次子也。生後于黄巖公十八年。浦孺人命黄巖公曰：「而弟也，當視之子。」命公曰：「而兄也，當視之父。」各受命惟謹。及孺人卒，而公稍稍愛宴遊，黄巖公心患之而弗言。公所居一堂一齋，齋以舍客，黄巖公第蚤起，攜一書一茶椀，坐齋中，諸酒人與公往來者，屨至户，黄巖公輒作咯咯之聲，酒人從壁隙窺之，吐舌去。信宿再至，如之，三至，如之。諸酒人大驚，不復來。公亦大窘，不復出。浹月，公乃憬然悟曰：「吾知兄爲我矣。」乃皆謝絶諸酒人，纖嗇治生産，米鹽瑣悉，一切躬親之，以其贏與里中交質爲什一息。黄巖公喜曰：「是其心有寄矣。」

於後公時時誦曰：「非吾兄，幾墮落。當時只以口舌訓戒我，無益也。」於是一稟法度，非義弗蹈。女翁楊虹橋者垂没，以千金托公，公曰：「我猶空中鳥，翱翔飲啄自如，千金入吾家，吾入籠中矣。」眉批：趣識甚高。以告黄巖公，公曰甚善。馮賈者以一盒子囊金珥來質，其下格函珠，賈不知也，質金竟去。家人曰：「天與也！」公笫笑，謹藏之。明年，賈取質，公迎謂曰：「君家有失乎？」賈曰：「然。去年失珠，幾遘禍。謂竊珠者婢，婢投溺，幸不死。」眉批：藏之善矣。惜不遂詰而語之，可免婢苦。慮之不情，不學之□也。公曰：「珠今日見君矣。」賈驚曰：「珠那得在此？」公令啓盒得珠。賈願以半酬，公曰：「吾欲得珠而取半邪？」賈泣拜祝曰：「願公獲福，如珠纍纍。」公年四十有七，無子。黄巖公子太學公一人爾。太學公且舉二子，黄巖公謂公曰：「其少者可抱也。」公曰：「幸甚。」所抱即攀龍。攀龍曰：嗚呼！先君子愛其子，異乎人之愛其子也。即不欲人言所抱子，恐其子以爲所抱子也，無論他人不敢泄一語，即大父不忍以此重傷其意。大父屬纊，謂先君子曰：「弟無憂，弟有子，足娱老也。」先君子歸，呼攀龍摩其首曰：「兒真娱我老矣。」大父名諸孫曰希某希某，名希良者，攀龍也。先君子恐其長而覺之，易今名。及攀龍成進士，先君子棄養，客以爲言，攀龍曰：「天乎！吾罪當死。吾不敢言之於存，忍易之於没乎！」太學公曰：「孺子言是。吾以字行，可矣。」眉批：得宜。故諱今諱也。公以嘉靖三十四年十月與黄巖公析産而居，一堂一齋一寢勝國時物也。負郭田五十畝，蚤作夜息，程入量出。食無二簋，衣必三澣，粒米束薪，不妄狠戾。每歲春秋佳日，一至泉上，餘日未嘗出户。平生未嘗競人一語，未嘗負人一錢，卒之日積千餘金。攀龍不能務什一，盡以買田。今吾子孫一飲一食，公勤生儉用之貽也。嗚呼！艱哉！公生於正德丙子四月十五日，卒于萬曆己丑六月十三日，年七十有四。葬於惠山黄家灣。

太學公初諱夢龍，字德徵，後以字行，號繼成，黄巖公子也。以嘉靖丁亥五月二十一日生。丙午補諸生。庚戌，黄巖公令巖，公生二十四年矣，即已佐大母浦孺人秉家。一日巖有黄尚書子來謁，筐篚仞於庭，公心念曰：「聞尚書魚肉巖民，豈其與吾父相暱，而以好來邪？必不然」，拒勿見。尚書之子，庭立三日而去。居無何，有大俠挾美姝舍鄰舍，私於蒼頭曰：「吾不重萬金得吴姬，行路難，相窘者數矣。聞公子賢，以一廛舍我，願持千金爲壽。」蒼頭𧓍之，以告公，公叱曰：「必盜也，趣執之。」其人大驚遁去。後蒼頭抵巖，見尚書子於途，所爲大俠者，其僕也，乃大驚。尚書爲令押之急，無以中令，以公少年易中，再計再不售。黄巖公每歎曰：「人須自立，亦賴有賢子弟，不者兩敗矣。」

癸丑，黄巖公遘倭變，謝巖政歸。甲寅，浦孺人捐世。當浦孺人時，黄巖公固不問生産，及孺人没，黄巖公謂公曰：「兒乃饒爲家，可寬我矣。」公自是一意治生。甲子入太學，旋棄歸。凡奉黄巖公徜徉圖書花石間者二十年。而公所謂治生，第取交質什一，然必躬親，必誠信，遠近樂就之，家以是起。暮年稍廣負郭田，租入必先輸賦，曰：「草莽中惟此爲君臣之義。脱國家一旦下赦令，而家無可赦之逋，乃良民也。」

高攀龍曰：嗚呼！吾高氏自太學公而堂始三楹矣，産始千算矣，子始七矣。眉批：二始始富盛。公嘗以一裙示攀龍，補紉二十年如僧衲，而服之無斁。所居一室，窗紙第綴破裂，未嘗易新。諸節嗇多此類。而視非己之有，閉目摇指曰：「餉我禍矣。」攀龍成進士，手書教曰：「事毋争進，讓人一步。一步滋味也」，蓋凛凛自持者没其身焉。公卒於萬曆丙申六月初一日，葬惠山黄家灣。配陸氏，生女子二人。二室邵氏，生男子五人，女子二人。馮氏，生男子一人，女子一人。吕氏，生男子一人。

内傳

潘氏，耕樂公，中書公迪女，葬龍山。生卒缺。

鄒氏，省軒公，葬明陽觀。

鮑氏，省軒公繼室，祔葬龍山。

錢氏，省軒公二室。生正統丁卯二月初二日，卒正德庚辰五月廿三日，年七十三。葬明陽觀。

浦氏，諱潔。父曰聽泉處士，諱源。母趙媪，宋宗室女。高祖仁，世爲城南右族。勝國末，念天下將亂，隱石塘山。仁生昂，昂生完，完生處士，能詩。以成化戊戌十一月十一日孺人生，歸雪樓公。雪樓公幼孤，家囑於强宗贅壻且盡，公又豁落不屑細小，以孺人拮据而起。雪樓公嘗與里中少年爲會，諸少年輒提酒肉，令雪樓公爲具，孺人恚曰：「天青日白，各有生計，婦不任此。」諸少年提酒肉去矣。家人數十指，男課樹牧，女課績織，無尸食者。黄巖公四上公車，最後雪樓公卒於家，或議緩計，孺人正色曰：「父死而子乃冒進取耶！」亟返之彭城。及黄巖公之官，奉孺人行，孺人曰：「令禄幾何，而給衆口？令吾隳家，若隳官也。」及倭難突作，人謂孺人若前知者，天啟之也。卒於嘉靖甲寅十二月二十日，年七十有七。其明年九月六日，葬惠山黄家灣，合雪樓公兆。

邵氏，黄巖公，葬明陽觀。

李氏，黄巖公，世居下田橋，世有資。父曰桂軒公，諱官。黄巖公既娶邵孺人，生二女，孺人繼之。當是時，浦太孺人持家嗃嗃，孺人柔身屏氣事之，無忤也。與黄巖公相莊如賓，公外寢，間一見孺人，問眠食無恙，去矣。孺人性坦率，飲食衎衎。時呼諸孫果餌啖之，自娱樂也。生弘治甲子七月三日，卒隆慶壬申六月十五日，年六十有九。合黄巖公葬惠山黄家灣。

朱氏，處士公，居唐干。父慎齋公，諱士冕。母錢氏。孺人年十九而歸處士公，無何而公遘疾，生育道絶，孺人蕭然一室，垂五十年若弗知也。浦太孺人秉家，則嚴事太孺人曰：「取無忤足矣。」已處士公秉家，則嚴事處士公曰：「取無忤足矣。」計日而績，計月而織，盛暑隆寒不輟。攀龍生彌月，而孺人抱之，於是孺人四十有六矣。蓋攀龍有識而後知孺人之異也。往先君子奇愛攀龍，即不忍泄本生一字，而孺人以間見太學公，輒謝淚蘇蘇然，攀龍固不辨作何語也。及攀龍有室，孺人則曰：「孺人且長，母闕於所生。」常以身翼蔽，令歲時得見所生父母。孺人即自用一錢，必徘徊曰且止。及攀龍讀書，需書直，欣然曰：「錢政以易書爾。」攀龍既舉於鄉，孺人家有訟，舅氏謂攀龍必直我於令，以告孺人，孺人曰：「毋，而處子也，奈何以面孔向人？」攀龍曰：「固舅氏也。」孺人笑曰：「而以舅氏必直乎？直奚須而直？」嗚呼！此何等心目耶！孺人生以正德丁丑七月二十七日，卒以萬曆甲申十月初一日，年六十有八。葬黄家灣，與處士公合兆。

陸氏，太學公，陳胡公之裔。入國朝有永寧者舉賢能，永寧生民表，民表生席，席生禎，禎生綸，曰營川公，貢於鄉，母曰邵。營川公與黄巖公相歡，俱娠，則約曰：「男女偶者必爲婚。」果偶而委禽，是爲陸孺人。孺人既有兩女而弗子，於是邵令人歸。孺人辟寢一室，曰飲則飲，曰食則食，恬然也。撫諸子及婦欣欣相諧没其身，此可以觀德矣。生嘉靖丁亥六月初六日，卒萬曆丙申三月廿六日，葬青山。

邵氏，太學公二室。眉批：先生本生母。令人婉孌委蛇，每太學公有所發怒，令人劑之微言，公遽歡。生五子二女，劬何如也！乃不有其子一日之享，天乎何及矣！生嘉靖癸卯五月廿六日，卒萬曆乙酉八月二日，年四十三。葬青山。

或曰：子言凡垂世以益世也。高子自譜其家，兼及内傳，于世何與？

龍正應曰：高氏自黄巖公以前，樸遬農家，不習文采，殆有不傳之隱懿乎？黄巖公以後，則高節大略，自淑淑人之概，大抵表見，而業亦漸隆。其起家蓋與德相爲準量，又世得内助，有隕自天，所從來遠矣。人之欲傳其先也，往往求文章家，而後世信文章家之傳人祖先也，豈若信仁人之自傳其先也哉？讀高氏譜，知長勤長約長正之門，必挺大良，則動天下爲祖父者之心何限。又見高氏之先，多躬耕女紅耳，而一嘉言、一懿行，莫不托其後賢，以炳於丹青，垂於無疆，則天下爲子若孫者之心，又從而動矣，奚而非益世也？

家訓二十一條

吾人立身天地間，只思量作得一個人是第一義，餘事都没要緊。做人的道理不必多言，只看小學便是，依此作去，豈有差失？從古聰明睿智、聖賢豪傑，只于此見得透，下手蚤，所以其人千古萬古不可磨滅。聞此言不信，便是凡愚，所宜猛省。

作好人，眼前覺得不便宜，總算來是大便宜。作不好人，眼前覺得便宜，總算來是大不便宜。千古以來成敗昭然，如何迷人尚不覺悟，真是可哀。吾爲子孫發此真切誠懇之語，不可草草看過。

吾儒學問主于經世，故聖賢教人，莫先窮理。道理不明，有不知不覺墮于小人之歸者，可畏可畏。窮理雖多方，要在讀書、親賢。小學、近思録、四書、五經，周程張朱語録，性理、綱目，所當讀之書也，知人之要在其中矣。

取人要知聖人取狂狷之意。狂狷皆與世俗不相入，然可以入道。若憎惡此等人，便不是好消息。所輿皆庸俗人，己未有不入于庸俗者。出而用世，便與小人相暱，與君子爲讐，最是大利害處，不可輕看。吾見天下人坐此病甚多，以此知聖人是萬世法眼。

不可專取人之才，當以忠信爲本。自古君子爲小人所惑，皆是取其才。小人未有無才者。

以孝弟爲本，以忠義爲主，以廉潔爲先，以誠實爲要。

臨事讓人一步，自有餘地；臨財放寬一分，自有餘味。

善須是積。今日積，明日積，積小便大。一念之差，一言之差，一事之差，有因而喪身亡家者，豈可不畏也。

愛人者人恒愛之，敬人者人恒敬之。我惡人，人亦惡我；我慢人，人亦慢我。此感應自然之理，切不可結怨于人。結怨于人，譬如服毒，其毒日久必發，但有小大遲速不同耳。人家祖宗受人侮辱，其子孫傳説不忘，乘時遘會，終須報之，彼我同然。出爾反爾，豈可不戒也。

言語最要謹慎，交遊最要審擇。多説一句不如少説一句；多識一人不如少識一人。若是賢友，愈多愈好，只恐人才難得，知人實難耳。語云：「要作好人，須尋好友，引酵若酸，那得甜酒」。又云：「人生喪家亡身，言語占了八分」。皆格言也。

見過所以求福，反己所以免禍。常見己過，常向吉中行矣。自認爲是，人不好再開口矣；非是爲横逆之來，姑且自認不是。其實人非聖賢，豈能盡善？人來加我，多是自取，但肯反求，道理自見。如此則吾心愈細密，臨事愈精詳，一番經歷，一番進益，省了幾多氣力，長了幾多識見。小人所以爲小人者，只見别人不是而已。

人家有體面崖岸之説，大害事。家人惹事，直者置之，曲者治之而已，往往爲體面，立崖岸，曲護其短，力直其事，此乃自傷體面，自毁崖岸也。長小人之志，生不測之變，多繇于此。

世間惟財色二者最迷惑人，最敗壞人，故自妻妾而外皆爲非己之色。淫人妻女，妻女淫人，夭壽折福，殃留子孫。皆有明驗顯報。少年當竭力保守，視身如白玉，一失脚即成粉碎。視此事如鴆毒，一入口即立死。須臾堅忍，終身受用，一念之差，萬劫莫贖，可畏哉！可畏哉！古人甚禍非分〔一〕之得，故貨悖而入，亦悖而出。吾見世人非分得財，非得財也，得禍也。積財愈多，積禍愈大。往往生出異常不肖子孫，作出無限醜事，資人笑話。層見叠出於耳目之前而不悟，悲夫！吾試静心思之，净眼觀之，凡宫室飲食、衣服、

〔一〕「非分」，底本作「非幸」，據四庫本改。此段下文亦言「終身不取一毫非分之得」。

器用，受用得有數，朴素些有何不好，簡淡些有何不好。人心但從欲如流，往而不返耳。轉念之間，每日當省不省者甚多，日減一日，豈不瀟灑快活。但力持「勤儉」兩字，終身不取一毫非分之得，泰然自得，衾影無怍，不勝于穢濁之富百千萬倍耶！

人生爵位自是分定，非可營求，只看得「義命」二字透，落得作個君子。不然空污穢清净世界，空玷辱清白家門，不如窮檐蔀屋、田夫牧子，老死而人不聞者，反免得出一番大醜也。

士大夫居間得財之醜，不減於室女逾牆從人之羞。流俗滔滔，恬不爲怪者，只是不曾立志要作人。若要作人，自知男女失節，總是一般。

人身頂天立地，爲綱常名教之寄，甚貴重也。不自知其貴重，少年比之匪人，爲賭博宿娼之事，清夜睨而自視，成何面目？若以爲無傷而不羞，便是人家下流子弟。甘心下流，又復何言！

捉人打人最是惡事，最是險事，未必便至於死，但一捉一打，或其人不幸遘病死，或因別事死，便不能脱然無累。保身保家，戒此爲要。極不堪者，自有官法，自有公論，何苦自蹈危險耶。況自家人而外，鄉黨中與我平等，豈可以貴賤、貧富、强弱之故妄凌辱人乎。家人違犯，必令人扑責，决不可拳打脚踢，暴怒之下有失，戒之，戒之。

古語云：世間第一好事，莫如救難憐貧。人若不遭天禍，舍施能費幾文？故濟人不在大費己財，但以方便存心。殘羹剩飯，亦可救人之飢；敝衣敗絮，亦可救人之寒。酒筵省得一二品，餽贈省得一二器，少置衣服一二套，省去長物一二件，切切爲貧人算計，存些贏餘以濟人急難。去無用可成大用，積小惠可成大德，此爲善中一大功課也。

少殺生命，最可養心，最可惜福。一般皮肉，一般痛苦，物但不能言耳，不知其刀俎之間何等苦腦。我却以日用口腹人事應酬，略不爲彼思量，豈復有仁心乎。供客勿多餚品，兼用素菜，切切爲生命算計，稍可省者，便省之。省殺一命，於吾心有無限安處。積此仁心慈念，自有無限妙處，此又爲善中一大功課也。

有一種俗人，如傭書作中，作媒唱曲之類，其所知者勢利，所談者聲色，所就者酒食而已。與之綢繆，一妨人讀書之功，一消人高明之意，一浸淫漸漬，引入于不善而不自知，所謂便辟側媚也，爲損不小，急宜警覺。

人失學不讀書者，但守太祖高皇帝聖諭六言：「孝敬父母，尊敬長上，和睦鄉里，教訓子孫，各安生理，毋作非爲。」時時在心上轉一過，口中念一過，勝於誦經，自然生長善根，消沉罪過，在鄉里中作個善人，子孫必有興者。各尋一生理，專守而勿變，自各有遇，於毋作非爲内，尤要痛戒嫖、賭、告狀。此三者不讀書人尤易犯，破家喪身尤速也。

或曰：高子學修入微，至作家訓皆淺近語，何故？

龍正應曰：此文公著小學之心也。人少而能守小學之事，然後其長也可以知大學之道。蓋有繩趨尺步，而不能窮神知化者矣。若早軼於繩尺，則垢穢滿身，何從而遊廣大精微之奥乎。非惝怳而無依，必口耳而不實，斯訓也，拔少壯於下流，亦坊老大於作僞。不曰遠以深乎！先生又慮世久族多，未必皆爲士類。鄙詞諺語時或引用，士人觀此亦足助警省，農工商賈聽此亦足保身家。微僅爲可見子孫計，直爲無窮不可見之子孫計，又爲天下凡有子孫者通計也。不曰遠以深乎！

附雜訓五條

戒貪享用

受些窮光景，每事節省儘過得。凡臨事，着一「苟」字便壞；自身享用，着一「苟」字便安。吾一生得此力。

勸赴講會京師寄回

到東林最可入頭。大衆會集時，滿堂肅然，此時默坐澄心，看有妄想也無。聽歌詩時，看有妄想也無。妄想一寂，即是真心。真味成妄，妄醒成真，一反覆间耳。得此意到東林實做工夫，方不做了人事。久之其味無窮，受用無盡。

勖早做静功京師寄回

吾在此全靠平日静功。少年不學，老無受用。汝輩念之，静功非三四十年静不來。何者？精神一向外馳，不爲汝收拾矣。事多苦、拂意苦、有疾病苦、到老死苦，益不可言。静而見道，此等苦皆無之。汝輩急做工夫，受些口訣，不然此事無傳矣。天下惟此事，父不能傳之子。以身不經歷者，言不相入，即終日言之，如不聞也。

爲長孫永厚書扇

朱夫子曰：「爲善最樂，讀書便佳」。只此二句，知其味，便是天下大福人。少年欲知爲善，又必繇讀書。朱子又曰：「關了門，閉了户，把截四路頭，正讀書時也。」何謂四路頭？人心紛擾，要長要短，皆是路頭。須自一切斷絶。養心莫善於寡欲，件件看破，都没要緊。件件寡去，寡之又寡，以至於無，則此心空明靈妙，人品自高，文章自妙，此爲善讀書之本。

爲仲孫永清書讀書樂因題其後

昔人有言，「閉户擁書，不羡南面王樂」。其樂讀書如此。若尋行數墨而已，何以見其樂哉！

高子遺書卷之十終

高子遺書卷之十一

墓誌銘

光州學正薛公以身墓誌銘

嗚呼！余何忍銘以身耶？以身與余同舉進士，同出高邑趙儕鶴先生門，兩人相見相笑，以爲相遇晚。自是無日不相過從，交相勵勉。以身古心古貌，所據皆古人準則，其識甚敏，而本真應物，又令人樂而親之。是年，余以憂歸，以身以言事歸，兩家相距不五十里，旬日不見輒相念。而以身造余爲多，一蒼頭挾一被一笈至余家，不以以身爲客，蔬食菜羹，研經訂史，未嘗不窮日落月。有過相規，凡以身言，余有疑其偏者，已竟服其義。蓋余受以身規，恒十之九，以身受余規，恒十之一。有事相辯，凡余言，以身至拂然去，已復歡然來。蓋以身爲余容者，恒十之一，余爲以身容者，恒十之九。如是二十四年如一日也。嗚呼已矣！以身不可作矣！余忍爲之銘耶？以身病，余過之，自論學憂時外無雜言。將瞑，命其孤以墓石屬余。嗚呼！余又何忍不爲以身銘耶？

以身大父學憲公諱應旂，世稱方山先生。生景尼公，諱近魯，性至孝，居方山先生憂而卒，遺命斂用衰絰。配劉太孺人，生子三，以身其仲也。諱敷教，號玄臺，字以身。娠時有青雀入懷之祥，生而絶穎，少不好弄，五歲即善屬對。十五補諸生，海忠介公撫南都，見而亟賞曰：「生寧獨文人，必忠義士。」當是時，以身慨然以天下自任，每從方山先生閱邸報，有不平，目眦欲裂，先生從旁睨之，心獨喜。會顧叔時、季時兩先生問業，先生呼以身謂曰：「此東南珍物，若與綈兄弟交。」已復手一編示曰：「洙、泗以下，姚江而上，盡是矣。」於是以身復以道自任。眉批：天下與道是一是二？

戊子舉京兆，明年成進士。會南御史王公藩臣上疏，不白憲長，都御史吴悟齋、耿楚侗交參之。以身曰：「是欲爲執政箝天下也。」上疏争之，略曰：「臣無言責，性惡權奸。頃見左都御史吴時來，欲申飭南臺憲規，其言專爲定向而發。竊以爲遠臣箝口，近臣煽威，摘祖宗之片詞，營狐兔之私窟，必欲創一警百，讋爲腹心，吁亦狡矣。掌院者，陛下之掌院，言官者，亦陛下之言官。事可風聞，聽斯無壅，就使藩臣論列果非，定向不宜阻遏，節節關白，動成掣肘，嗣今設有彈劾長官者，誰與通之？隱機先露，則危其身，讒議復停，則負其志。事當密而不密，禍且移之國家。時來安得視僚友爲重，而視陛下爲輕耶！如海瑞，先朝憲直也，房寰醜詆，尚自包容。定向何人，敢妨言路？爲時來者，不惟不能參駁，反爾朋連，無論愧古名臣，即回想抗論嚴嵩一疏，有靦面已。大抵少年厲志，多思豎立，垂老頹顏，輒喪生平，見人覆轍，怒髮裂眦，戀己浮榮，脅肩攘臂，何則？道心難固，勢利易迷，習尚使然也。即二三輔臣，陽托飲醇，陰圖登壟，邇又故峻諸司，共繩庶采，九列之體貌尊，而九重之聰明塞矣。嗚呼！害可勝道哉！伏乞亟下明詔，嚴黨邪之禁，更易兩都臺長，以清首憲。」疏奏，當路大恚，座師潁陽許公至，以貢舉非人自劾，以身奉旨歸。

明年庚寅，蔣孺人卒。辛卯，授經玉隆觀。壬辰秋，起鳳翔府教授，尋遷國子監助教。癸巳入都，有竝封三王子詔，以身具疏力諍，復貽婁江公書有曰：「中宮有出而始重，則仁聖之心不安，後宫有出而終輕，則慈聖之體亦屈。」竝封事寢，大計難作。時考功郎爲儕鶴趙先生，盡黜當路私人。内閣張洪陽位，與婁江公合謀，借劉黄門道隆論拾遺事，奪其官，士論大譁。以身與于公孔兼、陳公泰來、賈公巖、顧公允成、張公納陛，各具疏謂南星考察京朝官，先黜其姻親都給事王三餘，又黜本部尚書孫鑨甥、本部司官吕胤昌，而後舉執政所陰庇之臺省，表裏爲奸邪者盡黜之，命下之日，舉朝震肅，咸謂二百年未見，而一旦奪南星官，謝諸黜者，何以令天下？於是閣臣益怒，盡奪六君子官，而以身得光州學正。

以身與光州士砥德勵業，不啻父兄於子弟。諸生有以口語得罪府掾，掾誣生殺人罪，郡守以掾故，成其獄。以身廉得情，白之守，守不可，以身持之堅，竟得白。光人負沉冤者，胥之以身，以身多全活之。光人謂以身寧獨師保我，實父母我也。

庚子，歸省劉太孺人，遂不復之光州。癸卯，太孺人卒，以身執喪，不飲酒食肉，服闋，遂不食肉。甲辰，顧涇陽先生修復東林書院，萃同志講學，以身喜曰：「此吾歸宿地矣。」自是恒居東林，所與知交，必勸之講學。曰：「天生英雋，決不欲其斤斤結裹自家，閨闥檢柙，祇賢落魄爾。」曰：「脚跟站定，眼界放開，静躁濃淡間，正人鬼分胎處。」曰：「道德功名，文章氣節，自介然無欲始。」又曰：「學苟不窺性靈，任是皎皎不污，終歸一節。但世風靡矣，不憂著節太奇，而憂混同一色，托大道無名以濟其私，則中庸之説誣之也。」平生所持如此。故筮仕以來，未嘗受人一餽，垢衣糲食，以没其身。嘗有詩曰：「百年吾取與，留作後人箴。」又曰：「古人持晚節，休作等閒看。」余猶憶始交以身時，餽之食，則稍嘗而謝曰：「不可以此滑吾手。」及病，余餽藥餌，復稍嘗而謝曰：「行就木矣，不敢忘當年矢志。」以身於忠孝廉節，之死不二，其天性也。性復至慈，蠕動之物，不忍傷害，於人油油然，雖至俗客不憎惡，獨惡傷害人者，尤惡傷害善人者，耳目所及盗賊兇人，必使不得虐民後已。嘗見一人毁葉參之，以身從稠人中憤然起，余力挽之不得，自後其人所在，以身必避匿，終身不與見。至解人之厄，揚人之善，常若不及。拈筆成詩文，率本於情，止於禮義。嘗作真正銘曰：「學尚乎真，真則可久。學尚乎正，正則可守。真而不正，所見皆苟。正而不真，終非己有。君親忠孝，兄弟恭友。禔身以廉，處衆以厚。良朋切劘，要於白首。鄉里謗怨，莫之出口。毋謂冥冥，内省滋疚。毋謂瑣瑣，細行匪偶。讀書學道，係所禀受。精神有餘，窮玄極趣。智識寡昧，秉拙省咎。殊途同歸，勞逸難狃。世我用兮，不薄五斗。世不我用，徜徉五柳。無貴無賤，無榮無朽。殞節逢時，今生諒否。必真必正，夙所自剖。寄語同心，各慎厥後。」以身年五十九而卒，自同好至鄉閭婦豎，無不思而痛之。嗚呼！此可觀以身之真正矣。著詩文諸集，藏於家。

銘曰：飄乎自樂耶！幾春服舞雩之點。凜乎自持耶！則蓬門委巷之思。渾乎同群耶！幾油油與偕之惠。孑乎獨往耶！則望望去之之夷。夫固不敢謂其即點也思也惠也夷也，夫安得謂其非狂也狷也清也和也？猗與斯人！蕩滌污世，砥柱流俗，是之謂忠信廉潔，爲聖人所思，世人所師。

職方劉静之先生墓誌銘

孔子曰：「三軍可奪帥也，匹夫不可奪志也。」故曰：「隱居以求其志。」曾皙、季路、顔淵之徒侍側，曰「盍各言爾志」「如或知爾」。以此往矣，孟氏亦曰士之事在「尚志」。故士平居辨途慎術，擇乎中庸，蓋兢兢毫氂千里云。及乎得善固執，之死矢靡他焉。

即功業文章，不少概見于天下，天下信之，如星辰之災祥，蓍龜之凶吉，以其身卜世之安危，豈非篤仁義、誠之不可掩者哉？萬曆壬子五月七日，劉静之卒于家。静之官未列大夫，年不及强仕，海内士咨嗟痛悼，以爲國家失其柱石，人倫失其冠冕，如可贖者，人百其身矣。此何以故？嗟乎！此所謂誠不可掩者也。

静之名永澄，别號練江，静之其字也。世爲揚之寶應人。大父德齋公曰憲，父春宇公曰繼善，司訓鎮江。母曰王氏。静之生有至性，八歲誦文信國正氣歌、衣帶贊。即立信國位，朝夕謁拜，人以此見其志矣。十四補諸生，十九舉賢書。同年中召静之飲酒，有娼佐觴，静之即謝不往。二十而娶，家貧不能具新衣，王孺人力經營之，静之曰：「休矣！吾意中自新，不必衣也。」戊戌下第，築土室自鍵，并晝夜讀，又善病，室中書籤藥裹外，無一長物。辛丑成進士，選讀中秘書，爲有力者所奪，人爲不平。静之無幾微見顔色，以善病告，授順天教授，慨然曰：「師失其道久矣。」進諸生相期勉以聖人之學，嚴程課，飭行簡，伸冤抑，懲污濁，審勤惰，寒者衣之，飢者食之，羔雉之贄，不及于門，北方學者稱「淮南夫子」。而静之益考求國家典章、名臣言行、六曹之職、九邊之要、兵農錢穀之數，矻矻如居土室時。

已遷國子學正，權要爲子弟居閒，一切格不行。會雷震郊壇，有詔令禮部具修省事。靜之曰：「災異求直言，自漢唐宋及我祖宗，未有改也。往萬安、劉吉時，惡人言災異，鄒汝愚一疏，炳烈千古。今者一切報罷，塞諤諤之門，務容容之福，傳之史册，尚謂朝廷有人乎？」當事者爲靜之座師，亟言之不省。亡何楚宗獄、妖書獄，及京察事繼起，靜之具疏陳得失，而司訓公適至京，不果上。靜之作甲乙雜志、邸中雜記，又爲歸德相國所器重，咨對出處之道，時人愈側目。

滿三載不遷，靜之曰：「昔陽城爲國子師，斥諸生三年不省親者，京兆李諤久不歸省，李皋謂無親之子，不可與事君，吾歸矣。」遂歸，杜門讀書三年，而司訓公、王孺人俱未艾健飯。會皇太后覃恩，人謂靜之奈何不以一命賁兩尊人，靜之乃至京候命，而王孺人訃矣，靜之力行喪禮，墨面柴骨，三年苫塊外寢。壬子春，補職方主事，未赴卒。

靜之質甚弱，獨目炯炯然，英采逼人。善談論，其于古今治亂、人才短長，如指之掌。嘗曰：「某當某時有某事，惜放過。」彼寧知千載而下，有劉靜之者，指其空缺處，然吾輩在今日，寧知千載而下，無劉静之者，指其空缺處乎！而静之内行純備，孝事其父母及大父母，訓迪子弟，出于至誠。每謂子弟不類，非盡子弟過，父兄鑪錘不具，火力不足，不能使入鎔鑄中也。常書薛西原語于座右，云「雖小事，不可爲人囑托，自損廉心」，故竿牘不及郡邑大夫。至伸人冤抑，援人疾苦，不啻若身受毒螫者，以呼吸間去之爲快。静之即尸居蠖伏乎，其神常周六合以内，于世道民生所關，下至夷虜情僞，江海盜賊，咨諏詢度，無不得其要領。世固不乏修身潔行士也，然往往飭治象貌，不爲世訾詬而已，至神理血脉，與斯人之徒通洽無二者，視静之如何哉！静之官不過七品，其志以爲天下事莫非吾事。若何而聖賢吾君，若何而聖賢吾相，若何而聖賢吾百司庶職，斯道一日行于天下，即死可不恨。生不過三十年，其志以爲千古事莫非吾事。生前吾者，若何揚揭之；生當吾者，若何左右之；生後吾者，若何矜式之。斯道一日不明于天下，即死有餘責。其所謂道，何道也？正人心、息邪説、距詖行，使天下曉然知君君臣臣、父父子子，天理民彝，自不容已，匪是者，即入無父無君之途，下弑父弑君之種。衰世此道不明，務黨人之婾樂，誤皇輿之敗績，蓋千古一轍也。故静之注離騷，于此三致意焉。推此志也，百世以俟聖人可矣。

静之得年三十有七，配韓孺人。弟永沁，子心學。山陰劉起東按國論私謚曰「貞修先生」，長洲文文起，摭遺事爲貞修狀。攀龍知静之深矣，得文起爲誌其大者。人言静之成進士，三年郡學，三年國學，三年洗沐，三年宅憂，世曾不能用其萬分之一。余謂静之所爲静之，不以用不用也。

銘曰：自昔聖賢，與時衰盛。盛時所駕，衰世所屏。浩蕩乾坤，不容何病。川泳巖遊，理情繕性。明吾之是，不與世競。吁嗟静之，天之所命。憫此道微，以是亂正。俾示正見，爲千秋鏡。世所取正，是謂爲政。有如不信，上視孔孟。

孝廉陳賁聞墓誌銘

昔屈子作遠遊，其言皆黄、老最上乘語，後世道家旁流末緒，無近其髣髴者。夫屈子欲長年，何以自沉？屈子，古今姱修人也。欲得年以畢其志，而不勝濁世之憤，以爲俟河之清，不若沉河而死耳。嗟乎！姱修之士，志古今之大業，豈不以年哉！武塘陳賁聞可痛也。

賁聞異才，其嗜書異於人，嗜書而妙悟異於人，嗜書而嗜騷賦異於人。爲人敦倫好善，恓恬雅度，所居左右，圖書數千卷，掃室焚香，穆然有深沉之思。幼受經於吴子往，子往丰神凝遠，賁聞自幸得師，與其弟幾亭潛心制義。賁聞舉戊午浙闈第一人，幾亭亦舉。辛酉初，賁聞罷南宫試歸，益發所藏書讀之，於騷賦益工。自謂：「儒者繼統前聖，開示來茲，必本於六經，階于濂洛關閩，翼以諸史百家，然而心不擷其精華，身不繇其矩度，徒以追時好、取世資，使廉恥喪、風俗圮，是經史爲盜器也。此無他，欲蔽之。」賁聞之學，務在洗滌嗜慾，辨晰取與，期不疚於衾影，而悲今思古之懷，率發之于騷。謂：「夫賦者，追踵風雅之六義，振起漢魏之五言，叶幽人之鬱思，貞志士之極念，太和乖而變風作，宇宙中所以宣洩其不平之情，而歸之禮義者必繇焉，而鬬浮靡者失之遠矣。」賁聞諸賦，自擬古外皆有慨於中，有裨於世，而詞家之徒以文詞已者，賁聞弗貴也。賁聞年三十有八，遽得疾而殆。疾且殆，爲文自祭，文具集中，當世傳誦之。嗟乎！使賁聞而得年，必入聖賢之奥，必見豪傑之業，其賦雖已名家，必篇什富而成一代之奇。故曰姱修之士，志古今之大業，必以年也。惜哉！

天下之士，文勝者，多浮動躁擾，而虧其質；質勝者，多沉潛木訥，而虧于文。賁聞何闇然也！而文采流露爾爾，天之賦賁聞厚矣，獨不賦之年，竟其所詣，何耶！夫子曰：「君子疾没世而名不稱。」「四十五十而無聞，不足畏矣」。世之才人，無聞不稱者，豈少哉？賁聞年未四十，赫然以文采稱，以質行稱。嗣業靈均，不同靈均之坎壈壒死。賁聞没，而事有爲靈均所深悲者，雖不得賁聞之賦，一吐其胸中之奇，而賁聞得以從容長逝，無靈均往日回風之痛，其亦幸矣。眉批：感吾兄，亦先生自感。千秋萬年，誰不霑襟！又長年者之不若，而屈子不屑修王喬不死之道者也。悲夫！

賁聞諱山毓。父穎亭公于王，官福建按察使，所至有惠政及民。配宜人盛氏，生二子，賁聞其伯也。

銘曰：世之人誰不讀書？世之人誰能讀書？子獨閉户擁書，悲愉痾癢，一切忘之於書。戒所戒於書，勉所勉於書，不知天壤之間，更有何樂可代吾書。天下之書，安得更遇子之於書！吾悲子之逝也，而且悲子之書。

文學秦彦熙墓誌銘

夫人子弟，樂與善人居，必善人也。吾嘗以此驗人，百不失一。近世名家子，吾得一人焉，曰秦彦熙，其所延于家，北面嚴事者，爲吾師澄泉茹先生，吾同年葉參之，吾友歸季思、吴子往。四君子凛凛法度，他子弟窺影匿避，彦熙獨山岳崇之，芝蘭親之，非見善不及者哉。季思、子往至余水居，彦熙亦時時來静坐。

一日問心，余曰：「子以何者爲心？」曰：「方寸是也。」余曰：「未也，特其位耳。」曰：「思慮者是也。」曰：「未也，特其用耳。」曰：「舍是，尚有心乎？」余曰：「子以眼前虚空者何物？」曰：「虚空則無物矣。」曰：「何者爲天？」曰：「穹然上覆。」余曰：「皆非也。無之而非天，無之而非心。人心湛然無欲，一腔六合，一物也。」彦熙躍躍喜曰：「久矣哉！欲封之矣。」一日問修，余曰：「人心之迷，常在至近。如子之族，大族也。飢者寒者，日當吾前，而漠然視之，是其心稿而不生，又何言修？」彦熙又躍躍喜曰：「念之素矣。嘗欲祠吾宗雙孝子，以南畝三百周近宗之困者，而未逮也。」

凡彦熙之可與語，類如此。

其人，孝悌人也。事所後母談孺人、所生母吳孺人，交盡其力。吳孺人嗜芡，孺人亡，終身不忍食。與兄震玉公、弟華玉公，自飲食至産殖，必共必均。事必身先之，誠心闇修於家庭，至和溢發於眉宇。秦氏世敦孝友，彦熙真不愧其先矣。自奉甚朴，食不求珍，衣不重綺。每冬寒歲饑，粥餧者，絮凍者，櫝殍者以爲常。吾嘗謂彦熙之可使爲善，如水之赴於壑、火之赴于薪，不可使爲不善〔一〕，如取火之不可於方諸，取水之不可於陽燧；可使就善人，如耳入師曠之音，口入易牙之味；不可使就不善人，如刺之不容于目，如臭之不容于鼻，蓋其性然也。

萬曆丁未十一月廿二日，余居水居，彦熙令人逆余歸，至則一息如縷，令諸子拜床下，張目視余，端坐舉手而瞑。嗚呼！若彦熙者，全歸矣，又何憾焉？彦熙字也，名爾載，别號水菴。彦熙没，記其大，及所嘗與語者如此。

銘曰：已乎彦熙！使其達耶，登賢選良，翼吉人乎翔翔。即其窮耶，載詠載觴，偕

〔一〕底本無「如水之赴于壑，火之赴于薪，不可使爲不善」一句，康熙本、四庫本、光緒本皆有，宜從。

幽人乎徜徉。孝悌可植家人之坊，慈惠足貽宗人之康，天獨不令其年之長。已乎彥熙！湖山蒼蒼，湖水洋洋。大蓋爲宇，大塊爲床。三十三年，旅寓者暫，億萬斯年，永完者常。

文學景耀唐公墓誌銘

吾嘗讀旌陽許仙書，見其所云中黄者，人身膈膜也，隔下體穢濁之氣，不得上薰心府。天地亦然，凡不忠不孝，下民怨怒之氣，上至中黄，其氣復下，爲水旱疾疫，各以類應。惟忠孝之氣，直上清虚，如矢中的。于是始知古忠臣孝子，與造化呼吸應感者，殆以是也。然孝悌之家，其子孫往往有孝弟者，與其前人若合符節。相觀而善與？抑一氣使然與？噫！是何神也。

吾見唐于震家，蓋三世孝弟矣。公之父曰耀坡翁，母曰黄孺人。耀坡翁與黄孺人事其二尊人惠坡翁、陳孺人也，一取諸脯脩女紅，二尊人怡怡于甘鮮輕煖中，若不知寒儒儉婦之辦于脯脩女紅者。有疾輒夜不交睫，旬不解帶，一時士君子稱事親之能自致者，必曰耀坡翁夫婦。耀坡翁欲青衿以慰二尊人，而數甚奇，雖至白首，有勸其棄舉子業者，必怒斥之曰：「一諸生何益吾毛髮事？吾奉吾親教，没身而已。」于震爲人言，未嘗不泣數行下也。

至于震青其衿矣，復數奇，以大病後應學使者試而黜。將天之不與善人與？非也。于震之可貴者，不在此。于震之事其二尊人也，一如耀坡翁之事其尊人也。耀坡翁殁，于震三年不嘗酒肉。黄孺人病，于震偕其弟儆吾君露卧床下，蚊斑如綉，旦暮搏顙籲天，祈減算益親，凡四閲月，兩膝腫裂。外父王敬存翁之不得養于其子，于震曰：「於我乎養。」敬存翁病脾，于震與其婦及其子，抱持浣洗，經歲不替。斂于室，喪于堂，迄于窀穸，若翁之無家者。于震即甚貧，有稱貸，必以期償之。嘗戒其子曰：「財，從才從貝。人之有才者，壞于貝十九。是士人立脚處也。」生平好善疾惡，未嘗毁一善人，譽一不善人。見有毁善譽惡者，拂袖而起，不忍聞也。其篤至如此。嗚呼！世之愈下也。士不以行舉，顧未嘗不以行貴。吾見重于震之品者，若麟鳳然；重于震之言者，若鼎吕然；哀于震之亡者，若骨肉然。三事九列之不能得諸人者，于震得之。故曰于震之可貴者，不于一諸生也。

于震病經年，于震之子顯祖所以事于震者，一如于震所以事其尊人，至嘗糞、至割股、至割肱。即儆吾君所以事于震，一如顯祖所以事其父也。天之與于震者至矣！

昔宋徽宗時，唐公叔孝諱作求，舉進士有聲，從弟孚有才識，遍交元祐諸君子，唐氏始以儒名家。國初有諱逢明者，贅濮氏，故唐氏多稱濮。惠坡翁諱昌，耀坡翁諱光裕，至于震之子四世矣。即未顯，皆文學孝友重于鄉里，不墮叔孝公家聲，浸蒸醖釀，必有大發其祥者，未可量也。于震諱起龍，别號景耀，生嘉靖辛酉八月廿七日，卒萬曆己未八月初九日，年五十有九。娶陳氏，静所公女，卒。再娶王氏，鄉飲介儆存公女，生子顯祖。娶王氏，行素公女，生女一，適薛守溪公子廷相，以是年九月初五日甲申葬大池祖塋之昭。于震與余子世儒、世學好友也，世寧師也，余所莊事也。屬纊而眷眷於余之一誌不已，余不文，持墓文之戒久，而有甚不得已者，則以于震垂死眷眷之一念已。

銘曰：好惡不拂人之性，是非足以經國之政。吁嗟于震，使其孝友爲政，不得施于有政，聖人固曰是亦爲政。

文學清宇高公墓誌銘

嗚呼！兄可謂了了而生，了了而死矣。維歲庚戌，兄下帷張岵望公，自廣信宦邸歸，謂攀龍曰：「聞之禄命家，吾殆將死。我諸子姪室未畢，諸子母家逋未畢，吾將售産，一切畢之，蕭蕭一身俟焉，不以不了念縈吾靈府。」余爲解曰：「豈有是哉？」無何而兄果盡售産矣，果畢室諸子姪，畢償諸子母家矣。無何而兄果病矣。時辛亥三月事也。余曰：「異哉！若是乎天之一定，無庸人力耶？」請于吾友繆仲淳藥之，病立起。越夏而秋，體豐神王，飲啖加等。兄乃選日之良，整衣冠，出酬其常所起居，而先詣攀龍曰：「微繆公，不能活我，微子，不能得繆公。自今日月，享子之日月也。」攀龍不勝喜，爲浮大白，手額祝無算數曰：「兄今一身，蕭蕭樂矣，當數數相過從，毋令若病困時，床枕上羡人一趨一步，如天上遊仙也。」兄曰然。不數日乃復病痢，余視兄，則曰：「命也夫，吾無不了念，亦不望活。」遺言纖悉皆具，帖然而瞑。嗚呼！此所謂了了而死非耶？自吾有知識以來，見兄油油與人偕，無忤物也，里巷姻婭慶唁，無缺失也；與人期會，不愆時日也；稱貸人，不愆錙銖也；言人善津津然，不善未嘗出諸口也；與其弟衣同寒暑，食同朝夕，用同有無，事同勞逸，若兩手相攜、兩足相踐也；撫其子姪，幼無二養，長無二教，婚嫁無二等，若兩目一視、兩耳一聽也。此又不謂了了而生耶？

嗟乎！士之貧困，常十而九，然往往不自强力，計無復之，則仰哺他人，而分不明也，信不立也，一往而不可復，如之斷港絶潢然。兄少而忽忽，長而昭晰，疏而令人仗之如親，貧而令人仗之如富，以此家蹶而復立，非分明信立能然乎？肩其家衆食數百指，猶子成立，皆先其子，婚嫁百需，歲月絡繹，盡瘁持之，迄無替念，豈不難哉！攀龍之曾大父雪樓公，則既與兄祖左樵公相肺腑，以同姓稱族，自兹五世矣。吉凶之事，山水之間，花月之候，雖乾餱未嘗不相速也，至於兄益親。嗚呼！吾何以銘兄哉！

銘曰：維人之倫，父子兄弟。譬之草木，此寔其柢。云胡世人，不思其真。親者反疏，疏者反親。孰如吾兄，秉德堅貞。白首庭除，藹若孩嬰。其人則亡，其行則芳。百爾君子，視以爲方。有聳其岑，有菀其林。一抔斯土，千秋斯心。

董恭人墓誌銘

湖州守陳公爲天下名二千石，一時談吏治者，輒曰視陳湖州若何。陳湖州則余同年陳志行也，其配曰董恭人。當志行爲諸生，貧特甚，居荒村中，時時午不舉火。慷慨磊落，有所不平，引酒自醉，醉而歌烏烏，顧影自樂，睨視世人不屑也。人亦無識志行者。己巳五日，無錢買酒，出户見村人蒲觴箬黍，紛相問也，無問志行者。志行發憤曰：「佳晨遂無一觴，妻孥樂乎？」入見董恭人，無愠色，志行喜曰：「此真吾妻矣。」即日掃半簷屋，紉片布，張而障風日，發笈中所藏書，晝夜讀。恭人喜曰：「此真吾夫矣。」日煮野菜羹進，曰：「他日無忘此滋味也。」越五年爲癸酉，而志行舉於鄉，又久之不舉南宫。當是時，杜太恭人老，志行授里中以爲養，每經時歸問家人，事無纖細不具也。志行又久不舉子，恭人爲進淑女，得子三。三子者，眠食恭人也，寒燠恭人也，溲便恭人也。其仲痘殤，恭人大慟，其長者、季者痘綮濱殆，恭人曰：「天乎！陳氏千秋，在此一日矣。」痘愈而恭人大喜。己丑，志行始成進士，令朗陵，恭人從，令中牟恭人從，以太恭人在邸，非恭人弗安也。甲午，志行覲，恭人以太恭人南。舟輕，恭人曰：「此地多荳，可載也。」及泗州，湖風急，檣顛，得荳不覆。已志行晉比部，官長安六年，恭人不從，以太恭人在家，非恭人弗安也。

已志行出守湖州，恭人奉太恭人之湖州。丙午太恭人念歸，恭人復奉太恭人歸梁溪。丁未得疾卒。又四年，志行以憲副備兵九江，念太恭人且百歲，乞終養。又二年而太恭人卒。志行治太恭人葬，亦治恭人葬，手狀恭人謁余，曰：「非子不能誌吾婦矣。嗟乎！吾少日，子所聞也，吾父病噎久，庸醫誤投藥而遽困，吾時在城不聞。一夕月明甚，吾婦見鼠蹲几而嘑，心動，曰：『大人得無有變乎？』吾亦心索索而震，急偕婦歸，吾父已屬纊。時秋暑劇，吾奔營喪具，一切含殮俱婦佐，太恭人得不憾於大事。太恭人一跬步不離婦也。板輿出入，非婦，吾能食入口、寢交睫乎？使余稱爲人子者，吾婦也。吾婦既以勞瘁，得一胎而墮，遂不復胎。世間婦人，視他人舉子，不忮幸矣，得如吾婦提抱愛護乎？得如吾婦愛而知教乎？使余得稱爲人父者，吾婦也。太恭人有子五人皆宴，吾爲諸弟畢室，期不失太恭人意。吾婦承之，不失予意，劑諸妯娌，不失諸弟意。愛猶子如子。仲弟一兒當暑而痘，蛆出瘡中如蜎，婦不避穢，護之而生。使予得稱爲人兄者，吾婦也。予少好游酒人，醉而好務奇相矜詡。嘗着新履走石橋欄上，又循塔簷砌間，見者股戰，而予笑傲自若。吾婦聞之，泣謂余曰：『君奈何以七尺博人笑耶！』又嘗夜醉獨行，閭關閉，視河干舟，可躍而逾也。驚其舟子夢中起，忽墜水，予不能水，念其人死，即不能獨生，没水拯之，卒俱其人出水，吾婦又泣相戒也。一日雪夜裸而逐盜，吾婦又泣相戒也。予乃悟，始知尊生，而後益從養生家自衛矣。使予保此七尺，而爲人子爲人父爲人兄者，吾婦也。予更有深痛。吾外父懷萱翁，外母郭孺人，生一子無禄即世，有一孫，吾婦爲娶婦有家矣，又無禄即世，而董氏遂不祀。予令朗陵，郭孺人養於吾婦，婦念從予則舍郭孺人，從郭孺人則舍太恭人，以太恭人故，卒舍郭孺人。予守湖，太恭人思梁谿，恭人念從太恭人則舍予，從予則舍太恭人，以太恭人故，卒舍予。嗚呼！恭人生十八年歸予，左右太恭人者餘五十年，女而不有其母，婦而不有其夫，子獨以吾婦有其母，有其子，有其家也。吾婦之於陳氏何如哉？子其志之，垂示陳氏之後人。」

高攀龍曰：「恭人孝於父母，順於舅姑，宜於家人，豈不難哉！眉批：遇賢妻者，賢士之幸。吾所難恭人者不止此。今夫豪傑之士，當窮困無聊時，不難浩浩遊人世間，彼俯己自視，固知其不終是也，顧獨難於入宮見其妻。室人之謫，詩人咏之，所從來久遠矣，豈獨買臣、季子婦乎？志行荒村五日，何異陶令重九籬邊？彼其夫耕婦餉，此乃夫讀婦炊，曾怡然不以爲意，令其君子意韻自遠，卒成令名，宜志行之不挫不撓，爽然於富貴之際也，恭人之助豈渺小哉？是宜銘。」

銘曰：夫之貧，御其屯。夫之遇，不竟其豫。將其母，五十年不恒有其耦。孚其子，百千世植其福祉。吁嗟乎陳氏雲仍之詵詵，其毋或忘于斯人。

李貞母墓誌銘

婦之貞，其性然也，眉批：此繼母之慈而貞者。猶之乎水之寒、火之熱，非人爲使之也。然稟受萬有不齊，故其貞静，非得之天者，必待教習檢柙；待教習檢柙，去天成者倍蓰矣。李母何以稱貞母也？其貞成之於天者也，非教習檢柙而貞。何以知其成之於天也？貞母者，故陝西學憲雨亭公之繼配，蘇之長洲人，姓陳，父曰二水公，諱燽，母曰楊孺人。母生三四齡，與其姊妹嬉，有家人童子亦三四齡者，即之，母輒驚而啼，逐之去乃安。二水公曰：「此非凡女也。」及歸學憲公，從公之楚臬，大江怪風夜作，舟飄六百里，得一渚，衆争奔渚，母幾墮江中，一役夫將掖之，母叱去始登。及學憲公捐舘舍，母稱未亡人者二十餘年。有勸令一識九龍二泉，母曰：「此非婦人事，更非未亡人事。」卒不許。夫其少而不苟即一乳豎，顛沛而不苟即一援溺者，夫亡不苟出閫外跬步，豈教習檢柙而然？吾故曰李母之貞，天貞也。

母二十一而婦於李，猶及奉其姑太宜人盡孝養。太宜人卒時，學憲公方督浙餉，奉湯藥、視含殮，一切如學憲公在側，不貽學憲公憾。學憲前配毛宜人卒時，其二子長曰延枝方六歲，次曰茂枝在襁褓，母懷抱之如執玉執盈，時其飢渴如己飢渴也，摩其疴癢如己疴癢也。母卒而延枝哭曰：「天乎！吾生六年，至十有八，而依依吾母膝下也。見吾讀書則喜，見吾健飲食則喜，見吾能持家則喜。吾大母病，母晨必焚香拜天。吾父病，母夜不交睫，食不盡搤，及卒，慟不欲生。母自有子，家鉅細必吾詢，曰『而長也，婦人夫死從子，禮也』。見吾受侮，曰『訏人便宜，人誰汝寬，受人虧，汝可自安』。嗚呼！丈夫哉吾母也。」茂枝哭曰：「已矣，世不可得吾母矣！吾襁褓失母，而母爲吾母；吾弱冠失父，母爲吾父。母愛吾與仍枝等，母教我與仍枝等，母望我一第與仍枝等，至撫吾兄弟猶子與仍枝等，待吾母之親戚與己父母之親戚等，丈夫難之，世安得幾如吾母者耶？」仍枝哭曰：「天乎！仍枝，吾母所自乳也，豈獨有三年愛乎？十七年始免吾母之懷也。吾痛母之亡，又痛母儀之亡也。吾母見文字弗屑也，曰不如謹隨身規矩；見佞佛者弗屑也，曰不如愛惜物力，勿暴殄；見財賄勿屑也，曰不如紡績補綴。母紡績嘗兼人，補綴獨工，使敝衣如新。春陽而機杼，秋風而刀尺，未嘗飽食嬉遊，每曰非婦人事勿爲，非婦人有益事勿爲。母亡而母儀亡矣。」嗚呼！三子之言貞母之爲貞母者何如哉！吾故曰母之貞，天貞也。

銘曰：繼母之難，難於視前母之子，無異於己之子也。母能一之，無人我心。未亡人之難，難于視其夫之亡，無異於夫之不亡也。母能一之，無存亡心。不常者，六十二年之身，不死者，一成不移之心。故謂之貞，與天地同情，不隨物毁成。昭之以銘，豈區區曰後世之名？

婦貞難而慈易，然於前母之子，又貞易而慈難。天貞也，天慈也，安得天下之繼母皆李母乎？

墓表

劉貞母墓表

嗚呼！此吾友劉節卿之母也。余與節卿受經澄泉茹先生，交節卿最密，知節卿最深。節卿十四歲而孤，奉其母至孝。母嘗病痢殆矣，目中若見有神物，以語節卿，節卿遽搏顙號神，願身代母，母見神拱而揖節卿，病竟愈。于是節卿每至神祠，輒祈減年益母以爲恒。其至性誠，願得小有樹立，博親一歡顏，即一日如百年，立稿無恨。而不幸家貧，糊口教授，旦夕不躡庭闈問安否。所娶婦奇惡，聞孝順字吐，不欲入耳。節卿每對余言及此，飲其淚矣。數數欲逐其婦，余曰甚善。而節卿孱力，又不勝尼之者，未果。母卒二十年，而節卿哀慕一日也。卒出其婦，以報余曰：「了此不了念矣。」則又手一狀謂余曰：

「奈何以吾子而不有一言録吾母？吾不及掩諸幽，以樹吾墓矣。」

余讀之，愴然發二十年慨也。曰：「悲哉！宜節卿之一日不能去諸懷也」。夫節卿之尊人冉泉公，家故給饘粥也。有仇中之役，家立挫，冉泉念其兩大人且老，裕而遽窘，邑邑中病卒。越五年庚辰，節卿大父南橋公，大母周孺人，邑邑中病相續卒。當是時，貞母之哭其夫，哭其翁，哭其姑，聲不絶也，豈一日有生人趣哉？既滿喪，而節卿之婦且入室矣。迄其卒，十年間僅得節卿一補諸生，拊心自慰耳。悲哉！宜節卿之一日不能去諸懷也。

貞母姓傅氏，父曰愛萱公，母曰張孺人，年十七而歸冉泉公。孝事父母，歲一省愛萱公，一迎張孺人，别即涕淫淫如嫁時。順事舅姑，周孺人嗃嗃也，又喜夜飲酒，或至丙漏，母必屏息待之，周孺人寢乃寢。或時被呵，母顔益和。周孺人亦歎曰：「賢婦！賢婦！」周孺人病痢，孺人不解衣而扶持，浣滌穢褻，未嘗任人。事冉泉公婉而莊，笑不至噱，暑不露體。冉泉公没，而旦夕依几筵哭上食，終身縞素，見其容聞其聲者輒酸鼻也。教節卿兄弟慈而能嚴，每稱讀書作人，隆師擇友。家人有嘻笑於前者，必令節卿笞之，曰：「未亡人前而笑，何也？」其貞一如此，故曰貞母也。

高攀龍曰：天道豈可以意測哉？惟聖人知之。今夫感應者，桴鼓也。婦而善承嚴姑，姑而正得逆婦，何謬戾不倫至此！說者曰：「此所以成之也。非嚴姑，不徵其順矣；非逆婦，不彰其慈矣。」是則然，要之未盡其理。死生者，晝夜也。人見生而不見死，必謂善惡俱一死而盡，則凶人畢世恣睢，與善者恬然俱逝，眉批：谁具知之，知亦難言。若是其幸與？夫既曰没寧，有不寧者矣，惟聖人知之。故曰惠迪吉，從逆凶。嗟乎！貞母之爲吉也，豈顧問哉？

魏繼川先生墓表

萬曆壬辰春，繼川先生魏公卒於家。越三十年，其子大中，以工科給事中遇覃恩，贈公如其官。

錫山高攀龍表其墓曰：嗚呼！是古之隱君子篤行善者也。宜其迓休食福，後人蔚起，爲時聞人與？公名邦直，字君賢，別號繼川，世居嘉興，後析爲嘉善人。曾祖諱顯，祖隱齋翁諱繼宗，父南川翁諱祥，配楊，生二子，公行二。生而從祖母抱爲子，五歲復歸楊。又一歲楊孺人卒，俗議火葬，公慟仆地曰：「奈何不一抔吾母！」南川公涕而厝，不火。公既娶今贈孺人薛，歲饑家日挫。繼母周亦舉一子，析箸矣。周復舉子，其同母兄曰：「是箸將焉出？」南川公趣溺之，公亟往抱持，有笞其背者弗顧。薛孺人且生女，竝乳之。會前所抱公爲子者無嗣，貲頗饒，公曰：「吾可乳吾弟，不可子吾弟，以代吾所當嗣者可矣。」季得讀書成諸生。公續其命於呼吸，又推讓嗣產，可不謂難乎？公析兄弟箸，惟叔弟所與，叔稱不便，又惟所易，叔困子母，公爲賈產償。叔病疫，戚黨戒不近，公獨周旋。叔起，公弗疫，叔曰：「今日乃知二哥。」季病瘵，公締視惟謹，至數年如一日。南川公困徭夙夜興，公大傷曰：「大人日僕僕公府，子乃嬉嬉擁婦子乎？」一切力肩，四壁盡矣。薛孺人娠大中，至無一廛，無肯寓產婦者，僦於外家，甫入而大中生。公曰：「嗟乎有子矣！何以糊其口。」於是乃訓蒙士，所訓皆村牧子。公教以小學儀，不急其循也；教以讀，不盡其力也。弱而僨者，時休之；居遠而風雨，午膳之；跣而濯河干者，必躬視之。既脯聽其至者，不責其不至者。人大喜曰：「此嚴師而慈父也。」爭願得就魏先生。而公以遠其尊人，覲饋源源，大寒暑重趼不替。事其兄如事父也，事其舅如事母也，事其鄉人之十年長者如事兄也。

公又推之人人，與父言慈，與子言孝，與弟言悌，與農言勤，與賈言信，與婦言貞。有兄弟數年鬩牆者，其弟來，公責以大義，弟大感動。其兄聞之，謝曰：「非公不能直我。」公曰：「吾第爲若弟言，不直在若，不在弟也。若不兄，與若弟不弟，何以異？」兄亦泣自咎。旦日兄弟各詣公謝，懽如初。公居人骨肉間多類此。鄉之訟者，不願之官府質，多質於公。有憾公者面詬公，衆怒欲擊之，公急止曰：「徐徐使彼自醒，毋重其迷。」居無何果踵門謝。公好藝蔬，蔬美。有盜蔬者，公窺之爲迤東第二鄰某甲，且委蔬去。公悉刈蔬，以半分餉東西鄰各二家，因以及盜者。比舍有垂圮屋，市鍚者居之，大雪夜半聲如崩，公曰：「市鍚者殆矣。」披衣往，發其覆，解衣衣之，得不死。公不輕貸人一錢，不輕餐人一飯，不輕殺一牲，不輕膳一肉。遇貧而瀕死者，傾壘授之。每日半而炊，冬半而絮以爲常，而怡然自安，眉宇無寠人色。置身於一家一鄉中，春風藹如。無論人安公，公亦安人。與公居者，依依不忍去，去而若割矣。公何以得此？曰好行善而不慕利於人，不吝利於己也。故曰是古之隱君子篤於善者。

夫人有念念不舍於善，而天不應之善者乎？當大中産僦屋時，公名在天壤不朽矣，不待今日也。易曰「有隕自天」，「志不舍命也」。不舍善，則不舍命，必有非常之人自天而隕者。

行狀

南京光禄寺少卿涇陽顧先生行狀

先生諱憲成，字叔時，别號涇陽。先生生而沉毅，迥異常兒。十歲讀韓文諱辯，請於師曰：「然則親名當諱乎？」曰：「然。」自是每遇南野公諱，宛轉避之，有不可得避者，輒鬱鬱不樂。師問而知之，謂南野公曰：「此子之志卓矣，未通方也。如尊名何能諱乎？昔韓咸安王語其子曰：「吾名忠，汝勿諱忠，諱忠是忘忠也，忘忠是忘我也。」自是不諱忠。此古人事，君得無意乎？眉批：塾師甚高。南野公喜而呼先生謂曰：「吾名學，汝勿諱學，諱學是忘學也，忘學是忘我也。孺子志之！」先生謹受教。

年十五六，家貧不能延師，就讀鄰塾。歸必篝燈自課，多至達旦。書其壁曰：「讀得孔書纔是樂，縱居顏巷不爲貧。」一日從師説「或問禘之説」，先生曰：「惜也，或人欠却一問。」師曰：「何也？」曰：「假令或人再問：子不知禘之説，何以知知其説者之於天下如視諸斯也？夫子必有説矣。」師喜曰：「作如是觀，可讀論語矣。」又一日説「養心莫善於寡欲」，先生曰：「竊以爲寡欲莫善於養心。」師曰：「何也？」曰：「心是耳目四肢之主，主人明，不受役於色矣，主人聰，不受役于聲矣。若但向聲色驅除，是主與奴競，孔子所謂仁則吾不知也。」師喜曰：「作如是觀，可讀孟子矣。」

年二十一，爲隆慶庚午，補邑諸生第一。萬曆丙子，舉鄉試第一。其冬，南野公即世，先生居憂。當是時，先生名滿天下，其於文章，斟酌今古，獨闢乾坤，學者宗之，如山於嶽，如川於海，而先生退然謂此非吾人安身立命處。心所冥契，則五經四書，濂洛關閩，務於微析窮探，真知力踐，自餘皆所不屑矣。庚辰服闋，應春官試，名在二十。廷對舉二甲二名，主事户部，與南樂魏崑溟允中、漳浦劉紉華庭蘭，以道義相琢磨，時稱三解元。

江陵相憚其丰采，一日謂申相國曰：「貴門生有三元會，公知之耶？日評騭時事，居然華衮斧鉞一世矣。」相國曰不知，江陵因舉三元者，三解元某某也。而三先生者，果以時事日非，相約貽書申公，諷其匡救。先生書既具，及觀魏、劉兩先生書，歎曰：「至矣，余言贅矣。」遂止。江陵病，舉朝若狂，爲禱於神，先生獨不可。同官危之，代爲署名，先生馳騎手抹去之。壬午，江陵死，先生調吏部，日孜孜人才，與同僚爲會，以所見聞相證，遐方下吏，巖穴潛德，務於闡人所不知。尋以錢太安人年且週甲告歸，讀易、春秋者三年。丙戌，除封司主事。丁亥，大計京朝官。

先是，南北都御史久未得人。一日，特旨辛自脩改都察院左都御史，海瑞陞南京都察院右都御史，中外相慶聖明英斷。兩人真都御史矣，當路不悦也。於是御史房寰，有疏醜詆海公。先生弟季時適以丙戌廷對，觀吏部政，遂偕同年彭旦陽遵古、諸景陽壽賢糾之，雖各得削籍，正氣爲一吐。及是，辛公司計所是非，皆與時俗忤，當路益惡之。而工部尚書何起鳴在拾遺中，人有謂何若能去辛，大當執政意，即與辛偕歸，公他日不失舊物。何大喜，遂訐辛。給事陳與郊，承風旨竝論辛、何，抑揚其語，實齮齕辛，而辛、何果竝罷去。先生上言略曰：「起鳴之爲君子，爲小人；其訐自脩也，果有據，果無據；而御史高維崧等之合糾起鳴也，爲公爲私，此皆章章較著者也。皇上爲起鳴，罷自脩謝之矣，而又降及維崧等四御史，何歟？皇上以爲用人出自朝廷，是也。今起鳴訐自脩，則罷自脩，訐維崧等，則降維崧等，可謂出自朝廷歟？自脩之賢與否，臣姑無論，職司考察，反被中傷，大計重典，一朝而壞，亦姑無論，惟是以維崧等之疏，出自承望，則臣以爲謬矣。邇年以來，猜忌繁興，讒誹殷積，幸而昨者本部奉旨考察，不問恩怨，一秉至公，命下之日，中外翕然稱服，以爲我皇上之明，二三執政之有容如此，亦見人心之公，昭昭不泯，而挽回有幾矣，何意復覩是紛紛乎？在起鳴既疑以宿釁蒙垢，在自脩，又疑以忤時招尤，在起鳴，既見以有援而巧爲排，在自脩又見以受屈而急於辯：皆過矣。顧獨坐維崧等承望耶？即爾，彼給事中陳與郊等，深詆自脩，又何爲者？爲今之計，臣以爲莫若各務自反而已。起鳴當思何以爲衆論鄙，自脩當思何以爲儕友猜，維崧等當思何以言出而召侮，與郊等當思何以言出而啓疑。至於執政大臣，尤應倍加簡省，風厲百僚，若無若虚，孜孜汲汲，積而久之，精神透徹，誠意攣如。本無偏好，誰能求同？本無偏惡，誰能求異？

雖褊心鋭氣皎皎而負爲高者，亦慚悔而恍然自失矣。先是，御史甘士价進和衷之説，其指甚美，第不務拔本塞源，而徒欲調停於聲色之間，其究非强上以徇下，則强下以徇上，此臣之所以不容已於言也。臣又見今之時，非科道而建言者，必詬之曰出位，曰好名，又曰是爲進取之捷徑耳，不然則又曰是多行不韙，計畫無之，聊借以蓋醜而脱計網也。斯四者亦誠有之，而不可不求其故也。明興二百餘年，西漢之經術，東漢之節義，唐之詩詞，宋之理學，竝彬彬稱隆，而獨言官之氣稍不振。天下多故，危言讜論，往往出於他曹。即如我皇上蒞祚，故相張居正用事，數年之内，言官有相率讚頌耳、保留耳、祈禱耳，吴、趙、鄒、沈、王、艾之儔，何寥寥也！又如近日維崧等合糾起鳴，本屬公議，及皇上詰責所以，輒惶恐推避，莫適爲首，謝罪不暇，竟無能自見始末，開廣聖心。誠令維崧等披露情愫，曉暢事實，章晰誼理，剴篤言辭，皇上一覽而悟，未可知也。臣甚惜之。繇此觀之，使言官不爲利誘，不爲威惕，無事，不瑣屑以取厭，有事，不依回以取容，牽裾折檻，時不乏人，他亦無繇而奮其説矣。然則使人之得以出位而言者，臺省之爲也。夫人情，無不喜順而惡逆，况居尊顯者乎？其喜能令人榮，其惡能令人辱。有一人焉，端言正色，侃侃不顧，安得而不名高？名高矣，而當之者苦於不堪，厭恨之，廢棄之，摧折之，則天下皆怫然不平於其心，一旦時移事改，是非論定，夫安得而不加殊擢也？是故抑者，予其揚者也；屈者，藉其伸者也；退者，佐其進者也。假令其言是，恬然而受之，其言非，廓然而容之，録其長，不疵其短，褒其直，不嗔其狂，用其言，何必計其人，不用其言，何必疾其人，審如是，人人而能言也。何名可賈，何利可徼，而亦何醜可蓋？非徒然也？而我反因之獲容直之名，收用言之利矣。然則使人之得以賈名，得以徼利，又得以蓋醜者，廟堂之爲也。至於建言之人，大都負氣自喜，不耐矜束，遇事發憤，往往過當。聽者方内懷不服，退而詢其行事，又不足以滿其意，則曰爾以古人畜我，何不以古人自畜。而承望意指者，又因而媒孽之，尋垢索瘢，無所不至，於是遂置其言不復采，而并賤其人。假令士能潔躬修行，入不愧妻子，出不愧朋輩，則其人重，其言亦重，夫安得而無聽？然則使人之得以舉而納諸群詬之中者，建言者之爲也。故臣以爲亦莫若務自反而已。自反，則上何暇以言爲罪，下何暇以言爲高，惟各盡其在我而已矣。先是，科臣楊廷相，欲痛懲矯激之非，臣愚以爲，將來之患，正恐不在矯激。如曰囊居正用事宜尚異，今非其時也，宜尚同，則唐虞之際，猶然朝有吁咈，野有誹謗，而孔子亦云「邦有道，危言危行」。不以唐虞有道，望斯世斯民，而僅僅較短長於居正柄國之日，此臣之所痛也。

疏奏，有旨切責，謫湖廣桂陽州判官。時王京兆麟每〔一〕語人曰：「顧勳部折衷辛、何甚當。自反之説，拔本塞源，吾輩當各寫一通置座右。」陳司寇雨亭公謂王婁江曰：「顧勳部立論最公，何以不免？」婁江艴然曰：「渠執書生之見，徇道路之言，焉知廟堂苦心？」司寇曰：「書生之見當守，道路之言當采，勳部苦心亦不可不察也。」

先生之桂陽，其士人皆進而問業。先生以桂陽爲柳子厚、蘇子瞻兩公謫居，莊定山先生亦謫於此，大有惠德於民，題所居曰愧軒，志愧前哲。又以柳氏文而已，蘇未離乎文，莊庶幾離乎文矣，深愧文字外無以益桂陽多士。其先行後文類此。戊子，司理處州府，先生念太安人，不欲行，太安人不可。會季時授南康郡博，季時曰：「叔出季處乎。」即日乞休。而先生至官，專務教化。有兄弟訟數年不决者，呼謂之曰：「汝兩手兩足相争否？」各兄弟，手足也，而相争，非怪事乎？而恬不以爲怪，何也？既相争，自相治可矣。」

〔一〕「每」，底本漫漶不清，據四庫本補。

授之杖，謂其兄曰：「爲吾扑若弟。」謂其弟曰：「爲我扑若兄。」兩人相顧愕然。先生故促之，兩人叩首請曰：「曩者官爲析曲直，故不服，今我服矣，不知曲直也，願得自新。」先生喜，令兄弟相揖謝，兩人大哭而去。時蔡御史按浙，不敢以吏事見先生，假之差歸。己丑，居太安人憂。辛卯，復司理泉州。壬辰，計群吏，先生舉公廉寡欲，爲天下司理第一。尋擢主事考功，銓司出而再入者，自先生始。

是年詔三皇子竝封，先生倡四司上言，略曰：「伏見皇上思祖訓立嫡之條，欲暫將三皇子一併封王，以待將來有嫡立嫡，無嫡立長，於此知皇上有惕然不敢自專者，而必以上合聖祖之心爲安也。又見皇上諭輔臣王錫爵等：『朕爲天下主，無端受誣。』於此知皇上有慊然不敢自適者，而必以下合天下之心爲安也。惟是待之一言，皇上之所據以爲得，正天下之所共據以爲失，此吉凶之原，安危之几，不可不蚤辨而慎防也。夫太子，天下本。立本，所以不忘天下也；豫定，所以固本也。是故有嫡立嫡，無嫡立長是也，待嫡非也。就見在論嫡之有無，是也；待將來論嫡之有無，非也。夫待之爲言也，濡滯而不決，懸設而難期，撓不刊之典，潰不易之防，墮不攜之信，叢不解之惑，開不救之釁，貽不測之憂，甚不可也。皇上之稱祖訓惓惓矣，顧其所載立嫡、待嫡二條，意各有主，質以建儲之事，判然不類。皇上第以其合於己意，援而附之，爲遵祖訓乎？爲悖祖訓乎？其不可一也。我朝建儲家法：東宫不待嫡，元子不竝封。廷臣言之甚詳。皇上以其不合於己，概置弗省，豈皇上創得之見，有加於列聖之上乎？其不可二也。有天下者稱天子，天子之元子稱太子，太子之元子稱太孫。天子繫乎天也，君與天一體也。太子繫乎父也，太孫繫乎祖也，父子祖孫一體也。主鬯承祧，於是乎在，不可得而爵〔二〕也。今欲竝封三王，元子之封何所繫乎？無所繫，則難乎其爲名，有所繫，則難乎其爲實，其不可三也。皇上亦曰權宜云耳。夫權者，不得已而設之也。元子升儲，諸子分藩，於理爲順，於情爲安，於分爲稱，於訓爲經，有何疑顧？有何牽制？有何不得已而然乎？耦尊鈞大，偪所繇也，豈細故哉？而姑任之，其不可四也。皇上以聖祖爲法，聖子神孫以皇上爲法。皇上尚不難創其所無，後世詎難襲其所有。自是而往，幸有嫡可也，不然是無東宫也，無乃誤萬世之大計乎？又幸而如皇上之英明可也，不然是凡皇子皆東宫也，無乃釀萬世之大患乎？其不

〔二〕「爵」，康熙本、四庫本、光緒本作「紊」。明史顧憲成傳作「爵」，宜從。

可五也。皇后者，與皇上共承宗祧，期於宗祧得人而已。宗祧得人而皇后之職盡矣，豈必有嫡而後爲快？夫皇上，以父道臨天下者也。皇后，以母道臨天下者也，一體也。皇上之元子，即皇后之元子，雖恭妃不得而私之；皇上之諸子，即皇后之諸子，雖皇貴妃不得而私之，統於尊也。今庶民之家，妾之有子，亦以其妻爲嫡母，豈必自己出，而後爲子？又豈必如輔臣王錫爵之請，須拜而後稱子哉？皇上何不斷以大義，而爲此區區？其不可六也。況始者奉旨少待，二三年而已，俄改於二十年，俄又改於二十一年，然猶可以歲月爲期也。今曰以待嫡嗣，則未可以歲月爲期也。德音方布而忽更，聖意屢遷而彌緩，非因預瀆，非因衆激，何以謝天下？其不可七也。夫爲天下之主者，未有不以天下爲心。自竑封之命下，一日之間，叩閽而上封事者不可勝數，至于里巷小民，亦悵然若失，愕然若驚，聚族而議也。是孰使之然哉？人心之公也。而皇上猶責元輔王錫爵擔當。錫爵夙夜趨召而來，正欲爲皇上定此大事，排群議而順上旨，豈所謂擔當？惟是矢志積誠，必欲納皇上於無過之地，乃真擔當耳。不然，皇上尚不能如天下何，而況錫爵哉？其不可八也。皇上神明天縱，信非溺寵狎昵之比而不諒者，見影而疑形，聞響而疑聲。皇上方以爲無端受誣，天下且以爲無端反汗。無端受誣，豈惟皇上有所不堪，臣等亦爲皇上不堪；無端反汗，豈惟臣等不能爲皇上解，皇上亦不能爲臣等解。皇上盛德大業，比隆三五，而乃來此意外之紛紛，不亦惜乎！其不可九也。凡此皆待之一言爲之也。伏願皇上反觀長慮，以成憲爲必不可違，以輿情爲必不可拂，以初命爲必不可爽，以新論爲必不可行，皇元子早正儲位，皇第三子，皇第五子，併錫王爵，父父子子君君臣臣兄兄弟弟，宗廟之福，社稷之慶，萬世無疆之休，悉萃於此矣。」

又自爲書貽婁江公曰：「昨請教册立之事，實百其難。明旨一定，何以轉移？人情洶洶，何以鎮定？上欲不愆於明旨，下欲不駭於人情，故曰難也。究竟則請期一着，尚自可圖，然而非閣下莫能任。蓋自萬曆十四年以來，廷臣之以建儲請者，不啻數十疏，而皇上之旨亦幾變矣。然曰待二三年，則二三年而已也；曰待過十齡，則是至十齡而已也；曰二十一年，則是二十一年而已矣。期未至而請之，皇上得執激擾以爲辭，期既至而請之，皇上亦何辭以謝天下？此遷延之法，可得而窮者也。今者以待皇后生嫡子爲辭，從今以往，復何所據以請乎？此假借之法，不可得而窮者也。閣下試端意而思之。皇上之旨，所以屢遷者，何也？建儲，盛典也。九廟式靈，兩宮欣願，百官萬姓之所瞻企，而言及者輒獲罪，若有大不滿其意者何也？亦可推矣。三王竝封，耦尊齊大，亦可觀矣。閣下不念之耶？昔者秦皇、漢武，寧不蓋世之雄？一念小偏，便墮入婦人女子之手，雖二君孰意及此乎？若曰有嫡立嫡，無嫡立長，兩語炳若日星，誰能奸諸？則長幼有序之説，明旨不啻再見，何至今日乃更益立嫡之條，重之以祖訓，藉之以中宫？彌縫轉易，挽回轉難，歲復一歲，有何底止？竊以爲宜聽九卿科道，仍尊屢旨，合辭以請，而閣下從中調停，懇示定期，即甚遲，不得越一年，庶幾聖心確有所主，不開窺伺之端，人心專有所屬，不萌二三之釁。議論方囂而復定，國本幾摇而獲安，真閣下事矣。脱或一請不得，當至於再、至於三，又至於十百，至於去就可也，至於死生可也。若乃皇上懸不必然之説，以蓋其立長之成命，閣下又操必不然之見，以成其立嫡之托辭，交相爲負，非所望於今日君臣也。」

癸巳内計，功郎趙儕鶴先生秉至公從事，執政弟弗顧也，執政所庇弗顧也，太宰甥弗顧也，己之姻弗顧也。計典出，入謂二百年來未有慊於輿情若此者。而先生與李公元冲實左右之。政府大恚趙先生，乘劉黄門道隆疏論科道拾遺者不宜留用，遂票旨，切責降調。先生與元冲公上疏曰：「頃者皇上切責吏部專權結黨，趙南星降調外任。臣等與南星生平以道義相期許，及在同部，又以職業相切磨。惟兹内計之典，始而咨詢，繼而商確，臣等皆與焉。至于議留虞淳熙、楊于庭二臣，臣等亦以爲誼出憐才，嘗從臾之。今南星被罪，臣獨何辭以免？南星一意奉公，不以情庇，不以勢撓，庶幾少挽頽風，以報皇上，而竟不免於罪。况臣等自揣，才識不逮南星遠甚，其迂戇椎魯，又或過焉，若復靦顔在列，將來招釁速戾，有不止於南星者。然則與其去南星，孰若去臣等，與其留臣等，孰若留南星。伏惟皇上擴天地之量，重日月之明，念南星自謀則拙，謀國則忠，還其原職，以示任事者之勸，無徒快被察諸人之心。倘始終以爲專權結黨，乞將臣等一併罷斥，無令南星獨蒙其責。」不報。

無何，先生司選，以扶陽抑陰爲體，以不激不隨爲用。於婁江公待以至誠，每事必告，冀轉移之。而一切推用賢才，與世牴牾者，公所陽諾，實所陰尼，先生覺其機惡。值公假沐，推孟公一脉、王公德新，不以告。疏上輒下矣，公又陽喜謂先生曰：「主上朕兆殊佳，自此正人亟宜推用。」先生又覺其機惡，曰：「幸有好朕兆，正不須急激聒也。」

無何，而會推閣臣之命下矣。先是，先生在勳司，適鄒南皋先生請去，婁江曰：「昨文書房傳旨云放去。」先生曰：「不然。若放去果是，相國宜成皇上之是，該部宜成相國之是。若放去爲非，相國不宜成皇上之非，該部不宜成相國之非。」公語塞，竟疏得留用。又一日，太宰孫公立峰罷，推代者。時少宰趙公定宇署篆，婁江屬以首推大宗伯羅康洲萬化，先生曰：「不可。內閣者，翰林之結局，冢宰者，各衙門之結局。今天下大勢折而入內閣矣，況可併冢宰據之乎？」選郎劉用齋曰：「嘉靖間不嘗用吕餘姚、嚴常熟乎？」先生曰：「是時威權在世廟，斷自聖心，則可；今日威權在內閣，出自相指，不可。我太祖罷中書省而設六部，惟恐其權之不散；嚴分宜以來，內閣合六部而攬之，惟恐其權之不聚。散則互鈐，權臣不得行其私，國家之利也。聚則獨制，各人不得守其職，權臣之利也。安危大機，於是乎在，如之何背聖祖而從分宜乎？況往者內閣之推，往往用各衙門，不專翰林，即冢宰兼翰林，亦得。今不能以內閣與各衙門共，而更以冢宰與翰林共，其亦頗矣。故論用人大道，止當問其孰可內閣，孰可冢宰，不可問其孰爲某衙門；論救時大機，通冢宰於翰林，其勢易，通内閣於各衙門，其勢難，不可不深計也。」劉聞之愕然。因與先生謁少宰，少宰曰：「業已成議，且近有吴鎮訐絶婚事，奈何？」先生曰：「國家大事，寧避小嫌？自王楊相繼在部，其於内閣，指使若奴婢，至陸平湖始正統均之體，孫餘姚遵而不變。内閣切齒，相繼免歸，千思萬算，出此一着。吏部、内閣，合爲一家，其禍不可勝言矣。昔高中玄以内閣兼冢宰，一日進閣，一日進部，是以全身爲分身也；今内閣用其本衙門爲冢宰，是以分身爲全身也。作用若殊，巧妙則一。竊恐日囿其彀中而不知耳。」趙悟曰：「如公言，利害乃爾。」遂往言於婁江，婁江曰：「誰爲此議？」曰顧稽勳，公無以奪，而冢宰得陳公心谷矣。

婁江嘗一日謂先生曰：「近有怪事，知之乎？」先生曰：「何也？」曰：「内閣所是，外論必以爲非；内閣所非，外論必以爲是。」先生曰：「外間亦有怪事。」公曰：「何也？」曰：「外論所是，内閣必以爲非；外論所非，内閣必以爲是。」相與笑而罷。及是，推閣臣，陳公心谷謂先生且勿言，各疏所知。各疏七人，皆合，而首舉舊輔王對南先生，又皆合。陳大喜，令先生言之婁江，婁江大恚曰：「何不舉康洲？」曰：「外論不與者半。脱言官言之，將自認乎？推閣下認乎？推閣下認，何用吏部？自認，又何成吏部？二者皆所不敢出也。」婁江益恚曰：「前推羅君冢宰，君謂翰林只宜推内閣。今推内閣，又不可，何耶！」先生曰：「前論事，今論人也。」婁江復屬相國趙蘭溪言之。先生曰：「公論所在，司官不敢誤堂官也。」復自貽書於陳，陳曰：「公論所在，本部不敢誤朝廷也。」少宰趙心塘，羅之門人也，又言之陳，陳曰：「此非本部所得專也。」又言之先生，先生曰：「此非本司所得專也。」趙謂陳曰：「明日會推，必推之。」陳笑曰：「堂官口，司官手，二百年故事也。假令老先生舉口，而司官不舉筆，作何收拾？」及會推，王給諫彈羅疏亦至，而婁江必不容先生矣，遂削籍歸。給事逯公確齋上疏極論，謂憲成以直道被斥，恐今而後非如王國光、楊巍也者，則不能一日爲太宰，非如徐一櫝、謝廷寀、劉希孟也者，則不能一日爲司官，臧否混淆，舉措倒置，將使黜陟重典，爲權門供愛憎，銓衡重地，爲私門樹桃李，天下不知有是非，人心不知有勸懲，風靡波流，莫究所終矣。確齋亦黜。

先生嘗曰：「天下事，君相同心，方可爲。其次，閣銓同心，亦得一半。今皆無之，止有三十巡撫、十三提學，可選擇而使。若盡得人，士習民生，庶幾小補，方日孜孜焉。」當是時，太宰則宋、陸、孫、陳，四司則王秋澄公教、鄒大澤公觀光、孟雲浦公化鯉、儕鶴先生以及先生，皆極一世之選，雖人不竟用，而賢賢相續，後先一道。至先生司選，而人心益蒸蒸丕變矣。然中貴人干請不行，柄國者好惡相左，兩者合而爲一，陽施陰設，不盡逐之不已。自先生去而隄防盡決，識者不能不歎息痛恨云。

先生歸，且以積勞成疾，頭岑岑暈眩作楚。乙未春，幾殆。諸子環泣，先生張目曰：「人有來處，應有去處，夫何傷？」已忽蘇，吟詩曰：「茫茫大化任推遷，消息盈虛總自然。若欲個中生去取，請觀四十六年前。」越丙申、丁酉，始漸愈。病中體究心性愈微，故劄記始於甲午。戊戌，始會吳中諸同志於二泉之上，與管東溟辯無善無惡。管之學，一貫三教而實主佛學。先生謂佛學三藏十二部五千四百八十卷，一言以蔽之，曰無善無惡，七佛偈了然矣，故取要提綱，力剖四字。又以辯四字於告子易，辯四字於佛氏難，以告子之見性麤，佛氏見性微也；辯四字於佛氏易，辯四字於陽明難，在佛氏自立空宗，在吾儒陰壞實教也。其言曰：「自古聖人教人，爲善去惡而已。爲善，爲其固有也；去惡，去其本無也。本體如是，工夫如是，其致一而已矣。陽明豈不教人爲善去惡乎？然既曰無善無惡，而又曰爲善去惡，學者執其上一語，不得不忽下一語也。何者？心之體無善無惡，則凡所謂善與惡，皆非吾之所固有矣。皆非吾之所固有，則皆情識之用事矣。皆情識之用事，則皆不免爲本體之障矣，將擇何者而爲之？未也。心之體無善無惡，則凡所謂善與惡，皆非吾之所得有矣。皆非吾之所得有，則皆感遇之應迹矣。皆感遇之應迹，則皆不足爲本體之障矣，將擇何者而去之？猶未也。心之體無善無惡，吾亦無善無惡已耳。若擇何者而爲之，便未免有善在，若擇何者而去之，便未免有惡在。若有善有惡，便非所謂無善無惡矣。陽明曰：『四無之説，爲上根人立教；四有之説，爲中根以下人立教。』是陽明且以無善無惡，掃却爲善去惡矣。既已掃之，猶欲留之，縱曰爲善去惡之功，自初學至聖人，究竟無盡，彼直見以爲是權教，非實教也。其誰肯聽？既已拈出一個虚寂，又恐養成一個虚寂，縱重重教戒，重重囑付，彼直見以爲是爲衆人説，非爲吾輩説也。又誰肯聽？夫何故欣上而厭下，樂易而苦難？人情大抵然也。投之以所欣，而復困之以所厭，畀之以所樂，而復攖之以所苦，必不行矣。故曰惟其執上一語，雖欲不忽下一語而不可得，至於忽下一語，其上一語雖欲不弊而不可得也。羅念翁曰：『終日談本體，不説工夫，纔拈工夫，便以爲外道，使陽明復生，亦當攢眉。』王塘翁曰：『心、意、知、物，皆無善無惡。學者以虚見爲實悟，必憑此語，如服鴆毒，無不殺人。海内有號爲超悟，而竟以破戒負不韙之名，正以中此毒而然也。』且夫四無之説，主本體言也。陽明方曰是接上根人法，而識者至等之于鴆毒。四有之説，主工夫言也。陽明第曰是接中根以下人法，而味者遂等之於外道。然則陽明再生，目擊玆弊，將有摧心扼腕，不能一日安者，何但攢眉已乎？」先生之説甚詳，見証性篇。

於是先生時時謂攀龍曰：「日月逝矣，百工居肆以成事，吾曹可無講習之所乎？」錫故有東林書院，宋龜山楊先生所居。楊先生令蕭山歸來，依鄒忠公志完於毘陵，忠公尋卒，依李忠定公伯紀於梁溪，凡十八年，往來毘陵、梁溪間，棲止東林，闡伊洛之學。後廢爲僧舍，邵文莊公圖修復之，不果。及是，先生弔其墟，慨然曰：「其在斯乎！」遂聞於當道，葺楊先生祠，同志者相與搆精舍居焉。甲辰冬，始會吴越士友。先生爲約，一以考亭白鹿洞規爲教，要在躬修力踐。嘗言：「講學自孔子始。謂之講，便容易落在口耳邊去，故先行後言。慎言敏行之訓，恒惓惓焉。至其自道不居仁聖，却居爲誨，看來説聖説仁，聰明才辯之士，猶可覓些奇特，逞些伎倆，逞些精采，推到不厭不倦處，便一切都使不着。然則孔子所謂工夫，恰是本體。世之所謂本體，高者只一段光景，次者只一副意見，下者只一場議論而已。」深慮世之學者，樂趨便易，冒認自然，故於不思不勉，當下即是，皆令查其源頭，果是性命上透得來否，勘其關頭，果是境界上打得過否，皆先生喫緊爲人處也。

丁未，婁江相再徵，先生夢爲祖道，執其手曰：「有君如是，何忍負之！」鄭重叮寧，至於再三，至於涕泣，不覺大聲而呼，室中盡驚，而淚且漬枕矣。先生不忍虛此一段誠意，遂述寐言貽之，弗省也。戊申，詔起南京光禄寺少卿。先生商諸同志，或謂宜行，或謂宜止。先生曰：「仕宦寧退毋進。吾衰矣，當從其退者。」遂乞骸骨。而會太宰孫立亭公，有不察於沈司馬繼山、李司徒脩吾，先生曰：「太宰爲人所誤，乙未之事可歎已。今或自執所誤，則前誤遂不復贖。公之晚節可惜，天下亦承其弊。吾身在進退之間，此大竅竅，可以完三賢撤一綱。」遂爲書貽公。當是時，司徒已見彈射，白之政府，然與時局忤甚，遂憎兹多口，朝論紛紜，海宇震撓。或謂先生宜有以自明，先生報曰：「讀南北諸君疏，有爲之赧然以恥者矣。何恥也？恥溢美也。有爲之悚然以懼者矣。何懼也？懼滋競也。有爲之愀然以憂者矣。何憂也？憂激禍也。然則凡曲直吾者，皆提策我者也。凡提策我者，皆玉成我者也。尚不知何修可以副德意之萬分一，而何較哉？」柬司徒曰：「赤金在烈焰中，借火之力，得真色見於世，亦如我輩借諸賢力，得真身見於世。諸賢誠有功於吾輩，古人所以拜昌言也。」凡先生之爲自反類此。蓋先生謂當江陵時，吴、趙、沈、鄒諸君子出萬死力，爲宇宙扶植綱常。魏中丞見泉公爲侍御時，論科道〔二〕積弊，侵張蒲州相國落職，李司徒抗疏救之，亦落職。自後司徒駸歷中外，吴浙諸相無有悦之者，四明銜之獨甚。及鑛稅事起，豺狼彌天，司徒屹然扼南北之衝，江淮千里，民恃以無恐而不思亂。此其人，誠世道所賴，故於朝於野，惓惓爲天下共惜其寶，誠見其大也。

先生每謂吾之觀人，於尼聖得五案焉。進有非刺之狂狷，退無非刺之鄉愿，一也；大

〔二〕「道」，底本作「場」，宜從康熙本、四庫本、光緒本作「道」。

受小知，二也；察衆惡，三也；皆好不如善者之好，皆惡不如不善者之惡，四也；觀過知仁，五也。若夫朋交情好，非所以論先生矣，而先生豈區區以朋交情好爲門户，角立於天下者耶？嘗見其貽所知書曰：「竊觀近局，誠若冰炭，弟從旁静察，亦只是始於意見之岐，成於意氣之激耳，未始不可轉移聯合也。誠欲爲之轉移聯合，蓋有道焉。局内者置身局外，以虚心居之，乃可以盡己之性；局外者宜設身局内，以公心裁之，乃可以盡人之性。何言乎虚也？各就己分上求，不從人分上求也；各就獨見獨知處争慊，不就共見共知處争勝也。何言乎公也？是曰是，非曰非，不爲模棱也；是而知其非，非而知其是，不爲偏執也。夫如是，將意見不期融而自融矣，何所容其岐？意氣不期平而自平矣，何所容其激？其於國家尚亦有利哉。若乃自責則輕以約，責人則重以周，所愛則惟見瑜，且併其瑕而瑜之，所憎則惟見瑕，且併其瑜而瑕之，在事之人既然，持議之人復然，如水濟水，如火濟火，是化君子而小人，化一家而敵國也。是舉百年有限之光陰，盡用之於相争相競，而不用之於相補相救也。是舉兩下有限之精神，盡爲各人區區之體面用，而不爲君父赫赫之宗社生靈用也。豈不惜哉！」先生之用心如此。

先生孝友慈惠，渾然天成。父南野公，豪傑士也。不能餬其口，顧慨然慕范文正公爲人。先生爲諸生，有司餉膏火資，公謂士不受人憐，必謝去之爲快。先生斤斤奉以周旋，高邁夙成者以此。先生兄弟四人，公命伯仲治生，叔季治經，治生者佐治經者，故先生與季時不問生産。仲公有心計，多夭幸，箸稍稍起。其末年，兄弟各念南野公之慕范公而賫志長終也，捐産以贍其族之貧區之役。君子謂人有其志，則天遂其事已。

先生於兩兄嚴之如父，於弟資之如友，一動一止，無不自仲肩之，一字一句，無不自季參之，而東林之創經紀者仲也，切磋者季也。先生曰：「吾多助於兄弟如是，幸矣！」夫於宗親，有養之終身者，有及其再世者。於師，生養死殯之，於友，髫齔之交，無不白首相歡，即有緣而爲利，幾敗其名者，夷然不問也。於同邑之宦於四方者，必默爲提挈，有一長可見者，必力爲表章，其人不知也。於兄弟之子，愛之如子，教之如父。有前後母者，有嗣嫡者，必使各得其所。曰：「吾以兄弟視諸孤，猶之子也；以吾父母視諸孤，均之孫也。何前何後？何嗣何嫡？」念其伯兄少獨勤苦，思得報而無從。伯之諸子試，有司必爲通名，曰：「試士，公典也。吾念吾兄，而聊通諸子，以備采擇，私情也。」於子則絶不爲干請。嘗戒其長君曰：「凡爲父兄，莫不愛其子弟，莫不願其讀書進取。今府縣考童生，吾始終不欲以汝名聞於主者，非恝也，非棄汝而不屑也。吾自有説。就義理上看，男兒七尺軀，頂天立地，如何向人開口道個求字？孟夫子齊人一章，便是此字行狀，讀之汗顔，不可作等閑認也。就命上看，窮通利鈍，墮地已定，如何增損得些子？眼前那個不要做秀才？到底有個數在。若可以勢求，可以賄求，那不會求的便没分，造化亦炎涼矣。就吾分上看，本無尺寸之長，賴祖宗之庇，倖博一第，再仕再不效，有丘山之罪，猶然煖衣飽食，安享太平。在昔大聖大賢，往往厄窮以老，甚而流離顛沛，不能自存。我何人斯，不啻過分矣，更爲汝干進，是無厭也。就汝分上看，但在志向何如。若肯刻苦讀書，到底工夫透徹，科甲亦自不難，何有於一秀才？若尤肯尋向上去，要做個人，即如吴康齋、胡敬齋兩先生，只是布衣，都成大儒，至今説起兩先生，誰不敬慕？連科甲亦無用處，何有於一秀才？汝試繹而思之，識得此意，省多少閒心腸，省多少閒氣力，省多少閒悲喜，便是一生真受用也。」

先生於世，無所嗜好，食取果腹，衣取蔽體，居取坐卧，不知其他。四壁不堊，庭草不除，帷帳不飾，一几一榻，敝硯秃筆，終日儼然冥坐讀書，四方酬荅而已。憂時如疾痛，好善如飢渴。無所不坦易，至關綱常者，毅然執之不移；無所不渾厚，至關邪正者，井然辨之必悉。蚤見也，又不以成心逆物；疾惡也，又不以已甚求備。語言簡重，喜怒希形。常曰「極論中和位育之脉，吾輩一嚬一笑，一語一默，在在與天地相對越；與萬物相往來，何容兒戲」。未嘗絶郡縣竿牘，而非一方之冤抑，不告；未嘗絶當路交際，而辨貨取之介最嚴。丁儀部長孺見一選司老胥，屈指最廉正者曰：「吾目中所見，陳尚書心谷、孫尚書立亭、顧選君涇陽、孟選君雲浦而已。」

先生之學，性學也。遠宗孔聖，不參二氏，近契元公，確遵洛閩。嘗曰：「語本體，只是性善二字；講工夫，只是小心二字。」又曰：「心不踰矩，孔之小心也；心不違仁，顔之小心也。」此其學之大旨矣。先生有絶人之資，其於世也，百家衆技，當無所不臻其妙，而獨以全力用之於學，一切伎倆不得而岐之，故其功專；其於學也，百家衆説，當無所不造其微，而獨以全力用之聖學，一切玄妙不得而岐之，故其學純。於凡五經四書，直從神情血脉，字字咀嚼，故密察不差毫髮。于凡聖賢豪傑，直從皮毛骨髓，人人對勘，故權衡不爽錙銖。嘗曰：「周元公之於道至矣。所以爲之推行其道，使得昌於當時者，程伯子也。所以爲之推明其道，使得傳於後世者，朱晦翁也。元公藏諸用，其源深，兩先生顯諸仁，其流遠。」又曰：「二程與橫渠、康節一時鼎興，氣求聲應，此吾道將隆之兆也。微元公，孰爲之開厥始？流傳最久，分裂失真，有禪而儒，有霸而儒，有史而儒，此吾道將涣之兆也。微晦翁，孰爲之持厥終？元公之功，不在孟子下，晦翁之功，不在元公下。」

攀龍亦曰：自孟子以來得文公，千四百年間一大折衷也。自文公以來得先生，又四百年間一大折衷也。先生自甲午以來，見理愈微，見事愈卓，充養愈粹，應物愈密，從善如流，徙義如鶩，殆幾於無我矣。吾推其志，必也友一鄉之善，友一國之善，友天下之善，友萬世之善，其不然者，曰小家相，先生不屑矣；必也堯、舜其君，皋、夔其相，唐、虞斯世，孔、孟吾徒，其不然者，曰第二義，先生不屑矣。天假之年，進不可量，天假之位，用不可量。

壬子五月廿又三日，以微疾恬然而逝，得年六十有三。昔人於明道先生之亡，曰伯淳無福，天下人也無福，吾於先生亦云。所著有藏稿二十二卷，劄記十二卷，大學通考質言、東林會約商語行於世。尚存劄記三之一，藏稿十之三，還經録、證性編、桑梓録，未刻。

甲寅冬，公嗣與渟等以母朱太安人命，厝先生於賢關橋，而令攀龍次其言行，請誌銘於南皋鄒先生。竊惟天生非常之人，必有以也，不命之平治天下，則命之平治萬世。如涇陽先生者，謂天無以命之乎，不宜使之與於斯道，謂天有以命之乎，不宜使其窮於斯世。意者所命在此，不在彼歟？則無涯之日，自今伊始，何以使之信而可傳耶？今天下可以徵信先生，使傳於後世者，舍南皋先生，誰與歸？故敢九頓以懇。

顧季時行狀

季時，諱允成，別號涇凡，即世所知涇陽先生母弟也。季時少敏慧，頗好弄。年十四，從師少弦張公，習舉子業，弗善也。以語季時父南野公，公曰：「是兒非落人下者。」師笑曰：「吾亦知之，不激不奮耳。」公然之。令更他師，居半歲，季時忽謂涇陽先生曰：

「弟知過矣，請歸稟繩墨。」先生大喜，請於張公復之。衆未信，久之果如所言。先生問季時：「弟何感遽如是？」季時曰：「恐傷兩大人心。」先生曰：「此是爲人根子。」

久之業日進。萬曆己卯舉鄉試，癸未舉會試，丙戌大廷對策，指切時事不少諱。其略曰：陛下所以策臣者，無慮數十百言，究其指歸，賞罰二科而已。夫賞者，勸天下之法，然有不倚於賞者，所以勸天下之意也；罰者，懲天下之法，然有不倚於罰者，所以懲天下之意也。今賞罰之法甚具，然而德澤不究，法令不行，此無異故，則聖制言之矣，所以風厲之者非其本，督率之者非其實也。本也，實也，即臣愚所謂意也。竊觀當今之勢，而根極其體要，所以累皇上之意者，大幾有二，明以好示天下，而此二者恒陰移其所好，明以惡示天下，而此二者，恒陰移其所惡。二者何也？曰内寵之將盛也，曰群小之將逞也。夫人主崇高富有，無一不足以厭其欲，昏其志，而惟色爲甚，聖王之所亟遠也。昨者皇上以鄭妃奉侍勤勞，特册封爲皇貴妃。大小臣工，不勝其私憂過計，因而請册立皇太子，因而請加封王恭妃。皇上不温旨報罷，則峻旨譴逐矣。夫皇太子，國之本也。忠言嘉謨，國之輔也。兩者天下之公也。鄭貴妃即奉侍勤勞，以視天下，猶爲皇上一己之私也。以私而掩公，以一己而掩天下，亦已偏矣。偏則皇貴妃或得以愛憎弄威福於内，其戚屬或得以愛憎弄威福於外。閹人侍妾，又或將乘其偏而得以愛憎弄威福於内外之間。若然，則賞罰云者，將不爲皇上之好惡用，而爲内寵之好惡用，欲其信且必，未可也。人主雖甚神聖，其聰明不足以偏天下，將必有所寄之。寄之得其人則安，不得其人則危，非細故也。邇年以來，皇上明習政務，聽覽若神，蓋辨及左高，察及淵魚，幾於偏矣。竊聞之道路，往往二三群小伺察而得之，此可謂寄得其人耶？皇上非不知不得其人，而姑寄之者，其亦有不得已也。蓋曰：「朕向以天下事付張居正，而居正罔上行私，一時公卿臺省，從風而靡，外廷之不足信明甚，故寄耳目於此輩，示天下莫能欺也。」臣以爲不然。善爲治者，以全而收其偏，不聞以偏而益其偏。皇上懲居正之專，散而公之于九卿可也。若聚而寄之於此輩，則居正之專，尚與皇上爲二，此輩之專，且與皇上爲一，救之難爲力也，不更倍乎？且此輩之始用事，適皇上鋭精求治之初，彼方見小信以自結，其所指陳，類依公義，猶若未害，久則陽公而陰私矣，又久則純出于私矣。若然則賞罰云者，將不爲皇上之好惡用而爲群小之好惡用，欲其信且必，未可也。德澤之壅，治令之尼，有繇也。臣愚以爲欲效忠於皇上，當自今日始；欲效忠於今日，當自兩者始。時讀卷官大理何心泉者，諗於衆曰：「此生作何語耶？真堪鎖榜矣。」大學士婁江王公取閱之，稍易置二百十三名。季時退，自傷以爲不幸不達皇上，即達，死不恨矣。

適南京右都御史剛峰海公屢爲房御史所詆，季時憤曰：「臣下皆自處於私，奈何望皇上無私也！」於是與彭公旦陽、諸公景陽，合疏言之，數其欺妄之罪凡七。且曰：「人固有食穢自肥，而幸人之不我攻者矣，未有執己之貪而不畏人攻，反欲攻人之廉，且昌言於君父之前者。夫欲天下人爲寰甚易，爲瑞甚難。寰身享貪饕之利，而反得笑瑞之迂拙，臣等之所痛心也。昔司馬光言小人傾君子，其禦之之術有三：曰好名，曰好勝，曰彰君過而已。今觀寰之詆瑞，千有餘言，概不出此。曰欺世盜名，非所謂禦之以好名者乎？曰居己獨清，非所謂禦之以好勝者乎？曰貶奪主威，損辱國體，非所謂禦之以彰君過者乎？以寰之詆瑞，吹毛求瘢，宜無不至，而所據者不過如此，適足以明瑞之無他瑕玷，而寰之陰險窺覘，亦無所用其狡也。陛下方重瑞惜瑞，借其人以風天下，而寰乃欲逆銷天下之氣節，抑慷慨之士，令無容足之地，是陛下之所褒，寰之所必斥也。士君子之所師，寰之所必擯也。以此仇正無恥之人，晏然居師表之位，驅天下之士而入于諂詐，臣等有裂冠冕而去耳，不與之竝立於朝也。臣等新進小生，發天下之清議，雖寰有奸如山不可動摇，然公論既明，人心自快，寰雖頑鈍無恥，亦何面目一日立于東南諸士之上乎？臣等何仇于寰，何私于瑞，但恐是非之公，鬱而不宣。一瑞尚不足惜，如瑞者相繼而指爲邪，則君子之道日消矣；一寰尚不足畏，如寰者相繼而傾賢能，則小人之道日長矣。剥復否泰之機，於是乎在，不可不爲之深慮也。」疏奏，得削籍歸。

會南太僕繼山沈公、南臺警亭陳公、直指厚齋荆公先後奏薦，戊子，奉旨起江西南康府教授。季時念其母錢太安人老又善病，不忍去左右，遂致仕。無何丁太安人憂，服闋再起保定府教授，累遷禮部儀制司主事。有詔竝封三王，於是又與張公文石等合疏言之。已而考功郎趙公儕鶴司内計，盡公不撓，盡黜當路私人，當路銜而計去之，於是又抗疏言之，謫光州判官。

季時無論立朝，即伏處田野乎，其憂國憂時，無一念不于君父傾注，無一事不思于世路隄防。先是，己丑薛玄臺因南都耿總憲定向以不送揭帖，參御史王公藩臣疏，劾其阻塞言路，當路大恚之。座師内閣潁陽許公，輒疏論玄臺，吏科都給事陳海寧，復望風排擊。季時聞之，仰天浩歎，上書許公曰：「閣下憤進士薛敷教之觸事陳言，至以貢舉非人自劾，且欲皇上敕下九卿科道，各陳紀綱何爲而正，風俗何爲而淳。允以爲無庸謀之九卿科道也。朱子謂紀綱之所以振，以宰執秉持而不敢失，臺諫補察而無所私，天下之人，自將各自矜奮，更相勸勉，而禮義之風，廉耻之俗，已丕變矣。然則紀綱之正，風俗之淳，不在於以勢相脅，在於以道相成，不在於使人不敢言，在於使人無可言耳。近見吏科陳給事中言路一疏，悍然以言路自任，而謂出於臺省，爲蕩蕩平平，不出於臺省，爲傍蹊曲徑，不知言路者，天下之公，非臺省之私也。出於公即蕩蕩平平，出於私即傍蹊曲徑。陳三謨、曾士楚輩，曷嘗不臺不省？不言竟以爲何如也？其云今日爲臺諫者，無事不得言，言路不可謂塞；雖一學究得上書，一市井傭奴得擊鼓而訟，言路不可謂塞：即一二誤攖聖怒，相率營救，舉得畢其忌諱之言，言路不可謂塞。其説美矣，然言者如李君懋檜、劉君志選、高君桂、饒君伸等，何不聞其相率營救也？豈惟不救，或攘臂而助之攻。無他，此皆攖宰執之怒，犯臺諫之忌諱者也。間有一二上攖聖怒，相率營救，乃杜欽、谷永，附外戚而專攻上身之故智，其上書擊鼓之云，又無能爲宰執臺諫重輕者耳。以此而遂謂言路不塞，雖張居正時，此路固未嘗塞也，何謂壬午以前爲諱言，壬午以後爲輕言也？其云近時行險僥倖之徒，託身言路，功名富貴，操左券而收，故躁妄者争趨，頑鈍者争附。以允所覩記，如前五人外，其建言者，不過黄君道瞻、盧君洪春、王君德新，及允兄憲成。其以庶官之夥，三四年之遥，僅僅幾人而止，何名争趨，何名争附，何名舉世輕言也？即以建言爲釣名、爲掩過、爲躐位、爲取捷徑。夫是非有真，名亦何易釣，過亦何易掩也？即如彼附曾、王，反罵曾、王，天下終不信其非權門之客；昏夜受遺，白日請禁，天下終不信其非壟斷之夫。至於躐位、捷徑之説，則往時建言諸公，信有一二，要亦晚節不終，務爲容悦，抑一節自喜，袖手旁觀者耳。設守其故吾，矯矯不變，則進退維谷，未見其位之躐、徑之捷也。信若彼言，必使天下盡效彼無違夫子，以順爲正，京堂美職，操右契而收，乃爲不躐位、不捷徑耶？且近時建言者，每每有觸而云，非無事而喟然歎也。倘臨江父老罪無可矜，則道瞻不言；倘皇上不廢郊祀，則洪春不言；倘何尚書起鳴，不搆陷辛左都自修，則德新等不言；倘邵給事庶不請申出位之禁，則懋檜等不言；倘戊子順天科場毫無弊竇，則桂等不言；倘耿右都定向不逢迎當事，而以先發後聞參王御史藩臣，則敷教不言，何得訴建言者不啟蟄而雷鳴，不嚮晨而雞號也？其云今日時異勢殊，既無嚴嵩、張居正之威福，又無鄢、趙、曾、王諸人之阿比，何得有楊繼盛、艾穆、鄒元標之慷慨？夫以堯、舜之世，克艱不輟誨，慢游不輟規，贊襄不輟勸，損益不輟警，其亦何嘗不慷慨也，豈如彼狃于陳三謨、曾士楚之從容，便以慷慨爲奇，而謂堯、舜之世無得有是乎？且彼乞播丐子，反復趨附，以苟饜足，自其常態，宰執大臣，富貴已極，豈有未饜？何苦爲彼曹所弄，徒以益人之富貴，而損己之名實哉？」又見童儒試於有司，奔競成風，孤寒往往擯於府試，致書邊南亭郡伯言之。

豐城李見羅先生坐雲南報功事，被逮，麗于大辟，輿論冤之。廣東布衣翟從先，欲詣闕申救，不遠三千里，特過涇上，商於季時。季時喜曰甚善，布衣又欲進澄海唐曙臺所輯禮經於朝，季時即復喜曰甚善，並爲代具疏草。平生所深惡者，鄉愿道學，謂此一種人，占盡世間便宜，直將弑父弑君種子暗佈人心。一日喟然發歎，涇陽先生曰：「弟何歎也？」曰：「吾歎夫今人之講學者。」先生曰：「何也？」曰：「恁是天崩地陷，他也不管，只管講學，快活過日。」先生曰：「然則所講何事？」曰：「在縉紳只明哲保身一句，在布衣只傳食諸侯一句。」先生爲俛其首。又一日讀朱子集有曰：「海内學術之弊，只有兩端：江西頓悟，永康事功。」季時曰：「此弊於今尤甚。」因取集中無極辨、王伯辨，與凡論及兩端者輯爲一編，名曰朱子二大辨，涇陽先生爲序而行之。又摘其論及治道者，輯爲惟此四字編，而自爲之序。

居恒吶吶如不能出諸口，及遇可否紛紜，刀斬斧截，大指一依于正，不喜爲通融和會之説。有疑其拘者，語之曰：「若大本大原，見得透，把得住，自然四通八達，誰能拘之？若於此糊塗，便要通融和會，幾何不墮坑落塹，喪失性命。吾輩慎勿草草開此一路，誤天下蒼生。」聞者咸悚。其論人，或反世之所褒譏，每於一言一動間，斷其生平，毫髮不爽。其籌事，或違衆之所成敗，徐而按之，若合符節。錢啓新先生嘗言吾黨不乏有心人，至推有眼者，須首季時也。眉批：有眼便是大英雄。性孝友，事兩尊人懇惻深至，有以曲當其心。涇陽先生舉丙子，而南野公遂棄養，兄弟間語及輒相對欷歔，且相勗曰：「吾父居恒好稱范文正公之爲人，此是萬物一體胚胎，念庭周師分俸佐讀，命無受，此是鳳凰翔於千仞風格，吾兄弟當無失此意。」其奉錢太安人，依依膝下，無異嬰孺。癸未舉南宫，不即廷對者，以太安人也；不赴南康命者，以太安人也。性甚介，取予纖毫不苟。壬辰謫别駕光州，差歸，中丞景默曾公檄所司致俸薪，謝不受。越十四年，繼撫中州者，復修景默故事，季時屬涇陽先生固辭之，曰：「吾不可以欺曾公也。」計後先所積可千金。季時殁而州守璩公，又以二百四十金爲賻，兩孤以季時志告於几筵而返焉。

性慷慨，好行義。邑大祲，餓莩載道，季時廪粟僅盈百，輒捐其半以賑。其業師尤公、張公殁，竝爲經紀其喪。門人孫申卿，以遺孤托，悉力維持，不恤恩怨。性好静，每日兀坐一室；好整，案頭惟攤書一帙，卒業而後易之，諸一切文具，及觿礪之屬，位置有常；好朴，衣不求華，食不求精，取給而已。左右使令蒼頭一二人，間行里巷，角巾布鞋，遇者不知誰也。丙申九月病，不食者四旬。涇陽先生以間問有痛苦否，曰「無之」。「有欲言乎？」曰：「無。此時惟凝神定氣，以待天機。且欲爲此身計，此身非我有，爲子孫計，一人各有一乾坤，吾無與也。」其超然於死生之際如此。久之竟愈。又十一年而卒，得年五十有四。

或有問於涇陽先生曰：「昔明道、象山兩先生，皆得年五十四，季時與之同壽，其到處可得言乎？」先生默然，久之乃曰：「弟庶幾能見大意矣。往者與弟燕坐，予問曰：『近日做何工夫？』弟曰：『上不從玄妙門討入路，下不從方便門討出路，畢竟如何是恰好處？』予曰：『須要認得自家。』弟曰：『弟默默自忖，性頗近狷，情又頗近狂，如之何？』予曰：『試舉看。』弟曰：『居恒妄意欲作天下第一等人，不近狂乎？反而按其實，尚未能跳出硜硜窠巢也，不近狷乎？竊恐兩頭不着也。』予曰：『如此，雖欲不爲中行，不可得矣。』弟曰：『此甚難言。今世所謂中行，大率孔子所謂鄉愿也，弟何敢效？且弟檢點病痛，是一個粗字，去中行彌遠。』予曰：『此却是好消息。惟粗，定不走入鄉愿路矣，乃所以與中行近也。粗是真色，練粗入細，細亦真矣。狂狷原是粗中行，中行只是細狂狷，不出一真。若不論真與否，只論粗細，鄉愿且有細于中行處，非特狂狷不如也。』弟曰：『粗之爲害，亦正不小，猶幸自覺得耳。今但去密密磨洗。』予曰：『尚有説在。弟謂性近狷，還是習性；情近狂，還是習情。若論真性情，兩者何有？於此參取明白，方認得自家。既認得自家，一切病痛都是村魔野祟，不敢現形於白日之下矣。』弟曰：『此性善之旨也。弟亦曾煞用工夫來，及臨境，這病依舊又發，熟處難忘，可奈何？』予莞爾而笑，弟懷疑而去，越日侵晨，遽過予齋謂曰：『弟今豁然，昨多却一疑。且如人欲適京，水則具舟楫，陸則具車騎，徑向前去，無不到者，其間倘遇艱阻，只須耐心料理。若因此便生懊惱，甚者且以爲舟楫車騎之罪，欲思退轉，別尋方便，誤矣。』余曰：『如是，如是。』弟復曰：『原來孔子拈出中字，正要喚醒狂狷。』自是精神歸一，心體漸平，天假之年，夫孰測其所至哉！」夫先生所謂認得自家，其旨甚微，季時自見本色，蕩平正直，爲之即是，更不必添入較量。非其平時賓主之分素明，決見不至此。此可以識季時之大矣。

而攀龍則追惟曩昔季時謂余曰：「世態易陷人，學術易誤人，子其慎諸。」余曰：「學亦有誤乎？」季時曰：「噫！難言也。」余因歷舉諸家，季時曰：「姑舍是。」余曰：「子之意何居？」曰：「繹孔、孟微言，守程、朱家法，庶其少差乎。」余於是始知所向。先生又曰：「予之於弟，相勸相規，忘爾忘汝，其怡怡也，既爲道義中天親；其切切偲偲也，又爲天親中道義。此其相與爲何如耶！」豈惟先生，即余三四同志，親而愛之，敬而畏之，實異姓之天親，同儕之師保也。嗚呼已矣！所著有小辨齋偶存。小辨齋者，季時讀書處也。

大程化，次程大，兩顧先生頗近之，叔大而季方也。然叔不自居大而居於真，季不自居方而居於粗，學者心事如此。讀至有眼者必首季公，更令人起不得大用之恨。

劉本孺行狀

天之爲國家生才也，有一時之事，必有一人當之。蓋不常之事，非常人所任，必生挺特奇拔之士，一舉而振天下之聾瞽，夫然後常人之心，不爲憸人所奪。天下之一亂者可一治，則吾本孺劉公者是也。當萬曆甲辰、乙巳間，四明相當國，忮沈歸德相，又以假王事忮江夏郭宗伯，其徒乃爲妖書中之，引繩批根，思一網異己者。會大計，諸奸多麗考功法，相蠱惑上，謂計典不公，盡復言官之黜者。留察疏不下，人心憤甚，莫敢先發。公乃抗疏略曰：「朝廷磨礪一世，伸正絀邪，以端揆大臣，無樹私交，無作好惡，無朦上而箝下，彰善癉惡，佐天子持衡焉。不意今日乃有罔上行私如首輔沈一貫者，又有頑鈍無恥如刑科給事中錢夢皋者。夢皋爲人，臣無暇毛舉瘢索，迹其推年例而妄奏求容，掛察典而乘機建議，壟斷如市，士林不齒。迨至兩蒙留用，因蠱惑聖衷，猜疑部院，併考察全疏，亦中格矣。臺省被察諸臣概留用矣。國家代守之典章，屑越於一朝，朝野駭聽，僉謂夢皋之黨，陰謀叵測，將異日種種僥倖之門，從此闢也。甚可慮也！夫使夢皋羞惡未滅，亦宜驚彈射而斂迹，胡乃恣起風波，動駕言於楚事，含沙反射，蔓衍何極，僉謂夢皋之黨，機鋒叵測，將異日種種傾危之隙，從此開也。甚可畏也！夫使政府無私人，則奸慝寧壅於上聞，邪謀亦安能下逞？乃一貫實爲戎首，秉政以來，不聞輔佐皇上，救生靈於塗炭者何事，起忠良於擯扼者何人，年來比昵憸人，乖謬尤甚。即如考察一事，皇上豈有愛於夢皋而故暱之，豈有私於臺省諸臣而獨寬之，蓋繇一貫曲庇私人，内則假公以朦上，外則挾威以箝下，既借皇上之權以伸其意，復竊皇上之德以固其交，使守法者抑勒無聊，席奥者高張無忌，將來誰肯爲皇上觸權要、持國是乎！一貫之敢於欺罔如此，所關治亂安危之窾會，良非細故，幸皇上自爲社稷計。」疏奏，神祖玩之不已，意不忤也。下公卿議，四明及其黨經營百端，謂不廷杖，公議不可息。會雷震郊壇竿木，上懼，反杖旨。繼公疏者，兵部郎龐公時雍，有旨皆削籍。南臺省陳公嘉訓、孫公居相，相繼極論，四明乃罷去。當是時，公直聲震天下。

公歸十六年，庚申，神祖遺詔徵言事廢棄者，起光禄少卿。辛酉三月至京。是時遼、瀋陷没，舊贊畫劉國縉，以招撫南四衛官民爲名，擁數萬衆入内，投揭督餉侍郎，令發天津登萊船南濟。公上疏曰：「國縉投拜李成梁稱義兒，與如柏、如楨結昆弟，狼狽相倚，爲奴酋腹心，種害遼左。李成梁棄地，私奴酋以朝廷疆土，國縉代爲營賄，倖免誅夷，使奴酋得恣意兼併，鷙焉薦食，無窮禍本，實基於此。李維翰紅旗催戰，玩寇喪師，撫順失守。楊鎬繼之，密與如柏主和戎之策，獨忌劉綎爲當户之蘭，故令杜松出撫順，布置私人，誘入奴伏，松與劉綎血戰以死，一則寸骨不存，一則合門碎首。如柏爲諸將領袖，冷眼旁觀，令箭之招，適與輳合，是兩名將與數萬官兵，實鎬與如柏殺之。國縉一當贊畫之任，首疏力保鎬與如柏，而反欲坐杜松以違制，此何心哉！楊鎬線索，懸於如柏，如柏線索，懸於奴酋，而國縉乃線索中傀儡，挈之東則東，挈之西則西，惟所命之，總不失義兒本來面目。國縉主用遼人，冒帑金二十餘萬，究竟所稱土兵三萬，曾得其一臂之用否？

一任蹂躪屠戮之慘，獨脱然於千鋒萬鏑之中，直待河東盡没腥羶，河西危同累卵，國縉不後不先，突如擁衆以入，衆至數萬，不爲單弱。況東山礦徒，素號驍勍，矢不降夷，國縉既能招撫四衛官民，亦可收礦徒之用，曷不就彼中，糾合團聚，牽制奴酋，以自贖從前之積孽，而乃遽欲問道登萊、天津，竄處内地，意欲何爲？況遼、瀋之亡，皆以降夷爲内應，今數萬之衆，保無奸細攙入其中？果爲國縉招撫者，或别有指授，亦不可知。夫一國縉耳，今日若能招撫逃亡，昔日必不扶同賣國，昔既惡其賣國而黜之，今忽信其招撫而收之，呼吸安危，豈容嘗試。自遼事發難以來，猛士捐軀，叛帥反噬，今日震竦人心之機，全在刑賞，操縱刑賞之權，全在果斷。有如功罪已分，彰癉莫决，坐令戎行勝氣，漸銷磨於廷議紓緩之中，甚可惜也。即如楊鎬、李如楨，天下皆知其可殺，而司寇不請蚤正刑章，故爲縮朒，以啟戎心，而開倖竇。況如楨爪牙羽翼，偏滿長安，爲寇窟穴，今所在大索奸細，而獨置巨奸於肘脇，恬然安之，亦大左計矣。」上曰：「所奏關切機宜，下部議覆。」部畏國縉之黨，不覆也。而兵垣請擢國縉爲東路巡撫者，則格不行。

公素强無病，京邸忽病不起矣。公名元珍，字伯先，本孺其别號也。歲庚子，公爲南職方，有垣長握六篆操諸司權，有垣長握六篆操諸司權，眉批：孰謂朗署無權可行？莫敢與抗者，公每事必理折之。垣長曰：「此郎君不可與争鋒。」輒唯唯聽命。公益核軍需之假冒，眉批：孰謂南曹無事可做？黜選鋒之羸弱，裁操賞之冗濫，歲省金錢二萬有奇。乙巳言事歸，與顧涇陽先生講學東林，自喜得歸宿地。錢啓新先生行同善會於毘陵，東林益暢其義，邑中好義者百餘人應之，忠孝節義之貧者有助，鰥寡孤獨之賢者有助。公與陳志行、葉身之、安小范，及余五人主之。亦有言林中人不應爲蛇足者，眉批：庸夫必有蛇足之疑。公毅然不惑，至今行而安之。吾輩與斯人之徒，木然不相關，自身痛癢不自知，可以稱人乎？於是知公之所見大也。

公少苦貧，故勤於理生，而恤人之窮，未嘗意倦。性方嚴，尤肅於閨門，而體人之情，未嘗不周。嘗曰：「家衆造惡，皆繇放蕩，必示以不可犯之法。至於臨事，詔之當先，語之當悉，勿以不言之喻，不戒之孚，望蚩蚩氓。」

公十六年林皋，無念不爲國；杜門不與外事，無念不爲民。眉批：合此便是真道學。章善鋤兇，昭雪冤抑，矻矻然惟力是視。嘗有知交當路，蘇之富民被誣陷大辟者，投暮夜金，公怒叱去之。徐廉其事冤也，密爲雪，不令之知。其不愧獨知如此。公於世浩浩獨往，余每謂公乙巳疏爲閒曹建言法。眉批：有人言，即閒曹可以無害。夫楚宗駢戮，妖書煽虐，天下岌岌矣。馴至考績大典，群奸亦從而奸之，小臣不敢言，大臣不敢言，臺省不敢言。公於其時，睨而自視，舍我其誰，是所謂天下一人也。自是諸賢繼起，共拯天下之溺。一言而開物成務，建言者法也，閒曹建言者法也。公之功大矣。天不使之長年弘濟天下何哉！

公弱冠成進士，卒年五十有一。所著有文訣、文衡、依庸絮語、三畏堂素業、湖畔逸農遺稿，藏於家。公之大節表表，細行卓卓，總其大都，曰剛，曰明，曰忠，曰義。嗚呼，世豈可無斯人哉！有斯人而使天下知天生人才，自足備一時不測之用，眉批：先生詞氣和平，獨此文多少慷慨磊落之氣，想見劉公。爲人臣而敢於欺其君者，未得遂長驅無礙也。

於是乎銘曰：太湖三萬六千頃，浴日沐月天地闢。上有群山儲真精，龍蜒虎蹲護其脉。湖山森聳若執圭，湖波隱見如拱璧。山環水迴自千古，下爲光禄劉公宅。形所托兮來寧兹，神何方兮無不適。有時吐氣成長虹，猶能三褫奸雄魄。

正按：神宗朝攖鱗易，彈權貴難，相機而言有救於世道尤難。然必居鄉之日，行事真爲民，始信其立朝之日，言事真爲國。儻動輒畏譏冷落，斯人即矯矯風節，疇卜其所懷乎。劉公行同善會，决蛇足之疑，則建言可師，直以愛君懇誠，非獨貴其中窾會爾。

山西布政司右布政使中嵩王公行狀

王公諱述古，字信甫，號中嵩，開封禹州人也。生而聳秀，神采英特。年二十五舉于鄉。明年成進士，令富陽，以治行最，調崇德。丁郭安人憂，服闋，再令内丘。尋晉邢部主事，歷郎中。甲辰出守常州。丙午外艱歸，服闋再守保定。晉山西副使，兵備陽和，再晉按察司使，再晉布政司右布政使。奉旨遇巡撫缺推用，偃蹇除目者久之。卒于陽和。

公爲令不屑簿書期會，第持大體。君子之至其邑，倒屣奉教，不啻飢者之得珍羞，貧者之得珠貝，于庸俗不屑也。以是不諧于世。其在比部，妖書事起，公司楚，當胡化獄。

妖書者，四明相私人爲相除異己，俺起大獄，挑聖怒爲一網計。相異己，則歸德、江夏也。會胡化報阮明卿怨，誣奏妖書出明卿手。化，江夏鄉榜，諸人謂江夏實爲妖書，懼敗，故令化誣明卿以脱己。相直以囑司寇，司寇直以囑公，欲榜掠化，令化指妖書出郭正域，以及歸德。公正色曰：「若是，則分宜、江陵，再見今日。」司寇曰：「不然，此公論也。」公曰：「誰爲公論？」曰：「公論出臺省。」公曰：「臺省何人？」曰某某，公曰：「天下有公論，未必臺省；臺省有公論，未必諸公。會鞫自見。」及會鞫，御史大夫温純、司禮陳矩，秉公不阿，再鞫胡化，公立具疏送大理。諸人大譁，嗤司寇爲司官所持，司寇亦大譁，嗤公大敗我事，劫公入郭正域名，不可；劫公重胡化罪，不可；劫公禍且不測，公怡然甘之，卒不易原疏一字。疏上，上覽之曰：「盡是誣妄。」發閣依擬，妖書坐皦生光。

大獄解而楚藩勘疏至矣，事又當公司。司寇以華越謀害親王，當論死，江夏主使宗室當如越罪。公從容謂司寇曰：「今日之事，未論義理，先究利害。宗室乃皇帝天潢，假令楚王果真，華越果誣，親王以誣奏自殺，論死何疑？今事有大不然者，欲駢戮數十宗室，楚宗聞之，勢必戕殺撫按，大亂之起，誰則爲之？忘國家之事，忘身家之禍，以佐人之私，知者不爲也。」司寇曰：「然是何等事，直驅我罟擭乎！」事得不行，于後戕殺撫臣，卒如公料。

守常州，恬夷廉靖，守一正以抑百邪，大義所在，當路欲移毛髮不可。試士，不入鄉紳一竿牘，不聽縣官一揭請，通國非之不顧。尚衣大璫道經毘陵，公絶不與一介，璫大不堪，言于直指，欲怱之朝，直指令少府劑之，公報少府有曰：「幸語按君，勿以側媚相望。」其勁立類如此。在常三年，一時正色稜稜，如高秋新霽，天宇如洗，善者愈自濯磨，不善者抑心向化焉。

其在陽和，正當代藩勘報，忠順婚封。代藩之廢長立幼也，四明與晉江主之，蓄機不測，故一時有識之士，争之甚力。得行撫按勘議，汪中丞據各道申報，欲先疏其事，行邊白登，出以示公，公曰：「大誤矣。一誤獲罪千古。」中丞駭曰：「何謂也？」曰：「有嫡立嫡，無嫡立長，祖宗定法，古今通義也。親、郡王娶有内助妾媵，不論入府先後，已未加封，所生之子皆爲庶子，如無嫡子，庶長承襲，定例也。鼎莎皆爲庶子，鼎謂非庶長乎？親、郡王妃病故，如已有子，不分嫡出庶出，俱不許選繼妃，定例也。代王有庶子二人，張氏安得進妾爲妃？鼎莎安得改庶爲嫡乎？」中丞曰：「鼎莎襲封庶子，已奉明旨，奈何？」曰：「有秦府例在。嘉靖二十八年，秦府恭和王秉欘，庶第一子惟燿，庶第二子惟熄。正妃楊氏故，内助邵氏違例請封爲妃，惟熄，邵氏所生，遂得襲封王爵，亦已奉旨，奏辨累年。禮部尚書徐階等，會議郡王妃故，但有庶子，止許選娶内助。今惟燿之生在先，邵氏進封非例，惟燿于倫序，實係庶長，惟熄于常法，自難稱嫡，遂得旨改正。前後二事實相吻合。」中丞豁然，自是會勘，摇撼百端，中丞屹不爲動，代議遂定。公滿三年考，中丞疏公績曰：「當會議代藩廢立之事，本官簡查條例，首倡公論。斷斷乎有扶持綱常之志，議封之虜使紛來，而處置之方略常定，折服犬羊，無敢越志，君子謂公之見卓矣。」中丞之虚中無我，難哉！

撦酋物故，請封事起。邊將以賂五路爲良策，五路挾封議爲奇貨，不決者五年矣。公至鎮，熟察虜情，既得要領，言于當事曰：「夷性許一索十，後即爲例，最難開端。若循往例，毫不增減，其心自定。且忠順求婚，兀慎、擺腰等酋求賞，其情更切，欛柄在我，儘可操縱。何故倒持，反授人柄？」賄一日不斷，則封一日不成。求成反壞，求急反緩，職此之繇，當事者亦以爲然。未免時動于積習之口，公持之愈堅。五路擁衆城下，不懾，制府動色相加，不懾；同事者以貽誤邊疆相坐，不懾，毅然以去就争之。壬子，忠順亦故。癸丑，卜酋叩關。會撫夷馮大梁通虜事覺，亡去，浮賞盡革，虜使絶望。六月九日，帖然受封。往封撦酋，撫賞八千餘金，今費二三百金矣。公又請于當事曰：「順義承襲，已經三封，依樣葫蘆倉卒結局。國家不恡金錢玉帛以餌虜，虜亦不難交臂屈膝以順受。我以厚賂愚彼，彼以虚名愚我，兩相愚以偷旦夕之安。且今卜酋名雖受封，孤雛腐鼠，力不足號召諸部。五路狡詭，恃功要挾，素囊鷙驁，不聽約束，將來戎機，尚在叵測。爲今之計，宜上下勤思講求足兵足食之策，可戰可守之具，不宜今日稱功伐，明日議陞賞，希一時浮榮，而忘後日之實禍也。」然封事紛紜數年，了局一日，不能不加酬賞，公亦得推用巡撫之紀録焉。

會中朝門户相角，公貽書所知，動以漢、宋黨事相警。乙卯鄉試，式士之録，至有以六經亂天下者，公乃昌言曰：「自古小人，傾陷善類，誹謗正人，止于誅芟異己，未有及于六經者。誅芟六經，自王安石廢春秋始，目之爲腐爛朝報，熒惑神宗，貢舉不以取士，庠序不以設官，經筵不以進講，國論無所折衷，而宋一代之元氣命脉，斬絶無餘，其究使夷狄亂華，天翻地覆者百餘年。今乃以宋儒倡道學，以道學本六經，遂以六經爲亂天下而有餘，又以六經出孔、孟，遂詆孔、孟爲儒生之學，伸黄老於六經之上，悲夫孔孟六經，乃亦得連坐法乎！蓋自王安石所未敢言，當吾世始。于斯時也，天下岌岌乎殆哉，不至三綱淪九法壞，驅一世而禽獸之不止。凡讀六經孔孟之書者，義當何如也！」公之齟齬於時，偃蹇除目者以此。

高攀龍曰：予與公同舉進士，同出高邑趙儕鶴先生門，一時同遊士，交自勉毋爲不義，爲先生羞。而予與薛以身敷教同爲常州人，公與歐陽若谷東鳳，同爲常州守，四人相與更深。公之學，素精天文律曆，後乃知其進于道也。一日公寤寐中忽見晦菴先生謂曰：「道生于坤，兩生道也。」公曰：「然。惟一，故通萬物之神；惟兩，故神天下之化。」自是觸象入神，見超物表。嘗曰：「人必通天地，然後知化育；知化育，然後知孝弟；知孝弟，然後知性命；知性命，然後知禮樂；知禮樂，然後知鬼神。」又曰：「人心，一動静也；動静，一天地也。」又曰：「四時行，百物生，默識之義也。『默識』章是聖人做不了事。『何有于我』與『堯舜猶病』意同。」又曰：「五行，先天也；五事，後天也。夫子告顏子爲仁，直以天道傳之，視聽言動之禮，肅乂哲謀聖也。直下承當，而曰請事斯語，由己而復矣，復其見天地之心乎。」又曰：「孟子夜氣，是萬古求仁時候。」觀是，見公之所詣。

公舉六經子史疏于四書之下，名曰屑考，别有易筌、律筌、曆筌。蓋仰觀俯察，終日沉酣義理，宜其臨事卓然不惑，豈偶然哉？公于郡邑，見能臣幹辦，于朝廷，見大臣丰采，于封疆，見重臣勳猷，于萬世，見名臣軌範，一言一動，皆足垂世立教。伏惟大君子采而著之，以爲信史。

江西安福縣知縣台卿夏公行狀略

嗚呼！以余狀台卿，胡稱略耶？台卿以壬辰釋褐，余以壬辰謁選，僦舍相比，動息聽覩也。以是知台卿最深。其冬，余以使命歸，其明年，台卿受浮梁令歸，而後先喪其二尊人。乙未，下帷吾邑孫慎所氏。丁酉服闋，謁選得新喻令。已復調安福。蓋九年中，晤言不數日，在二邑之間，聞問者一而已。凡余狀台卿，余耳目所及也，又安能盡？

往台卿未第時，受業於顧涇陽先生，先生器之。台卿謂余曰：「吾以經生言求顧先生耳。先生乃時時及孔、孟微言，時事肯綮，于經生言不屑也。而余是年經生言顧獨進。」又曰：「吾最拙于覽記，呫嗶終日，不能得數行成誦。而心獨好姚江傳習録，玩繹者久之，意到成文，汩汩乎出之不難也。乃知人心萬象自備，不假外索。」以是台卿益自信爲學一反求之心。

辛卯舉于鄉，北上，涇陽語之曰：「子往，無失李見羅先生。」蓋是時先生方受誣繫獄，于是台卿即從獄中受修身爲本之旨，苦思力踐，晝所爲，夕必書之，即夢寐有非是，大自切責得毋負李先生。其墨守精專，黄霸之於夏侯勝不啻也。既乃慨然曰：「受其學，不爲白其冤，可乎？」抗疏曰：「臣惟人主所以不勞而化天下，辨君子小人，俾舉錯刑賞之當而已。今陛下欲禁人臣欺君罔上，而欺君罔上之罪，乃加于正直忠良之臣；欲禁人臣黷貨殘民，而黷貨殘民之臣，乃反得安富尊榮之實，如李材、蘇酇是也。夫李材何如人也？臣嘗反覆觀其所論著，考其鄉評，稽其政事，是實能以聖賢爲師者也，豈其忍于欺君？夫蘇鄭何如人也？仕宦所至，金寶盈箱，匪獨其民切齒，道路之人，唾罵不啻矣。自古未有君子而不見疾於小人，今以材若彼，以鄭若此，而論材者非他人，鄭也。陛下信鄭之言，謂材説謊，臣以爲材未嘗説謊也。善戰者貴在平定安輯，而不在殺戮；論功者當論其勦撫合宜，而不當專論其功級。今材以夷攻夷，因勦而撫，未嘗損國家之一卒，用國家之金錢，而卒使遠夷懾伏，近夷歸命，一方底寧，其功豈不勝于數萬之級耶？鄭也以傾材之故，遏匿遠夷之貢，削易其通貢之文，誣忠良，誑君父，是説謊未有甚于鄭者也。今諸臣之救材者多矣，然有憐材之情，欲動陛下好生之心者，有惜材之能，欲開陛下使過之路者，是皆憫材之冤，無奈聖意之不可解，故委曲其詞以求濟也。臣以爲不然。陛下天聰天明，苟不實知材之冤，鄭之誣，而肯爲臣下好言動乎？夫材，陛下之世臣也，功臣也。材之父曰遂，已爲陛下殲倭夷，奏膚功矣。當材弱冠時，已與幃幄效籌畫矣。及材官廣東，羅旁，百年蠢動之孌也，材殲之，建城邑矣；石城、電白之倭，一旦卒然之變也，材殲之無遺類矣。及材官雲南，收蠻莫，破緬夷，撫孟養，守在二千里之外，遂使滇南之藩籬固而門户安矣。是材未嘗無功也，安肯飾詐而自棄其功乎？夫百官，陛下之耳目也，何私一囚繫之人，如撫臣、如科臣、如道臣、如部臣，交章救之不已？遠方之民，陛下之赤子也，何望于一囚繫之臣，如廣東布衣翟繩祖、雲南稟膳閻世祥、舉人朱萬元、貢監姚唐臣等，萬里風霜，叩闕哀鳴之不已？陛下耳目之言不信也，赤子之言不信也，乃獨信一鄺。夫鄺也，浚民既厚，自衛益工，故罪狀已著，止于降調，未嘗追其贓，又未嘗正其罪，天下將謂陛下之待小人如此其厚。夫材也，國人矜式，皇國干城，一遭誣揑，百口不辯，没其功又復致其罪，天下將謂陛下之待君子如此其刻也。昨者朝審之日，朝之賢士大夫，見材囊頭屨挍，纍纍道途，無不欷歔欲泣。臣退而思之，陛下何以信鄺之甚，罪材之深，而忽于天下之公論如此？則皆諸臣之過也。諸臣救材者，皆委曲其言，而未嘗以實告陛下也。臣以爲即使陛下必不赦材，而天下之是非，材之功罪，鄺之欺罔，必不可不明告陛下。謹昧死以聞。」疏入不省，而士論快之。及三王竝封之旨出，台卿又自以辨事儀曹，力争不可。疏復不省，而台卿之丰采益著矣。

及選浮梁令，未抵任，二尊人相繼隕喪，悲號嘔血幾不起。既畢力治葬，家四壁立，不能鉶其口，以吾邑孫氏，去涇陽先生之居近，下帷教授，諄諄以兩先生知本之學開迪學者。

既滿喪，補新喻令。邑民多訟，台卿廉得訟師數人，籍於官，各給號簿，民有訟者，使據情爲辭，情辭一不當，則笞之。先時民被訟者，吏匿其詞，既訊，復匿其案，以鉤得民財。台卿令告者直書詞于牌，牌發該里，兩造備，立訊，訊畢，即示以判。民不欲終訟者，竟已之，不必至官府。緦功以上之訟諭以至情，令即庭中講解，各相悦，已令告者毁其詞，毋起後釁。人人意得去，不半期而訟簡十之七。邑人多盗，有一家父子祖孫，以盗相紹述，有一村數十百家，以盗相糾結。台卿廉得之，即令備一境盗。每盗發，即令捕獲，不得，即令償民所失，功則照格叙之，盗立屏息。于是胥吏無所從得民錢。至有訓蒙吏舍中，爲販賣於市者。當是時，旁近縣人人願得台卿爲令，而安福縉紳多顯者，遂調安福。台卿自喪其父母，毁病未良已，在新喻，病間作。台卿不自恤病，以堅志强力治之，政成而復奪之安福。然安福吏民望台卿眉宇心折矣，台卿亦念可疏節闊目，休養而安全之。民以訟來，亡輕重輒入，入而兩造彌月不至，置不問，束矢之贖，一無誅焉，第惓惓於勸親睦，舉訪民間孝悌力田者，旌别以風之。縣西南多種靛，其始即山谷瘠棄地，自後民歆其利，往往以奴子凌其弱主。台卿至，即爲厲禁，犯者繩以重法。邑中有魁盗，黨連甚衆，行劫吴、楚間，善以邪術自解免，一再捕輒逸莫能得，比得，而在事者又以無左證。欲釋之，幸未果釋，竟莫能決以法。台卿曰：「一盗之不忍，而諸無辜忍乎？」立杖殺之，民至焚香相慶。然台卿即雍雍與民，而廉隅頗峻，人莫敢暱，其民見爲鸞鳳，其豪見爲鷹鸇，於是諸有力而不勝其牿笠者，伏戎於莽矣。而台卿又苦病。辛丑，上計訖事，自念朝露之軀，與世枘鑿，何苦煩賢士大夫調護爲，遂乞教授衢州。就道而病浸劇，竟卒于瓜埠，得年三十有九。卒之日桐棺三寸，委于荒野，遺言誡子弟躬耕自食，希賢聖之學，以仕宦爲戒。噫，可悲矣！

台卿諱九鼎，號璞齋。生平爲人侃侃卓卓，秉禮蹈義。少時家極貧，雅自負荷，不失一嚬笑，驟而試之，妖冶艶麗無所動，驟而驚之，鬼怪險巇無所懾。片語出，狡者輸誠，貴倨者降氣，糾紛者立解。蓋自諸生時，已屹然重於其鄉云。

台卿，我嘉善人也。實無宦囊，今其子最貧。

祭文

祭顧涇陽先生

吾聞之孔子，以道事君，不可則止，謂之大臣。若先生者，斯爲大臣乎！吾聞之孟子，先立乎其大者，則小者不能奪，謂之大人。若先生者，斯爲大人乎！先生之學，大無不見，其要主於明善，究無善之弊，將以明善者滅善，故如救焚拯溺，汲汲於幾希之辨；先生之精神，大無不遍，其要主於好善，要約同好，緝民彝之一線，見不善人之傷善，以爲是絶國家之脉而裂其咽，故不惜大聲疾呼，如衛父兄而扞其頭面。吾嘗謂先生具千古之眼，高燭萬類，而破大道之鍵，故落第二義者，曾不足當其一莞；具千古之腹，含茹萬有，惟吾斟酌，故一切好醜異同，曾不足礙其寥廓；具千古之骨，其于世俗，蕩巢夷窟，苟非志之所存，三公萬鍾，曾不埒于毛髮。此則先生所以爲大而莫之與越。嗚呼！吾于世而未始見似先生者指可幾屈，况乎吾錫詩書記載，更四千餘歲，而文章理學，名節忠義，實惟先生一人之始鳴。泰伯來而梅里片墟，闢東南之草昧；先生出而涇皋撮土，萃宇宙之文明。猗與先生，豈以七尺爲私，百年爲期？而吾乃區區以生死爲先生悲。顧哲人之萎，士將疇依？使吾儕貿貿焉如孩者無提而不立，如瞽者無相而罔之，有心如摧，有氣如靡，乃吾之所自爲悲。

公祭薛玄臺

自兄之亡也，天下之言曰：「嗟乎，失一古人矣乎！孰有如吾玄臺不雕不鑿，純任赤子良知良能之天者乎？」國之言曰：「嗟乎，失一直臣矣乎！孰有如吾玄臺進不求利，退不求全，國有大奸，奸有大慝，萬死臨之，奮然而前者乎？」鄉之言曰：「嗟乎，失一仁人矣乎！孰有如吾玄臺人屈如己屈，人伸如己伸，爲匹夫匹婦復讎，四境恃以無冤者乎？」嗚呼！兄之存也，世不便於兄之至清而形其濁，至方而礙其圓，皆執其似是之中，而病兄之偏。及兄之亡，失兄之用，而後知世之滔滔，人趨其便，獨缺此不便之一途，而兄乃所以救其偏。眉批：公自偏也。時世得其藥則平也。況吾三人者，生同鄉，舉同籍，學同道，年同好〔一〕，無或旬時不相見而相念也，無或一事不相質而相規也。自今已矣！孰有如兄砭吾不善使必改，翼吾善使必遷，扶其暮日遠途使不顛也乎！嗚呼！兄之操持，三公不易，亦不苟於一命；萬鍾不顧，亦不苟於一介。惟其垢衣菲食，畔援者曾不得以攻其中堅，此吾之所以服膺而拳拳。使死者復生，生者不愧，兄其鑒予之斯言。

祭安我素

嗚呼！公之得於天者，快矣足矣。弱冠登朝，服官清署。四牡騑騑，幾遍寰宇。自乞南銓，依依孺慕。解組歸來，悠悠杖屨。戢我田廬，築我場圃。子孫盈前，甘飴分哺。屈指人間，幾如公之所遇？幼於制義，遊戲而裕。長於詩文，指顧而具。渾然天成，從容雅度。墳典浩茫，流窮源泝。性命微言，心怡神悟。屈指人間，幾如公之所賦？孰不欲富，

〔一〕「年」，諸本作「志」。

公脱其簽。素封之業，舍之罔顧。孰不欲貴，公恥其鶩。臺諫之要，違之弗慕。觸忤貴臣，幾就鼎鋸。廿年錮籍，安之如素。屈指人間，幾如公之所樹？名花佳辰，良朋畢聚。皓月清霄，芳尊滿注。竹木叢蔭，無幽不赴。山水名區，有勝必住。蒲團晏坐，藜杖緩步。偕衆爲樂，與物無忤。公有閒身，備諸閒趣。屈指人間，幾如公之所務？

嗚呼！公於細事，柔若嬰孺。大義所激，矯若脱兔。公於臧否，三緘甚固。民瘼所關，矢口而吐。公於清歡，翺翔軒翥。憂時之憂，展轉寐寤。公於江湖，浩然遠去。心懸魏闕，無微不慮。所得諸天，享諸身者，亦既快然具足，於志無惡。或以爲年不足待其所遇，位不足展其所樹，作述不足盡其所賦，丘壑不足盡其所務，造物者固將留其餘，以爲後人無疆之祚。

祭長興令石雲岫

嗚呼！長興之變，非始於長興也，甲子元旦之變，非始於甲子元旦也，其所從來者久。發於長興者，官真則盜畏也。官真，必爲國家安地方，除盜賊，盜安得不畏，安得不思除之以便行事？故長興之盜，非劫庫盜也，欲據邑叛也。公逸，則盜恣屠殺焚掠矣，民鳥獸散，盜有城矣。不意公直身當之也。彼以爲得令，無不得志焉，不意劫獄，獄囚無從叛者，皆曰寧死不背石爺。士民且動地起，盜於是思挾令出城，又不意公視死如歸也。殺一簿，持首示之，公恬然曰：「吾爲令乃護盜，吾即活，何顔見長興父老！」於是盜知事不成，殺公矣。

夫以公之明，聞難而不亂，豈不知脱身避盜，可以擒盜？然公避而邑殘矣，盜勢張矣。盜勢張即事不可知，於斯時將出城乎？否乎？出城則棄城，不出城則死，與其〔二〕死而成盜之事，孰若使盜事不成而死，而盜亦遂墮公計中。夫殺貪污吏者，或可倡亂，公則民之天也，胡可殺？殺貪污吏者，或可逋竄，公之死則爲明神者也，胡可免？甚矣盜之愚也！

公三楚豪傑，國家方倚爲棟梁柱石，而天之生公，僅以殉長興之盜，完長興之民，何耶？節莫大於致身，致身惟義所安耳。義無小大也。抑天之意若曰：「兹盜也，擒則星

〔二〕「死」上，諸本有「不」字。

星，縱則燎原，非公，不能殄也。」特委公與？今天下萬姓膏原野，其初起於一人畏死，委而棄之，以成大難，特以公示之式與？夫盜之殺公，不過以公能捕大盜，請一方，殺公而吏無復有捕大盜者，不知公不死，盜尚活，公死，盜獲，是盜之殺公，自殺也，何益之有？而他盜或自此悔而爲良民與？然則公一人之死，免萬姓之死，欲使天下無二心之臣，無二心之民，其志大矣，其功大矣，其死大矣，非國家所倚爲棟梁柱石，天所以生豪傑之意與？哀哉！

石侯，烈丈夫也。先生更多其智計。

祭丁慎所

維公鍾山川之間氣，稟天地之正氣，質剛骨勁，見大識超，故能歷挫抑，甘厄窮，百折而東，不餒其浩然之氣。當其官中翰也，矢口而明當世之弊，時以爲賈長沙之疏，與世遂不相臭味，一斥而歸，沉寂田間者數年。再起儀郎，復矢口而明當世之弊，時以爲汲長孺之戇，與世益相鑿枘，於是鎩其翅，絶其轡，至欲剸以大盜之刃，一決目中之刺。甲子之元晨，賢令之被弑，一邑震惴，若將隕墜。公奮不自計，流言矢集，屹無所避。擒盜寧民，大亂以治。夫侃侃者，廟堂之義也，恂恂者，鄉黨之制也，公以一意行之。危言者，有道之遂也，遜言者，無道之劑也，公以一節出之。鮀之巧言也，朝之令色也，二者兼而得免於今之世，公皆反之，其不容於世，而猶得全歸其身，固天之寵異，鬼神之擁衛。嗚呼！公於世道，可謂鞠躬盡瘁，鄙夫憤之，鄉愿笑之。至其浩浩正氣，所謂生與俱來，死與俱往者，衆之所棄，公之所貴，足以千古不敝，豈與一時争區區之隆替？

祭陳思岡

嗚呼！吾方與兄訂匡廬之約，相與参疑證悟，明此一事，兄亦欣然期吾以此事甚大，決不可負，而孰意期我之年，即兄棄我之年乎！方兄訃之至，予方與客會食，投匕而起。予平生涕淚甚不易，獨聞兄訃，聲入淚落，不知其所以然，此見兄與予相信之至專。是時即欲急走兄里，憑棺一慟，而疾病相牽，繼以婚嫁，又繼以顧涇陽先生之變，不敢舍東林而出。兄之孤祥且禫，而余一腔血淚，尚盈盈如未疏之泉。

嗚呼！維昔與兄同官行人，兄與聊城逯確齋及余三人相期千古。兄窮遜敏，於吾兩人一嚬一笑，皆察其所以，惟恐陷於意之偏，弗收學之全。確齋與余，謹守洛閩之教，而兄則好禪，各舉其所用力者，窮探極究，曾未嘗相執而相慫。及予罪放，兄嘗一至予里，一會北固，見兄之學益明益暢，益定益堅，每退而自喜。孰知夫金焦信宿，遂永訣終天。嗚呼哀哉！

兄之爲人，擬之而不得其似，吾特像其彷彿。如萬山積雪，疾風裂石，而蒼松百尺，屹然獨秀於孤巖之巔；譬如古洞奇崖，天地以來，未通人徑，而幽蘭蒙茸，相錯於白石清泉之間。蓋兩間至正至清至勁之氣鍾之於兄，而兄又融之以至和而不偏。兄官南省，指奸剔蠹，留京塵垢，蕩然一滌。胥隸之鷙，中璫之狠，垂首屏息，又無不心悅誠服，曰：「公特不便某等，要之爲朝廷做官當如是。」此可見人心之靡爭於無言。四明相以劉本孺諸公請尚方劍，而營窟愈固，非兄與孫拱陽侍御列其贓，則不可去。相瓦裂而豈容兄之玉全？不知兄玉自全，區區一給事，何足爲兄太空之浮煙。

嗚呼！高天在上，厚地在下，來今在後，往古在前。兄心無疚，兄身無邊，吾又何必於兄暫駐之年，較其爲促而爲延。

祭逯確齋

維昔與兄，己丑之春。觀政廷尉，落落未親。迨及壬辰，同官行人。余時見兄，迥爾出塵。就而論學，以决迷津。兄謂予曰，此事久湮。濂洛關閩，聖脉最真。舍此而學，恐非其方。言出兄口，如予肺腸。我志益堅，我氣孔揚。

於時江右，陳子思嵩。其人如玉，其學則禪。各從所好，不諍言詮。要以修繕，禮義無愆。維余三人，燕市連翩。觴榼遞挈，選勝盤旋。充然各得，樂也無邊。

是歲之冬，余有使命。明年癸巳，時事滋競。握手一月，余以罪屏。兄擢給事，急於引善。未嘗有心，以言自見。曾不半年，復以言譴。涇陽去銓，兄落諫職。君子之途，乃始叢棘。天實爲之，讒殄何塈。

吾觀仕者，務自需忍。與時委蛇，鋒藏鍔泯。邪正是非，不形口吻。三事九列，循循而迫。維余三人，實反其道。聖主至仁，首領獲保。退而閒居，一編是老。人皆齪齪，吾獨浩浩。所得于己，亦既可寶。

嗚呼思岡，受氣至薄。余則亞之，兄神獨廓。謂兄長年，此道所托。云胡相續，喪吾棣萼。余乃後死，亦有何樂？嗚呼兄乎，南北形滯。中間書問，動淹年歲。兄謂讀易，久不知味，近乃豁然，知其所謂。余爲兄喜，此第一義。嗚呼兄乎，生死易耳。兄既知易，死則可矣。嗚呼哀哉！

祭歸季思

往者予得交於武塘吴子往，已復得交於兄。予生以壬戌，兄後我一歲生，子往後兄二歲生，年相次，志相許。私相評，以爲我三人者，無叶俗之才，亦無用俗之福，柔身弱骨，惟是泉石間合有斯人。

余有水居，踞漆湖山，子往有荻秋，在野塘叢竹間，皆豁然以野屋受景。兄亦築陶菴於郊坰，茅堂三楹，樹槿自蔽。三人者相過從，味世俗所不味，騣騣乎樂也。然余有婚嫁累，子往有舉業累，兄有病累。私相期以三人者，一旦脱去所苦，表裏蕭蕭，得數十年枕琴臥書，餐山茹水，死可不恨。而三人中，兄獨貧獨鰥，獨得旦夕居陶菴中。吾二人每過兄，未嘗不竊歎以泉石之福，兄獨擅其全，眼中無復有敗人意事矣，是將何病不可愈耶？兄之病去，吾兩人累亦將漸次解除，以兄爲依，終吾暮年之樂。而何意兄之一旦舍吾去耶！去年秋，予過兄，見兄病未良已，以爲深憂。復見兄神情暇豫，心坦坦然，自藥欄花畦外，一無所營，又深以爲得已病之道。近復寄兄書，欲兄幽事都不關情，胸次空豁，不掛一絲，以待天之自定。孰意吾書未至兄，而兄訃先至耶！嗚呼哀哉！兄有絶人之慧，絶人之識，絶人之趣。出諸口者，不漫作無味之語，筆諸書者，不漫作無味之詞，措諸躬者，不漫作無味之事。儻令得用於世，正身率俗，立懦廉頑，足以風動當年，垂光百世。即寂寞陶菴中，眉宇嚬笑，猶足以洗濯一世塵垢。而今已矣，何天之無意於斯世，而忍奪斯人耶！

子往方對公車，或者天復奪而用於世，使予向誰道五湖佳事耶！予於海内知交，各有深契，至於雲霞之味，惟二兄造其微。惟予知二兄之微，故以二兄爲依。子往即用世，所之既倦，歸自足沮溺相耦，於時左右顧而失吾兄，又何心一談一笑耶！嗚呼！以兄之神情無滓，其行於天也，必爲清風朗月，必爲鮮霞明星，吾二人依兄，於是焉依乎。兄靈炯然，亦復依予兩人否耶？嗚呼哀哉！

祭茹澄泉先生

惟師，太朴所造，太和所保。孝於親，依依如在襁褓。信于友，冲冲如味粱稻。早歲黌宫，燁然文藻。暮年幽居，悠然懷抱。屏惡如田父之芟其草，護善如富人之匿其寶。自潔幾于江河之澡，不欺可質日月之皜。坦懷應物，不寒不燠。哲鑒内炳，爲白爲皂。斯人當三季之隆，必在德行之考。即下降七雄之世，亦何負趙魏之老！今使其窮途潦倒，枕經藉史以槁。不得與朝榮之槿，同一日之鮮好。嗚呼！吾將問諸蒼昊。

公祭復吾沈先生

嗚呼！公之丰標，如玉斯瑩。公之文章，如金斯勁。公之宇度，如春斯和。公之襟情，如秋斯净。凡茲同籍，及門下士，及年家子。思公德容，不違於目。思公德音，不違於耳。去我日遠，遐哉邈矣。公體則蜕，公神無方。或彼或此，或在或亡。悠悠我思，曷知其鄉？九龍之崗，二水之旁。三江浩渺，五湖蒼茫。公或其間，去來徜徉。清風淡淡，白月涼涼。虬松謖謖，碧竹鏘鏘。公或其間，上下翱翔。亦有旨酒，如人世否？亦有良朋，如我儕否？亦或來歸，視兒孫否？疇昔之日，公魁南省。附公尾者，千里思騁。淹忽至今，綆弗竟井。公其念兹，能無耿耿。

嗚呼！天地成毁，如掌反覆。其不毁者，如虚在谷。哀我人斯，一往不復。旋視其元，浩然常足。區區百年，孰延孰促。公味斯言，夜臺明旭。嗚呼哀哉！

公祭葉容溪文

余觀世之仕宦者，歷中外不數年，則能美其宫室，膴其奉養，以明得意。其父母亦率憑子自植，稍稍易其寒素，没則子爲文其生平，侈其窀穸，爛然耳目，以爲如是足以榮其親，鄉之人莫不曰：「夫夫人子也。」嗚呼！其亦不思爾矣。

葉翁以子貴有年，而參之之貧如昔。凡所謂親之憑其子者，翁百不得一，而子之侈其親者，參之百不得一。世俗之論，皆以參之窘其身，并以窘其親，使翁曾不得一日享貴人之奉以死。嗚呼！其亦弗思爾矣。

假令翁不能安參之之貧，則參之不能一日安其廉，是則參之能貧以翁，而翁之賢以參之之貧，若與所謂憑子厚殖者比類，而觀俗之所貴，道之所恥，翁之顯榮孰加焉！且吾聞翁性淡泊而特嗜酒，修竹衡門，素心朝夕，陶然一觴，無求於世。而參之奉酒錢惟謹，未嘗令乏，則是翁固有至裕者存，焉在其爲窘也？余悲夫世衰俗薄，守身之孝不明，謂富貴足以榮親，而潛德内充之士，不白其堅貞之操，且若慕慆淫而不可得者，故表而出之，靈其有格于斯文。

高子遺書卷之十一終

高子遺書卷之十二

題跋雜書類

題三太宰傳

吾嘗謂君子經世宰物，好惡兩者而已。然善非身有之，弗好也；惡非身無之，弗惡也。視天下之治亂，朝廷之利害，非如得失久切于身，好而弗純，惡而弗决也。故聖人之學，始于格物。格物非一，格好惡之物爲要。好惡之物格，則好惡之知致，好惡之意誠，好惡之心正，而修齊治平舉之矣。今之人往往輕言好惡，以流俗之愛憎，濟其作好作惡之私，明目張膽，自號爲公好公惡。嗚呼！其亦弗思而已矣。聖人曰：「唯仁者能好人，能惡人。」聖人言好惡如此其難，今人言好惡如此其易，其亦弗思而已。書曰：「先民時若。」故君子急于格物，多識前言往行也。

今天子御極四十有一年矣。天下屈指揆宰者，必曰兩揆、三宰。兩揆，謂王山陰、沈歸德；三宰，謂陸平湖，孫、陳兩餘姚也。山陰、歸德兩餘姚尚矣，其心光明，其行峻潔，無得而訾焉，獨平湖有知不知者。吾謂君子論其大，不苛其細，舉其長，不諱其短。平湖合楊海豐論言事諸君子，五君子所不爲。當其時，平湖不出此，不得宰天下，收一匡之功。吾獨怪執政者以此取平湖，則是平湖之短，乃其所爲長，平湖之長，乃其所爲短，好惡倒置，如之何不失天下望也！夫婁江、新建、蘭溪、四明，其始豈不表表膾炙人口？一旦執揆柄，名實俱喪者何耶？少長于富貴，沉溺于詞章，無天下萬世之遠志，又岐于佛老之學，得其粗而遺其精，假其似而亂其真，不明聖人大學之道，故小人得乘其欲而愚之也。眉批：佛老亦欲。哀哉！

天下之生久矣，一治一亂相尋，一正一邪相錯，極治之世不能無小人，極亂之世不能無君子。方以類聚，自唐虞之世，九官、四凶分類，至元祐、熙寧極矣，此以彼爲黨，彼亦以此爲黨。黨者類也，欲天下無黨，必無君子小人之類而後可，如之何諱言黨也？夫君子何黨之有？上惡黨，故小人之黨反目之爲黨，一網而君子盡矣。故君國者不患黨，要在明辨其黨。三太宰者，其好惡同，故用事者以爲黨而惡之，繇今觀之，孰是耶？非耶？

嗟乎！浙自昭代以來，有三大功臣，有三太宰，然而位不齊其德，用不竟其志。三宰歸而三揆出，猗與盛矣，而天下與彼不與此。斯民也，三代所直道而行，格好惡之物者宜何從？斯傳也，長孺之示人至深切矣。

題貞裕卷

天之生物也，隆冬閉藏不固，則生不茂；山川之氣，其盤旋回伏縮結者不密，則其發靈秀也必小；聖賢之生，其勞苦拂逆，經歷愈備，則其受任愈大。語曰「始於憂勤，終於逸樂」，信哉！

蓋攀龍讀貞裕卷而三歎曰：「此可以知天，可以知人，可以知學。」當太恭人稱未亡人，二十有六耳。又十年而安節先生始生，又二十年而先生始成立。前乎十年，則繼嗣撼之，後乎二十年，則外侮撼之。當是時，太恭人所恃一念耳，一念謬則萬事謬矣。嗚呼危哉！孰知夫二十年後旌詔之及也！孰知夫先生舉於鄉，成進士，而太恭人悉及見之也！孰知夫泉臺且綸贈，再以御史贈，以太僕贈也！人見其裕之樂，而不知其貞之難。

夫人心甚危，遷易靡定，幽憂亂之於内，變故亂之於外，一日不可知，况三十年乎？故一念者，天人之衡也。持之而躋于天，謬之而墜于淵，一念定而人定，人定而天定矣。嗚呼危哉！人亦慎此一念也哉！吾故曰可以知學。

天因人定，人因念定，念因學定。學而不定，則是未嘗學也。

題鄒貞女卷

易之漸曰「女歸吉」，女之至貞者也。故六爻皆取象於鴻。鴻，義鳥也，象女之從一而終，故曰「可用爲儀」，可以正邦而善俗也。聖人之用女貞大矣。吾觀鄒貞女矢志之年，十有二耳，非有告誡勸勉，非有見聞蹈襲，豈非性哉？天地大矣，一女子何啻一微塵，而一念之正，足以充塞兩間，彌亘千古，顧不偉與？

吾邑稱人文之盛，富貴顯榮，奕於時人耳目者，何可勝數！或嗚得意於恣睢，號達生於靡麗，局局轅駒，靡靡秋草，視貞女何如！其有知自好者，或節毀於名成，心移於挫抑，半塗自廢，九仞土崩，視貞女又何如！詩云：「豈不劬勞，其究安宅？」志士仁人，烈妻貞女，棄世俗之所樂而甘心獨往者，夫豈徒然！吾於貞女，蓋爲潸然興嗟，竦然自懼。

其究安宅，果在何處？生時有之，死時有之，心安則神安，通乎生死。

題丹陽丁氏追遠會簿

昔者，滕，小國也，截長補短，五十里而已。孟子勸之行仁政，而曰有王者起必法之，然則王者所行皆滕政也。滕政遂及天下，及萬世矣。

子行，貧士也，而能率其族之人分積銖累，使祭有田，月有會，行之二十餘年無替。夫放海之水，本於涓勺，干霄之木，起於勾萌，繇此而之引而不已，以追遠之餘，可以恤近，以一家之法，可以勸衆，是爲仁人之師，而丁氏之仁溥矣。

夫不忍人之心，人皆有之，不忍人之政，人皆有之。有其心者有其政，無其政者無其心者也。眉批：補孟夫子之義。故以一族每月分銖之積，而足以成政焉，何必有位者？人心之迷，迷於至近，忽其近者小者，以爲不足爲，於是終身無善可積，而棄其遠且大者，惜哉！

建故邑侯王公祠堂引

往者嘉靖中，少月王公來令吾錫。錫故無城，公莅事甫三日，召父老謀曰：「夫錫，巖邑也。不城，吾與父老不有錫也。請從事焉。」邑之人意難之，公持之堅，於是工始興。邑之人意又易之，公持之急，於是工遂竣，凡三月耳。工甫竣而倭卒至。當是時，非城則錫不可守，然非公則錫不可城，非公持之堅，董之有法，則不可以三月城，如是則錫之民鬼矣。故寇之退也，即藉公備禦之多方，義士之効死，而説者以爲猶其次也。

錫之田，自國朝以來，轉展於貧富之交，進退于奸胥之手，至嘉靖間，蓋有田者不盡出賦，而賦税者不必有田，富民之子孫，已無置錐之地，而催科之吏，猶闃門守之。公曰：「若是，則不可爲政。」遂丈量之，於是有田無賦者，不能隱其實，有賦無田者，始得以銷其虛。民得免溝壑，散之四方。嗚呼！迄於今三十餘年，錫民之得安養生全者，公之賜也。公之明德遠矣。

按，祀典曰：「有功於民則祀之，能禦大患則祀之。」嗚呼！非公孰克當之！非公孰克當之！然而公今且死，公之靈，尚未得憑吾錫彈丸之地，錫之民，未得出一黍一具，以奉公之烝嘗。無論縉紳先生，下至齊民，無論生當公之世、生後公之世者，萬口一心，僉謂缺然而不容已。不佞攀龍，以此心當然之義，質一邑同然之心，敢倡舉其事，欲於惠山之麓，誅茅畝許，搆堂三間，以妥公之靈，於其旁搆一廂，以妥義士張某等三十餘人死於倭難者，仍乞諸當道歲時奉祭。然非一人之力也，敢與同志者商之。竊見今之時，在處佛殿鼎新，畚鍤雲舉，人翕然從之，千百金可計時辦具。夫人所以樂於奉佛者，豈非惑其生死禍福之說乎？無論其事之必無，藉有之，蓋杳冥不可知者也。吾儕繇祖父以來，生養安全至今者，孰爲之乎？王公也。之死而生之，轉禍而福之，不大彰明較著哉！從事于杳冥不可知者，而忘其彰明較著者，智者必不其然。不佞則度夫同志者之衆，而是工可計時辨具矣。謹告。

烈帝廟助工疏引

烈帝廟工已有次第，第神像未塑，殿磚未布，月臺未甃，廟門未整，以前之木直、瓦直、石直未盡償，木工、瓦工、石工未盡給，約得三百金而竣事，不無藉於衆力。夫邑之有明神，一邑之怙恃如父母然，父母之神靈未妥，爲之子者寧能恝然？除已助者外，吾里閈中或以銖兩，或以分文，或以釜庾，或以升斗，皆可以自盡其誠，以安神靈，以爲一邑怙恃。吾輩試思水旱兵戈，萬命一絲之時，所以祈佑於鬼神者，何異子之呼號其父母，而平時可不知敬事乎？謹告。

急則號之，暇則忘之，凡民之事人、神者皆一也。故因事而呼之，使恒其敬心。或曰：「如遠之之義何？」曰：助工，敬之也，非近之也。有其舉之，莫敢廢也。邑有明神，所從來久遠，不與添設淫祠同也。

保安寺建養老堂疏引

昔者聖王老老、長長、幼幼之化行，舉天下之民自生迄死，皆有恃而無恐。王政熄而二氏興，民之幼而無養、老而無歸者皆入焉。今浮屠氏之徒遍天下，能得其道者，百千萬人不可見一二，而入焉者，資以爲養而已。韓昌黎曰：「人其人，火其書，廬其居，明先王之道以道之，鰥寡孤獨者有養也，則庶乎其可也。」夫曰鰥寡孤獨者有養也，是矣，而未盡也。田不井授，民無恒産，無養者豈惟鰥寡孤獨云爾哉？

無錫有保安寺，在邑之南郭，四方僧徒過於此者，得小憩焉。寺僧某欲建養老堂，以處其老且病者，欲余爲引其疏。余既悲夫養老者歸之浮屠氏，而復憮然曰：「以天地言之，皆人也；以老者言之，皆養也。」是宜亟與之而亟勸之，且勸四方之賢者亟助而成之。古之聖人曰：「一夫不獲，是余之辜。」吾儕當曰：「一夫而獲，亦余之幸！」可謂仁之方也已。

阿衡見此，當爲垂泣。學顏子之學者，必志伊尹之志，安能樂而無憂？樂而無憂者，自以爲遠伊而近顔，豈知一體之憂失，而樂亦非顔矣。

華藏寺重修佛像引

華藏爲宋張俊賜葬之地。寺爲俊建也。俊佐檜賊殺岳武穆王，千古而下，仁人志士争欲斬屍揚灰，猶恐爲天地之穢。今俊墓已在荒烟敗草中，爲野狐牧羝之穴，而寺尚存。寺之存，非爲俊也，爲地勝也。湖山浩渺之致，禪房花竹之幽，選勝者所必之，故寺屢圮而復修。寺之修，非爲俊也，爲地勝也。

寺僧某修寺既竣役，募都人士整三世之像，而欲余爲引語。余謂夫湖山依寺，寺依佛像，信當修，而因爲大衆説佛。佛者覺也，檜乎俊乎，一何迷乎！佛之教空也，檜乎俊乎，千古臭穢，佛能空乎？知不能空千古之臭穢，則當自覺其是非之本心。

金剛經集注小引

無住心者，常住真心也；常住真心者，不生滅心也；不生滅心者，金剛心也。得金剛心之謂應住心，得應住心之謂降伏其心。云何應住心？得無所得也。云何得無所得？住無所住也。此法至難信，至難言。世之信者，信經而非信心；言者，言經而非言佛。雖然，經即佛也，佛即心也。不可無經，則不可無言。

承源華公，暮年幽居，冥心觀寂，手集經注，以導夫讀斯經之不得其門者。既成書而梓之，徵不佞弁語。不佞儒者，夫焉知佛？蓋嘗繇吾聖人之言心者而知之，惟金剛不壞，惟心不壞。世人役役於夢幻泡影露電之物，執之以爲固，曾不知須臾變壞，至人人有常住不壞者，乃覿面而失之。哀哉！觀斯經者，於泡影見無住，不於無住見斷；於金剛見常住，不於常住見常。不捨萬法，實不得一法，其庶幾乎！然斯言也，經而已矣；斯經也，言而已矣。

告龍王文

直隸常州府無錫縣高攀龍謹齋戒焚香告於龍王之神曰：

天下之物萬矣，惟龍則謂之神龍。夫物則不神，神則非物，龍亦物也，而謂之神者，豈非以其能上下天淵之間，使雨澤之時行，輔陰陽之不及與？不然，則吾見其無以異於魚鰍之族，而有無不足爲世輕重也。

邇年霪雨爲災，五穀不登，東南之民，饑而死者，十之一二，疫而死者，又十之一二。今天復不雨，苗將槁矣。更五日不雨，苗當半槁，十日不雨，則苗盡槁。公家之廩，已竭于上，私家之蓄，已罄于下，迄於明年，民當十而死八九矣。去冬，天子仁惠，大約捐東南田租之半，今年復不有秋，天子將復捐其半乎？則所不捐之半，亦無從出也。將盡捐之乎？則國賦無從出也，而亦無救乎民之死亡。夫天下之田，天下之人所待哺也。東南之田，非獨東南之人所待哺，天子、六宮妃嬪之膳，百官之食禄，以至沿邊戍卒之餉，皆待哺於此。東南而復荒，則吾不知其勢之所終也。以爲國運自此而傾乎？則天子明聖，宰相和同，無紛更叢脞之擾，未宜據絶於天，何民之困一至此也！

古人有言：「居廟堂之上，則憂其君；處江湖之遠，則憂其民。」攀龍進不在廟堂，退不在江湖，而日夜戚戚皇皇，既憂其君，又憂其民，無可與告者，不得已告之龍神。夫神龍也者，能上下天淵之間，使雨澤之時行，輔陰陽之不及者也。神則無不在，匹夫匹婦之精誠，皆足以感觸之。誠有鑒予一念之精誠，三日之内，大沛甘霖，易四野洶洶之情爲欣欣之色，則龍之爲神昭昭矣。謹引領以望。

伊川以河工成，非龍女力，先生以亢旱籲龍神。河工，人所爲也，歸德于龍，則懈勞人之心。靈雨，人所不能爲也，業有以僭致恒暘者，在田之大人。姑以此致無聊之思焉。況也雲漢呼天，飛龍之事，古人視天人神相感之際，有如一氣之通者。

代耆老祭城隍文

本縣城垣圮壞，鳩工修葺，某等爲鄉紳推薦，邑父委用，董督其役，所懼人各有心，難於合并，惟是齋誠自矢於神：

此一舉事，百年永賴，此十六人，一體相成。譬如作室，或梁或棟，運斧運鑿，期於成屋。又如行舟，或江或河，操舵操篙，期於共濟。人之有善，如出於己，己之有善，亦同於人。毋居己於逸，而貽人以勞；毋暴己之長，而形人所短；毋執一己之見，不通衆人之謀；毋信細人之言，輕乖同事之誼。一有私心，聽神鑒神誅，一切公事，祈神扶神祐。各秉真誠，協成大義。謹以牲醴祇告始事。

細民之信神者半，不信神者半，先生故代爲祭告，合人神以重其事。夫國聽于神則亡，民不信神則肆矣。

題世尊像

即一切法，是謂法法，離一切法，是謂無法。見有法者，即非法法，見無法者，即非無法。無法法法，法法無法。我説此法，是謂佛法。問佛何法，佛何曾法？又説我法。

先生何故説此？因僧求題，即彼法以曉之。觀世音、達摩、純陽皆此意，惟張仙

題觀世音像

觀世音者，反聞聞自性也。自性寂然，何得謂之音？實無所見，何得謂之觀？菩薩以無作妙力圓通自在，聞無所聞，故謂之觀，觀無所觀，故謂之音。耳目互用，人天交

修，靈感靈應，機本自然。衆生動一妄念，大士能見能聞。大士何在？這妄念的便是。

題達摩

天自清，地自寧，耳自聰，目自明，只這個便是，説這個便是，又却不是，從古無人道得一字。這個尊者，西來做甚麽？共道一花五葉，決有些秘密。咄！捉出真臟，只是一衣一鉢。

題張仙

詩稱「張仲孝友」者，即神也。今且列星於天，司命於世，世人冀昌其後者，必嚴事神。夫神，孝友者也。其所福，必孝友者也。然則孝友者，善其身且以昌其後人，人之嚴事其父兄，當如所以嚴事神，斯乃爲能事神者矣。

題純陽祖師像

有甚仙？有甚凡？三餐飯是九轉丹。但欠一刀兩段，便爾萬劫沉淪。却被多口翁呵呵冷笑，説甚汞鉛龍虎，越添藤葛，覷破來是家常飯無人喫。

題翠峰上人像

認得這個，便是翠峰，認得翠峰，還不是這個。黄鳥一聲天地春，春在何處？會得麽，只這個便是翠峰。

題聶端虚先生像

黄卷中相對者，非聖賢耶？青氊前相對者，非蒙士耶？何聖非蒙？何蒙不可聖？視賢師而成性，瞻視必端，衣冠必正，有上上根人，繇斯以入聖。

「四勿」爲乾道，即結語之旨。

書玄帝訓言後

心者，人之神明，即天神、地祇、人鬼充塞無間者也。人敢於欺君父，不能掩其一念之自照；敢於傲雷霆，不能消其一念之自歉。其自照自歉者，神明之充塞無間也。人乃以某神主治某山，某神下降某日，欲於是祈福禳禍，亦愚矣。

寓内稱神靈顯赫者，必曰玄帝。玄帝有訓言垂世，陸君初印見而尊之，鎸石公之人而徵余一語。余惟上帝好生，見人陷不善，是自蹈刀鋸鼎鑊，絶其生理，汲汲欲拯而拔之，千聖萬靈，立言垂訓，其旨一也。夫人不知自心之爲鬼神，而恒畏鬼神，畏鬼神而不敢爲不善，是畏刀鋸鼎鑊而不敢蹈之死而生之也。此刻廣而陸君之德廣矣。上帝豈有言耶？然其旨歸之勸善，不妨因妄示真。

書繼志會約

聖人之學，求仁而已。蓋余每讀論語而疑之。仁，人心也，而何聖人言仁每言事？一日憬然思曰：「嗟乎！離事固無心。」即如夫子告顏子曰非禮勿視聽言動，告子張曰恭、寬、信、敏、惠。試體之日用，非禮而視，不仁矣；非禮而聽，不仁矣；非禮而言、動，不仁矣；不恭、不寬、不信、不敏、不惠，亦然。知不仁乃知仁。夫吾之心，本恭本寬本信本敏惠，視聽言動本無非禮，一一還他本色，本不加毫末。故識其自然者，不可不勉其當然者，勉其當然者，不可不識其自然者。此謂本體，此謂工夫，聖人下學而上達，即工夫即本體。同志之友，試於此求之，以爲何如？

書悟易篇

太極者，理之極至處也。其在人心湛然無欲，即其體也。先儒云「心即太極」，此語須善會。無欲之心乃真心，真心斯太極矣。心莫難於無欲，故人莫難於立極。若但見其無形無方無際而已，是見也。故曰：有所見便是妄。奉山汪公，能悟易者也，其必有以識之。

敬書吾祖盆荷詩手筆後

吾祖静成先生，嘗以盆盎植荷於庭中。嘉靖己未花，賞之以詩，是年得吾伯兄附鳳。越二年壬戌再花，再賞之以詩，復得攀龍。若爲吾兄弟兆者，抑何異耶！夫家之有喜，其氣先應，鳥鵲草木，皆能兆之。今以蓮兆。蓮，花之君子也，發於盆盎，小能大也。常人神局於六尺，君子神充於宇宙，亦若是矣，吾兄弟可不勉歟？蓮，多子者也。子以及子，吾兄弟之子孫可不勉歟？相率而爲君子也，乃所以報吾祖，報[一]天之休也歟！

書唯菴先生誌銘後

先生少弱，稍動作輒疲，必偃仰時自休息，然善裁節一切，不竭其意之所欲，不務其

〔一〕「報」，底本作「執」，據諸本及年譜改。

力之所不勝，如是者久之，乃益强無疾，七十八十不衰。然吾聞先生八十猶未絶欲。人曰：「壽，天植也，非關欲。流水不腐，匪貴其積。」嗟乎！是驅人而納諸罟擭陷穽矣。人受氣於天，猶子受産於父，厚薄殆十百千萬倍屣無算。故富人一日之需，當貧士終歲之計；貧者效富人，一下筯而凍餒踵至矣。且夫先生少能自裁節，畜於方盛之時，故氣益固，迨老不衰。不揣其本，欲齊其末，殆矣。

先生五十七，自醴陵歸，杜門却掃，棲遲陋巷中，薄田僅給饘粥，晚歲支離婚嫁，至不能守其田廬。先生曰：「貧，人所不堪，吾以儉之一字銷之；横逆，人所不堪，吾以忍之一字銷之；士不得一第，宦不得進一秩，老而喪其室，喪其冢子，人所不堪，吾以命之一字銷之，是吾銷其意之不足也。青山白雲，吾遇之欣然，第以散步微吟銷之；長溪煙水，吾遇之欣然，第以小舠蕩槳銷之；空齋永日，吾遇之欣然，第以焚香趺坐銷之；僧廬梵宇，吾遇之欣然，第以啜茗清言銷之，是吾銷其意之有餘也。銷其不足而無餘憾，銷其有餘亦無不足之歉，吾之所以爲吾自若也。」君子曰：「是皆壽道也，宜其壽。」然則先生養之少壯、養之暮年者交至矣，寧獨天植哉！

先生得年九十一而卒。其卒之年，第不能步履，無他疾痛，其卒之旬，第不能飲食，無他疾痛。蓋氣盡而止矣，斯所謂壽而考終命。

先生自爲誌銘甚核。將葬，而原曾乃謁余請銘。余曰：「先生有成命，子不可違。」謹以所聞於先君子者，附其説於後。蓋先生者，先君子所從受經也。

書成佑臺先生自誌後

往攀龍嘗與許靜餘先生耦行市中，遇佑臺先生，許先生趨而進，執禮甚恭，私於攀龍曰：「是真德行也。」嘗舘于某，有魯男子事，人無知者，吾友馬君惟任聞之，亟爲舉鄉飲賓，許侯同生，爲表其門。當是時，先生年八十有五，越明年庚戌而先生卒。攀龍讀其自誌，爲之斂襟歎息者久之。是豈非凜凜冰淵没身者哉！先生之生，明興百五十七年矣，去孝皇之治未遠，士生其間，慕古遵義，多獨行君子之德。吾觀先生見先民軌則焉，何必貴顯？今士或紆青拖紫，死之日，捫心自疚，無論人口，即其自視，亦何異犬豕豺狼虺蝎然，悲夫！繩墨之於人大矣。故厭貧賤，慕富貴，而略居身之道者，是貿貿於建瓴易盡之年，而不察死生之説者也。

書淇園春雨卷

春雨既零，新篁抽翠。長林人静，書堂晝虚。當此景物，作何酬對？飲醇較奕乎？焚香啜茗乎？操觚染翰乎？是謂馳情玩物，俗之所貴，道之不載也。古之至人，川觀則指逝者之如斯，庭草則識自家之意思，此何爲耶？有斐何以興歌？切磨何以比義？於此悠然而思，憬然而會，庶幾點點聲聲，非爲孤負。

書金鏡軒董役卷

鏡軒金君之董役也，手萬金，不私一介；衡萬價，不謬一物；措萬料，不誤一用；程萬工，不虚一晷。江南有大工役，必迎致君，君退然不屑也。迫而後起，一諾之後，百挫不恤。不避嫌怨，不怠夙夜，不憚風雨，不辭寒暑，事必底於成，成必底於固而後已。今年吾邑林侯鼎葺學宫，延君董其事。君奉觀察公命而來，自正月至六月訖工，邑之人無不德君之力，憫君之勞，服君之能，悦君之誠，如吾所謂不私一介、不謬一物、不誤一用、不虚一晷者，益信矣。

余悲夫世之人，土苴信義，芻狗廉恥，而惟利之視，利所在，則蠅營蟻聚，利所妨，則蜮射蠆螫。故事無不窳，衆無不吐，視金君何啻金玉之於糞壤，鸞鴻之於蛆蠹。繇此觀之，人之貴賤，豈以冠裳韋布，要以自貴自賤而已矣。

是役也，吾友馬君惟任實首議迎致君，持之堅，請之力，遂得之林侯，又得之觀察公而始得君。天下之事，非人不成，非能任人者不得，成事之人類如此。

書江生夢卷

世人認欲爲心，故認夢作醒，須實信現前一切如夢，一切舍去之，當見非夢者，見非夢者，而後夢亦非夢矣。人禽之判，只此幾希閒，危哉！若徒夢中説夢，衹添藤葛。

書吳起讓八分變體卷

古篆亡，而聖人之字學晦。夫字，心畫也，目擊而心存。如德，從直從心，直心爲德也。而直，從十從目從隱，隱微之地如臨十目爲直也。諸如此類。八分以後，去古愈遠，書者論點畫向背、往復回互之工，法備而義不存矣。

吾邑吳君起讓，獨好八分，書以示予。予不知書者，予則喜君之好古。今人巵匜樽罍之屬，近古則貴之，獨不好古之道耳。有志者不爾，必曰古之人。古之人，如摹法書者然故似之也。今君好書之近古者，引而伸之，非古不好矣，寧直八分千字之間哉？

書相者潘覽德卷

壬戌春孟，吾師儕鶴先生書來，言覽德術極奇，其人有俠氣可尚也。是時經撫失河西，都下人心皇皇，若奴賊旦夕至。余謂覽德曰：「勿言富貴，且言安危。」國家安，吾輩安矣。」覽德曰：「不害也。吾見都人，士無干戈之色，今見公益信。」余令視諸公卿，皆然。豈國家承天之祚，吾輩承皇之祚而然乎？若以人事，覽德言難爲券矣。覽德相人，必本於心，曰氣色，皆心所爲也。心善而吉，心不善而凶，有吉凶反常者，先世善不善之積使然，報盡而止，不可常也。此其術之通乎道者也。夫「惠迪吉，從逆凶」，此千古大相法，覽德師傳，得其一緒便奇中，信乎天下事無不本諸心者。

書醫者喬心宇卷

人身有附贅，與血氣相并，盜血氣爲養，耗血氣爲病，如國之有小人，所謂城狐社鼠，去之不可，容之不可，則身之瘻、腸之痔是也。而痔爲甚，甚且妨人晏坐之樂、登涉之勝。予年三十而有斯疾，五十始覺其害。已未秋，遇心宇喬君，治而去之。不用猛藥，不事驟效，以浹旬之力，使藥氣沁入，而邪氣沁出，滓結痂脱，與血肉若不相黏者然，一何神也！嗟乎！國之小人，亦如是而已。不即戎，不用壯，使膚理内堅，而附贅外落，如木之落其枯且蠹者，而枝幹不知也，斯國手矣。夫國家盛時如人之壯，有疾而不自覺，迨其衰，而害乃見，非國手，惡能勝其任而愉快乎？

予之疾去矣，晏坐一室，遊行五岳，翩躚無礙，其樂何如！於其身之樂，不能不動世之憂。安得有如喬君者，決附贅之耗，調血氣之和，使皇路平夷，往行若馳也哉？君之行也，壽之以觴，而志其私慨如此。

治癰疽者，首禁刀鍼，況瘻痔乎？誅殺，刀鍼也，小人驟除，毒必他發矣。保身，戒快心之言，保邦，戒快心之事。大凡妙理善術，不在快心。

書醫者顧仰蒲卷

顧仰蒲者，瘍醫也。癸未秋，余病疽，幾殆一庸醫之手，顧君藥之立起。當是時，人未有知君者，及是，聲殷然。其爲醫不乘危以要人，不責報於貧人，不責厚報於富人；治方必先歲氣、慎天和，不輕用剽疾大寒熱之藥伐其源本，不輕用鍼砭劙割，要以輕重疾徐，稱於其病而收其效。蓋吾邑之治瘍者，無以上之矣。

往者君貧時，日中而不舉火，出户悵然，迷於康莊，俯而視得遺金焉。君曰：「吾窘如是，安知遺金者不猶吾邪？」低回久之，則遺金者匍匐至矣，訊其實而還之。欣然歸，以告其婦，婦曰：「甚善。若是，君不憂餒也。」吾嘗擊節以爲其婦更難。久之君醫果行，且時出其餘以周人急曰：「吾念吾餒。」君爲人好善疾惡，得人善娓娓言之，得人不善亦娓娓言之，以是見取於君子，亦見疾於小人。吾嘗謂君休矣，君藥籠中，寧皆菖、苓、參、术耶？

仰蒲好心事，先生微言藥其病，過參、苓矣。然是病也，昔者子貢猶犯之，當藥以虞舜。

書名公玉字卷

陳伯符寫照，肖其形，并肖其神。神者，何也？在心爲志，在形爲度，肖其度者，肖其神也。肖形存乎法，肖神存乎悟。非悟，不足以入神，技非入神，不足以得人之神。得形者技而已，得神者進乎技矣。

書關僧净六卷

僧家既參方得訣，須入關自參，塵緣擾擾，得此静功，豈非勝事？然吾見關僧，多是借好題目，裝好模樣而已，實無志參求性命也。有焚誦者，有書寫者，有持咒者，有參話頭者，總排遣過日，三年出關，依然舊時人。閒中日月，良可痛惜。吾謂關中静坐是第一工夫，静中除妄想是第一工夫，除得妄想方是工夫。妄想如何除得？要知人生以來，真心悉變成妄想，除却妄想，别無真心，回光一照，妄想何在？妄不可得，即是真心，急自認而已。日認日真，必有日一聲雷震，萬户洞開，方知如上所言，字字是真，字字是假。何者？不認不真，當其認時，還是認者，故曰是假；當其真時，即此認者，故曰是真。此是儒者格物一訣，吾不知其於禪如何？

净六上人欲余書入關卷，余以語焉。人心無妄想則已耳，若猶未也，當用此訣。

書僧卷

心月上人持不二心飯其徒衆，其徒之道經於此者，獲有底止，無飢渴之虞。夫先王之政，所在委積，行旅如歸。今沙門一衣一鉢，徒手而之四海，四民適百里，宿舂糧矣，又何怪佛氏之徒之衆乎？然以覆載言之，皆人也；不養於彼，而養於此，皆養也；一飯之施，與萬鍾之施，皆善也，爲善而已。若曰作如是果，得如是報，是有意爲善，非善矣，君子無取焉。

書張汝靈扇

只一點靈明，是人禽異處。若得他清清明明，循理而動，便是「君子存之」；若任他昏昏逐逐，隨物流轉，便是「庶民去之」。人禽二途，非此即彼，更無中間不人不禽可站立處。人但見不講學問，不識本心，不過是個庶民，不知已是個禽獸。於此瞿然發個猛省，這猛省的是何物？便是君子所存的這些子。

癸丑仲秋，桐川張伯陸先生過東林，闡發心宗，多士心孚。將别，欲余貽一語於其令郎汝靈兄。余謂聖人之道，一心而已；心，一靈而已，人人取諸己而足也。因爲題此，請正。

書秦兩行扇

丈夫出世一番，豈容没没，要當猛然而思吾之此生作何究竟。世人有以富貴爲究竟者，有以功業爲究竟者，有以子孫爲究竟者。富貴遇也，功業時也，子孫緣也，非吾所得而主，非吾所得而有。吾所得而有者何在？究其終，當原其始，吾之與生俱來者是也。何物也？曰心也。天地間極平常，極奇特，惟此一字，人人知之，人人不知。聖賢千言萬語，終只説此一字。世人所謂心，絶非聖賢所謂心，聖賢所謂心，又不離世人所謂心。知之，一言可盡也，無言可會也；不知之，累千萬言不得也。故要在自求，求之彈指之頃，得之彈指之頃，如開眼見天，何處非天，舉足蹈地，何處非地。一得則萬畢，得與不得，何止聖凡之分，直是生死之路。

書秦開陽扇

學者將凡情聖解，盡情捨去，放他自然明覺出來，日用間聽其分別是非應去，如此而已。此自然明覺，何物也？索之無朕，究之無象，執之無迹，無思也而自來，其來也又無不能思，無爲也而自至，其至也又無不可爲，神矣哉！請觀日用常行内，誰號先天太極真？以此讀聖賢書，不爲尋行數墨矣。

書友人扇

凡人而可至於聖人者，只在慎獨。獨者何也？本然之天明也，人所不知而已所獨知也。是即知其爲是，非即知其爲非，匪繇思而得，匪繇慮而知，即此是天，即此是地，即此是鬼神。無我無人，無今無古，總是這個。知得這個可畏，即便是敬，不欺瞞這個，即便是誠，一一依這本色，即便是明。這裏打對得過，便可建天地，質鬼神，俟聖人於百世。詩云：「温温恭人，如集於木。惴惴小心，如臨于谷。」慎之也。

書友扇

人心須常息。息，止息也。息則生矣。復於未發之謂息，但自反照，群妄了不可得，習之久而自能復也。

書扇

存心，必繇静坐而入；窮理，必繇讀書而入；静坐讀書，必繇朋友講習而入。從事於斯，其益無方，其樂無方。非天下大福人，不得與於斯。是入德要訣，即舉業要訣也。

書周季純扇

學以知性爲事，知性以知天爲事。何者？性無象可即，天舉目即是。現前虚空皆天也，知天則知性。人心無事，上下與天地同流。今人見大賓，無敢不敬，豈有與上帝相對越而不敬者乎？故曰「終日乾乾」，「終日對越在天」。小人不知天命而不畏，故閒居爲不善，無所不至，何足怪哉？學不知天，即勉强爲善，非誠也。

書朱仲增扇

君子所在，增重何與？説在易之鼎。鼎之初曰「出否」，二曰「有實」。非仁無爲，非禮無行，凡物欲之非吾固有者，一切洗滌之，所以「出否」也。學以聚之，問以辨之，凡德業之爲吾固有者，及時進修之，所以「有實」也。於是乎雉膏可食，公餗無覆，爲五之金鉉，上之玉鉉，而增世之重也夫。增者生於減也。減以「出否」，增以「有實」，惟其「出否」，所以「有實」。至於減無可減，斯增無可增，而金玉其質矣。

書趙維玄扇

人有此身，即有此心，不知有其心，則不知有其身。人有此心，即有此性，不知有其性，則不知有其心。人有此性，即有此覺，不知有其覺，則不知有其性。覺斯敬矣，敬斯性矣。覺者乾道，敬者坤道。何以言之？夫人之覺，不知其所繇來，不知其所繇來者，天也。所以覺者，繇不敬也。繇不敬而覺，覺斯敬矣。覺者心也，敬者身也。今人四體不端，見君子而後肅然端焉，所以不安者，非繇見君子而然，其性然也。見君子而性斯顯耳。故心覺而身敬者，坤承乾也。乾坤合德，則形性渾融，久而熟，凡而聖矣。故君子不以一日使其躬儳焉，不克終日，聰明睿智，皆繇此出，學不務此，萬事俱鄙矣。

同志約五條

往來用單帖，隆重則用折柬。

過從相叙，殽用葷素六簋。菓榼湯點，可有可無。不專席，不殺生。

特設相邀，殽用葷素八簋。五菓一榼，一湯一點。用一生，不殺更佳。

寧損于約之内，毋益于約之外。稱家而行，即一腐一菜不爲簡。益于約外者，客辭不饗。

遠地相訪，晤言既洽，主人不復至客舟答拜。

右雖細事，可省浮費以養廉，可省煩勞以養生，可省物命以養福，可杜奢侈以示後，可敦朴實以維風。凡我同志，願相與堅持之。

同善會講語三條

這個同善會，專一勸人爲善。所以勸人爲善者，且不要論善是决當爲，惡是决不當爲的道理，中間極有大利害，不可不知。我等同縣之人，若是人人肯向善，人人肯依着高皇帝六言，孝順父母、尊敬長上、和睦鄉里、教訓子孫、各安生理、毋作非爲，如此便成了極好的風俗，家家良善，人人良善，這一縣一團和氣，便感召得天地一團和氣，當雨便雨，當晴便晴，時和年豐，家給人足，豈不人人享太平之福。若是人心不好，見識歪邪，見個善人，便叫他是没用的滯貨，見個惡人，便叫他是有本事的好漢，看這六句言語，是喫不得、着不得、用不得的古話，一味凭着自己的意力，一切非爲，要做便做，一人作歹，十人看樣，便成了極不好的風俗，這一團惡氣，便感召得天地一團惡氣，雨暘不時，五穀不登，人民疾病，疫癘交作，兵火盜賊，出于意外，不知者皆謂氣數當然，不知氣數是人心風俗積漸成的。眉批：此句有説不盡的道理。此非迂闊之談，昔年福建興化府人，作惡異常，有識的人皆説道：「此城必屠。」不數年間，倭子來，獨攻破興化府，士民都被屠殺。若不是人心風俗所爲，何以有見識人先説在倭子未來之前？可見一家爲善，便是一家之福，家家爲善，便是一縣之福。眉批：達人曉此，便須率人爲善，然必從自善始。我等各宜真心實意做個好人。做好人雖喫些虧，到底總算是大便宜；做惡人雖討些便宜，到底總算是大喫虧。急切回頭，不可走差了路，害了自家，又害子孫，又害世界。

第二講

這同善會，今日是第十四次了。會友有百餘人，人人皆出自心自願，可見善是人的本心，爲善是人的本分事，如著衣喫飯，人人喜歡做的。從此歲月日久，凡在同善會中人，看得一縣中老者、貧者、病者、死而無葬者，真如一家之人，痛癢相關，有無相濟，這一段意思，豈不是極好風俗，天地神明所極喜的？凡在會中受施之人，自然思量這個銀錢，是善會中來的，豈可在不善處用？皆當興起善心，爲子弟者愈思孝親敬長，爲父兄者愈思教子訓孫，各思勤儉生理，各戒非爲浪費，這等方是同善之意。所助雖微，所勸甚大，不虛了此會。

我等生在世間，百年有盡，所作善業惡業，浩劫無涯，過了一日，便没了一日。所以吉人爲善，惟日不足。這個身子，生的時節，一物不曾帶來，惟有這個善，是原帶來的；死的時節，一物不能帶去，惟有這個善，是原帶得去的。各各思量，各各努力。

第三講

這同善會，廣勸世人爲善。凡來聽者，便是有善根的人，所以有善緣到此，便有善言入耳。切不可輕看過了這句好言語，一句善言，提醒了一點善心，便做了一世善人，豈但轉禍爲福，正如起死回生也。不必添説甚麽好話，只看這牌上寫着六句，一生也做不盡，一生也受用不盡。這太祖高皇帝是我朝的開基聖主，到今造成二百五十年太平天下，我等安穩喫碗茶飯，安穩穿件衣服，安穩酣睡一覺，皆是高皇帝的洪恩。高皇帝就是天，這言語便是天的言語，順了天的言語，天心自然歡喜，逆了天的言語，天心自然震怒。我輩豈能當得上天震怒？他的言語，原是我門家常日用最安樂的事，人人有父母，人人隨分孝順他；人人有長上，人人隨分尊敬他；人人有鄉里，大家要和氣些；人人有子孫，大家要教訓他；生理是該做的，人人做自家該做的事，各有過活；非爲是不該做的，若做不該做的事，各有罪名。但看世間盜賊，那有不破的？但看世間嫖賭、打行、告狀、詐人的，那有善終的？到得官府訪拏，囚禁牢獄之時，想著那街上本本分分、肩挑步擔做小生意的人，也都是天堂，何苦只貪暫時快意，造成無窮苦楚？今日聽得這言語，各要立定主意，做個好人，鄉里也尊敬，子孫也流傳，父母尊長都喜歡。就是没有父母兄長的人，人也稱道這是某人的子孫，某人的兄弟。如此學好，父母兄長也增光彩，祖宗也增光彩。這便是孝順尊敬的實事，比那三牲五鼎供養的也還强勝些。做好人有説不盡的風光，説不盡的安穩，都從今日這一點念頭上起。原是好念頭的人，愈要堅固，原是不好念頭的人，就要轉變。苦海無邊，回頭是岸，急急回頭，還嫌遲了。

高子遺書卷之十二終

嘉善陳龍正惕龍甫審定

高子附録篇目

高子附録

詠高先生 嘉善錢士升

吾師子高子，繹聖得宗旨。研幾析無倫，静觀先太始。德輝藹春陽，心境湛秋水。形解何超然，虚空起滅爾。

過高先生水居同吴覲華卞子厚高伯珍兄弟

爲尋仰止訪遺宫，宛在冰壺玉鏡中。幾點青山留面目，數椽茆屋想流風。悠然觀化魚還躍，寂爾齋心月正空。須信斯文猶未墜，三三兩兩一時同。

題高先生遺像　始寧倪元璐

贊曰：道喪之世，忠者死爾。上死死忠，上忠忠死。忠死之忠，匪以死止。死忠之死，不虧國美。魚貫雞連，鉤黨殺士。士盡死者，公大而禮。爲士鍛榮，同文之黚。爲國洗辱，汨羅之沚。疇並公忠，信國文氏。正反相明，如車合軌。當宋既灰，瓶墮其祀。嗚烈取著，所以燕市。當明鼎盛，闌干其紀。避辱取晦，所以止水。燕市國光，止水國體。大人之死，非苟焉已。

書高先生帖後　劉宗周

閲先生遺表，及別友人書，見先生到頭學力，顧其言各有攸當，弗得草草看過。告君曰「願效屈平遺則」，不忘君也；告友人曰「得從李、范遊」，不負友也。蓋以數子之義，自審其所處則然，而非果以數子自況也。至云「心如太虛，本無生死」，先生心與道一，盡其道而生，盡其道而死，是謂無生死，非佛氏所謂無生死也。往歲嘗遺余書曰：「吾輩有一毫逃死之心，固害道；有一毫求死之心，亦害道。」此金針見血語。求先生於死生之際者，當以此爲正。

又先生處化時，端立水中，北向倚池畔，左手捧心，右手垂下帶，口不濡勺水，人多異之。先生平日學力堅定，故臨化時做得主張，亦吾儒常事，若以佛氏臨終顯幻之法求之，則惑矣。余懼後之學先生者，淺求之東漢人物，又或過求之二氏，孤負先生臨岐苦心，特表而出之。

跋高先生帖同邑葉茂才

余年友高存之先生，與余共學幾四十年，其大節細行，無慮千百而全歸一節，尤足爲大臣處變之法云。蓋當乙丑、丙寅間，逆璫魏忠賢，與其黨崔呈秀等，矯旨逮繫諸名哲，幾遍天下，大都死於詔獄，即幸遣戍，其屈辱已甚矣。先生聞緹騎四出，逮及吴中諸公，默忖曰：「是役也，行將及我。我忝列風紀首臣，可殺不可辱，辱身即辱國也。」於是逮者至府，遂於開讀前一日，秉燭書垂絶數言，自比屈平，而沈園池以終。

嗚呼！屈平之忠，先生之所優也；先生之學之養，則非屈平所敢望也。平之時，上官大夫非有深憾於平，第放之則已矣，是平可以無死也。而崔、魏諸兇，於先生則必殺之而後快。與俛首就逮，爲獄吏凌逼，貽先皇以殺大臣名，曷若委身清池，國體既全，而身不受桁楊箠楚爲得乎！故以平自比，不知者以爲自賢，識者以爲自道也。而四十年學力，至此始有得力處，先生蓋亦自信之矣。後之欲觀先生者，第觀其全歸時，齋沐焚香，告天告君，併告諸祖考，從容詳審，無異平日，則其所養可知已。顛沛必於是，先生有焉。

資德大夫正治上卿都察院左都御史贈太子少保兵部尚書謚忠憲高先生墓誌銘

朱國禎大學士

理學至國朝而明，明之極，間亦厄而蝕，如日月然，暫蝕必復，復乃愈顯其明。正統八年癸亥，河東薛先生，厄於王振，幾死，卒參密勿，祀廟廷。越一百二十四年丙寅，乃有梁谿高先生。先生諱攀龍，字存之，號景逸。祖孟永公始定居邑之東南隅，一傳耕樂公如圭，再傳省軒公翼，三傳雪樓公適，世稱長者。雪樓生靜成公材，是爲先生王父。舉孝廉，令黄巖，有異政，祀名宦鄉賢。生繼成公德徵，配陸夫人，貳邵夫人，實生先生。生有盆蓮之瑞，王父紀以詩，至今跋而藏之。靜成有弟靜逸公較，娶朱夫人，無子，因以爲嗣。自幼神采奕奕，善讀書，言動如成人。母授菓餌，必拱手接，或命自取，一如所授。習舉業超超章句外，默誦諸儒語録、性理諸書。二十一壬午舉於鄉，居嗣母憂。丙戌、丁亥，顧涇陽先生方講學，聽之甚喜，即曰：「學將爲聖人也。出口則議論，入手在躬行，豈可泛求？」一日看大學或問，見朱子説入道之要莫如敬，悚然曰是矣，一以整齊嚴肅爲主。久之，見程子謂心要在腔子裹，解曰：「腔子猶言身子耳，渾身是心。大學曰修身爲本，又曰知本，更於何處索本？即身即心，會歸於一。道不遠人，於斯可見。」

己丑成進士，出高邑趙儕鶴先生門，即有知學之評。廷試三甲，當爲令，丁嗣父憂。先後盡哀，持喪甚恪，益修子職，絶人事，讀禮讀易。服闋謁選，當改京秩，或有申舊例，外仍與外者，甚喜曰：「居内悠悠，坐老歲月，不若乘此年力做一出頭，以後便可刃解。」然竟授行人，自盟曰：「吾於道未有所見，但依獨知擔負，庶幾深造。」

適僉事張世則疏詆程、朱，欲改易傳注，上所獻書，求頒行天下。不勝憤，上崇正學闢異説一疏。報曰：「高攀龍所言，有關世教，尋論大本大機，語極剴切。」高邑方在銓部，共相確證，深味河東粹言，謂約而且精，當字字體貼。孫立亭爲司寇，相見勉以力學，且言律爲用世本，因加意律學。作日省編，集崇正編，謂讀書意思不進者，尊德性功夫少也。率以半日靜坐，即出遊、公會、水邊、石上、僧房，皆其嘿嘿齋心處。五更氣清，尤自提策，忽思「閑邪存誠」句，覺得當下無邪，渾然是誠，又覺得覓誠即邪，存之即是。舊字雲從，因以改焉。奉使金陵，鄒南皋在刑部，各言所志，期以最上工夫。還朝，感時事，上君相同心惜才遠佞疏，語侵閣臣，下部院會議，聞之坦然。涇陽謂：「只宜杜門存待罪意，若太坦然，亦覺未至。此意須當自得。」深服其言。既議，上降雜職，尋調極邊，涇陽亦以言事黜，貽書有「吾曹一時退處，共得閒身，何修報稱」之語。

甲午赴揭陽典史。舟中嚴立規程，只於靜中着力，當心氣澄寂時，有塞乎天地氣象。

所經奇峻山川，險絶灘頂，一一悅心，當境皆爲我助。過汀州，坐旅舍一小樓甚樂，手二程書，至「萬變俱在人，其實無一事」句猛省曰：「果無事！」從來牽纏，俄然斬絶。抵官，勤職事，課藝，集朱子要語刊示之。邑令爲同年，佐其不逮，除一兇人。

署事三月，覓差歸。其地有蕭自麓者，故念庵先生門人，臨別語曰：「公當潛養數年，不可發露。先輩嘗背地用一陣苦工夫，故得成就。」再拜謝曰：「敢不服膺。」至漳，謁李見羅先生。李謂既知宗，則心意知物，各止其所，格致誠正，不過就缺漏處照管，真有無所事事的光景。答以大學格致，即中庸明善，要使學者辨志定業，此心光明洞達，無毫髮含糊疑似，以爲自欺之本，然後爲善去惡，意誠心正身修，善所以純粹而精，止所以敦厚而固也。不然，萬端紛起，如何用力？且修身爲本，人皆知之，然必辨義利是非之極，窮至無穿窬之心，斯爲知止。工夫喫緊沉着，豈可平鋪輕説，都無氣力，并條目次第，籠侗做去？李無以難。自謂出門至此，學力已三轉手勢。

乙未歸，再取釋老二家參之，謂釋氏與聖人所爭毫釐，其精微處，吾儒具有之，總不出「無極」二字，病處，吾儒具言之，總不出「無理」二字。尋連居父母喪，一依文公家禮，讓産諸兄弟不可得，盡供喪葬，餘置義田贍族。戊戌，作水居於湖邊，中有一可樓，言無所不可也。武部吴子往來訪，深契。相與閉關趺坐，坐必七日，作復七規程，取大易「來復」之義。

甲辰，東林書院成。故龜山先生遺址有道南祠，侵於僧院，邵文莊圖修復不果，至是與涇陽共成之。集吴越士大會其中，一依白鹿洞舊規，每會拈出大旨互證。要歸於端居主靜，謂大聖賢自有大精神，主靜只在尋常日用中，學者神短氣浮，以百當一，以千當十，積久厚聚，拔此俗根，庶見天則。以學爲教，從前静定居多，間以會友應酬，至是，無之非静，觸處流行，不煩收攝。嘗自言丙午以後，方實信性善、知本、中庸之旨，此道絶去名言，程子名曰天理，陽明名曰致良知，總不若「中庸」二字。中者停停當當，庸者平平常常，本體如是，工夫如是，一毫造作走作不得。心矩學矩，從有離合中造，到渾成處，於朱爲貫通，于孟子爲集義所生，於顔子爲不貳不遷，四十年攻苦，確然可自信者。

兩朝鼎成，廢臣以次起用。庚申，召拜光禄寺丞，同日高邑爲太常少卿，福清葉臺山先生再召爲首輔，鄒南皋爲總憲，衆正並登，以會講事屬同年葉閒適而後行。辛酉，進光禄少卿署事，綜理精密。中官初閙於前，尋即帖服。嘗云：「頭緒雖多，儘做得去。」東奴儆報狎至，請逐鄭養性、李如楨、李可灼，以消萌除慝。淇澳孫先生上紅丸疏，劾舊輔方從哲。讀而歎曰：「此一部春秋也。」持論不少顧忌。轉太常少卿，作寅直説，并陳務學之要，言明理以明心，明心以出治，方從哲、鄭養性，大義不容不討，不然，孝非孝，反以不孝爲大孝，忠非忠，反以不忠爲大忠，黑白倒分，人禽反易，何所不至。傳旨重處。福清争曰：「斯人有重望，處則滿朝必争，吾亦與之同去。」僅罰俸，猶有言朕不孝之語。蓋上本英明，重首輔，容讜言，逆璫魏忠賢雖在旁播惡，猶未得盡肆也。已轉大理少卿，又轉太僕卿。方、鄭之黨，且憤且懼，竊竊只以東林爲言，將注其毒。

會京師建首善書院，蓋鄒南皋、馮少墟兩中丞率同志所闢，福清爲之記，稱一時盛事。給事中朱童蒙騰疏顯詆，大約歸重東林，踵而起者甚衆。兩中丞皆辭位去，先生亦疏辭，謂講學何罪，頓空法紀之臣，禁學何名，發自聖明之世。再移疾有邪氣所干，元氣大伐等語，以身爲喻，冀有感動。福清留之，加護持甚力。明年差歸，給事中王志道疏論兩朝事，淆雜不倫。致書駁之，大要言人臣爲國，當杜漸防微，懲前毖後，不宜爲亂賊脱罪，爲君父穜禍。夫皇祖威福在手，妙於調停，是皇祖身上事；皇考仁孝根心，妙於隱忍，是皇考身上事；今上祖考在念，妙於處分，是今上身上事；若夫嚴萬古綱常，守三尺法紀，君讎必報，君賊必討，是臣子身上事。而奈何諱之，加以誣謗，使天下更不敢開口説亂賊一字可乎？見者無不膽落，然皆倚中官爲窟翻弄，無所不至，心憂之，日玩易自適。幸鄭養性會鞫逐出都門，頗慰，謂身上事作一小結局。方請告，張太宰誠宇曰：「高公坐此，人皆畏憚。」又自指其心曰：「渠心明説出，人自知畏。」尋奉差舟行，卒業易注。到家講東林如故，曰：「宦情秋露，學境春風，是可決擇矣。」福清見勢孤，求補閣臣，挈余爲助，點用四人，聊城朱蓼水、南樂魏道冲與焉。余過梁谿相見，力以大義爲言，猶未行。無何，晉刑部侍郎，趣還朝。

皇子生，推贈三代，廕一子。曰：「聖恩渥矣，敢自逸乎！」時高邑已爲太宰，給事中魏廓園，故與東林講席，晉首吏垣，相約一以懲貪爲急，内外凛凛。顧逆璫已用事，南樂結爲族，大拜實有力焉。初對衆猶諱之，璫亦曰：「我家人殊不濟事。」然密已輸款導之爲非。一日講筵後，璫刺刺品評，且曰：「莫用一邊人。」則其源可知，所礙手惟閣臣。

未幾，璫爲楊副院大洪所糾列二十四大罪，頗内懼，謀於南樂，謂必去福清乃可。因其求歸，陽慰諭，迫以不堪事。行批：林汝翥事。乃行，始無所憚。總憲孫藍石病卒，衆議楊副院署事，璫不允，議馮少墟爲代，璫傳旨推在京者。户、兵、刑三尚書，非人望所屬，卿貳中因補少宰，及南太宰，點陪并正推，皆引去。或曰：「内故以此驅除也」。惟先生與饒豫章、李懋明三人。饒年老，李新至資淺，又爲同事者所軋，遂以屬焉。苦辭曰：「師生分列部院，攻門户者藉口，何以自解？」然衆議已定，不可易，遂推上。余見内外所忌惟先生，命未必下。舊例送票而後發，計期三日，至是次日即發，衆皆欣欣，余獨怪，謂非佳意。方福清在事，每言聊城久處，不及時局一語，難測。南樂本閣考門生，當票擬，福清運筆如飛，忽曰糊塗，又他事多相左，臨發密語余曰：「渠内有所恃，咄咄逼人，不得不避。蒲州更非其敵，必不能久。子當早辦歸計。」又曰：「梁谿，内所甚惡，外尤側目，又太宰門生，子之年友，於道交爲湊泊，於俗情爲眼釘，尤須善處。」余心識然，皆不敢言也。

先生既入臺，首糾極貪御史崔呈秀，奪官勘脏。尋具疏申嚴憲約責成郡邑，列五十餘款，期於拔才除賊。示畫一之畔，其大端在調和閣部，謂閣當借用外廷，不可以外正直而疑其激，外當責成内閣，不可以内和緩而疑其媚。福清深得此意，余亦忝附同心，謂其迹自此可泯，而議者眷眷，以二人大可疑。有冷語挑剔者，余等皆稱疾不出，至煩鴻臚宣諭暫解。

孟冬廟享，南樂遲至，首垣等峻劾，示必不容。大恚，遂顯附逆璫，商之聊城，合策以獻。凡閣票用墨，内批用硃，内有可否，必發改票，閣臣執正，甚至彊争，内亦無如之何必，曲聽，或一二字添改，必注明俟考，皆首臣執筆。想正統初年勒定張太皇太后所云凡事聽先生主張者，世世守之，閣臣惟此一柄，可以着力，即神宗在位久，事多獨斷留中，亦未嘗不依票改批。至是獻策曰：「散其權，某奮死奉命，何事不可爲？」璫甚喜，傳旨云云。呈秀亦投體言曾糾陶朗先，高曲庇，借事報讎。時山西巡撫缺，已擬郭尚友，改推謝應祥，謝曾爲嘉善令，首垣經識拔者。御史陳九疇方外轉，窺指以門牆爲言，詔停應祥另推，選郎首垣奪職，責太宰及先生阿比。余驚曰：「部院待罪，或得免。」聊城出不意睁目曰：「誰免誰免？」蓋成算已定，惟就中人知之。明日，九疇留用，朗先直追贓四十八萬，凡蒲州原擬，改之至盡，蓋皆兩人潛改潛送，屢黜員外郎徐大化，又伏内幕，潤色動千百言。蒲州本以王安事，與南昌劉是菴先生皆逆璫所銜，劉早去，僅得留，至是數見侵，堅卧。余肩次受事，權去無能爲。朱童蒙以蘇松兵備捶死告災者，衆大鬨引疾，余照例票允，聊城攖取，改擢京堂。御史李蕃、李恒茂，言他事暗訕前案，余駁之，南樂追還，改褒獎，余即趨出。旬日間，蒲州、太宰及先生皆逐，余賜歸，歲除出京，一網打盡。呈秀復用爲先鋒。明年乙丑，毁書院，屢起大獄，殺副院首垣等十餘人，太宰行戍，欲并坐先生，吴錦衣力解得止。

至丙寅三月竟逮。報至爲十六日，謁道南祠，有別聖文。歸看花後園，呼諸子，舉「原無生死」四字以示，且曰急料理，爲出門計，獨身就理，可免他累。作字二紙，扃篋中，復之内寢，與夫人款語，少刻出，取所封紙示兩孫曰：「無先發，明日以此付官旗。」時已三更，命暫退，移時聲寂，諸子推户入見燈火熒然，發所封，乃遺表也。諸子急，從旁扉奔池畔，則赴水死矣，蓋次日丑時也。異香撲鼻，鄰人皆聞車馬聲、瓦裂聲。衣履整齊，淤泥不沾身，滴水不入腹，數日成殮，面色如生。遺表云：「臣雖削奪，舊係大臣，大臣受辱則辱國，故北向叩頭，從屈平之遺則。君恩未報，結願來生。臣高攀龍垂絶書，乞使者執此報皇上。」復有别友人書云：「僕得從李元禮、范孟博遊矣。一生學問，到此亦得少力。心如太虚，本無生死，何幻質之足戀乎！」聞者無不哀痛。余爲位哭成病，至秋稍愈，往弔，靈風肅然，若或見之。

嗚呼傷哉！夫河東厄於王振，即棗强之悍，尚以臺長被訶叱不敢鞫，卒賴竈下執爨奴哭泣以免。今忠賢之逆，十倍於振，閹臣反逢其惡，其餘草偃，因以報怨逞志，黑浪翻天，鬼風匝地，坐視正人糜爛，并及先生，曾爨奴之不若。人止知南樂，不知聊城，有物有對，一顯一微。小人作緣，終露醜態。不月餘春闈副考，陡被奪去，鞅鞅有違言，守位不終，究竟掛齒讕辭解嘲奪者，志無不快，威無不加，然良心聞露，公論難容，最後一疏，嗟何及矣。逆璫科之以叛，呈秀呰以爲多，立地譴歸，蒙面以死。而附麗諸人，猶泰然侈得意，自謂遠或十年，近且五七年，可坐享富貴。然不渝歲，聖主龍興，首甃逆璫、呈秀，餘以次湔掃一空。先生得贈太子少保、兵部尚書，賜祭葬，謚忠憲，廕子。子世儒詣闕謝恩。明旨稱爲孤忠邃學，秉節正終。世儒復以先生兩次請移封，母夫人未沾一命，具疏乞恩，得封夫人。又復邀三世誥贈，自雪樓公以下，咸得恩贈如先生官。噫嚱！是亦可以慰矣。生嘉靖壬戌七月十三日，距其殁得年六十有五。配王夫人，子三，女四，孫男七，孫女五，曾孫一，俱詳述中。世儒等以崇禎三年十二月廿八日，葬於九龍南嶂峢之諭塋。

先生既殁且追恤，海内益悲思，謂常人蓋棺始定，真正學問人，至此始見光輝力量。夫學自孔、孟後，程、朱立準，陸象山互有印正，遂覺分塗，後之人習其説者，皆不免流弊。先生謂從朱學，弊爲實證可消，從陸，則流爲虚證難補。蓋深見近日聰明人，大言鼓動，致人心陷溺，思以救之，又不欲明指其人，衹煩詞説。故以敬律身，以静窺妙，以易義乾坤姤復轉樞紐，遮實補虚，然後學脉始清，邪説自息，功不在距楊、墨下。而蒙難從容，符合明夷之旨，静中得道，諸苦咸除，出死入生，當下超脱，稱今古一人，又何疑焉。著作甚多，内朱子節要研訂最真，正蒙集注解釋最備，周易孔義，則一生精力所注，真前聖所未發者。

余素不知學，相從日久，以「真」之一字見許，期以經世，而今已矣。世儒等以志見託，一時同志凋盡，非余莫可任，子往亦以爲言。然下筆實難，繪天測海，未容草草，而天裂海枯，驚悸垂死之餘，淚有餘，思不屬。荏苒年餘，則錢宫詹神道碑銘已出，乃矍然摘而書之，美不勝書，别有全刻，不可不讀。姑爲之銘，銘曰：

千古學術自有真，諸儒講席多平分。吾道南矣梁谿濆，東林書院天下聞。顧公開壇從如雲，高公領袖同其群。程、朱訂定掃紛紜，陰霾積久見朝昕。從教蛙鼓喧復殷，獨衍孔脉精且勤。剖判神理窮無垠，繭絲牛毛何足云。興起善類德所薰，立言垂世比典墳。振肅綱紀滌世氛，閔不加察口露齦。於我何有等飛蟁，超然箕尾謝魔軍。入水不溺貌欣欣，花香池影氣氤氲。生死如一見真君，曰忠曰憲表清芬。我增一字則曰文。

資德大夫正治上卿都察院左都御史贈太子少保兵部尚書謚忠憲高公神道碑銘

錢謙益禮部右侍郎

今上御極更始，首僇逆閹，言者始上故資德大夫、都察院左都御史高公死狀。天子曰：「噫！是吾守正捐生之臣也。」贈公太子少保、兵部尚書，謚曰忠憲。崇禎三年十二月，公之子世儒始奉天子之寵命，大葬公於南嶂崠之諭塋，俾謙益書其墓隧之碑。

謙益謹按：我皇祖神宗皇帝，久於其位，天下恬熙，小人近倖，孽牙其間，一二君子，奮起下位，以搘拄國是，而朋黨之論始出，所謂一二君子者，高邑趙公、無錫顧公其尤也。公舉進士，實出趙公之門。萬曆癸巳，趙公忤時相被逐，公以行人奉使還，甫三日，即抗疏分別忠佞，極言閣臣不當陰除異己，鋤善類，以空人國。奉旨詰問，侃侃不少鯁避，遂降揭陽縣添注典史，而顧公亦以言事罷歸。

無錫故有龜山先生東林書院，公與顧公修復遺址，講學其中。久之，東林之名益高，海内清名之士，淹久不用者，其應和益廣，而群小疾其厲己，争相標目，遂譁然以東林爲質的。天啓初，大起廢籍，公與趙公相次枋用，群小滋不説。會應山楊公疏擊逆閹忠賢，而公以考覈回道御史，褫閹之私人呈秀，於是群小合謀嗾忠賢曰：「東林必殺公。」忠賢怖且恚，亦曰：「東林殺我。」然不知所謂東林者何等也。甲子冬，假會推事，盡逐公等。乙丑，戍趙公，逮楊公等殺之。丙寅，又逮公等七人，公不辱，死於水。

嗚呼！朋黨之禍，至於斯極矣！然其所繇來久矣。公與趙公實與之終始，豈非天哉！公初聞有使收捕，與家人處分燕語，若將治嚴就徵者。夜分闔其室，爐香拂然也，封題宛然也。及諸河，形神離矣。裳衣成削，口鼻未嘗少沾濕也。湛淵潔身，不以苟生辱國；北向叩頭，不以垂絶廢禮；結願來世，不以之死忘君。從容就義，守死善道，嗚呼難哉！

公爲人齋莊閑静，不苟呰笑，淵停嶽峙如也。束脩立朝，其發念未嘗不歸君父，其持議未嘗不本名節，其斡旋護持未嘗不在世道人才，故以一散曹得譴去，而天下以大人長德歸之。其自田間起家也，熹廟幼衝，婦寺中外盤牙爲窟穴。公慨然以斥遺奸、清國本爲己任，抗章極論，前後三四上。群小激怒先帝謂「訕朕不孝」，欲以危法中公。又請禁講學以撼公。公弗爲動也。御史大夫闕，僉言推公，公固辭不可。公居恒謂此衙門，得人可以救世，申憲綱，舉臺規，察守令，確有成畫。受事之日，雙藤倚户外，風采肅然。逾月而報罷。當是時，外庭攻閹急，群小依閹亦急。公欲外輯外庭，内齊政地，中涣群小，爲彌縫匡救之計，而亦莫能聽也。嗚呼！公之不能久於位者，天也；其不能救閹禍者，亦天也。公何與哉！

公生平學問，以誦法程、朱真知實踐爲主。揭陽之行，發憤窮究。所至登臨弔古，雲水孤清，益恍然發悟。家居二十餘年，水邊林下，洗心退藏，尤於静中得力。湛淵之時，内不獲身，外不見水，皆公之静境也。委順而去，與聖賢之曳杖易簀，夫何以異？嗚呼！如公者，斯可謂學，斯可以講矣。

公諱攀龍，字存之，别自號景逸，世爲常州之無錫人。公之祖曰静成公材，任黄巖知縣，父曰繼成公德徵，妣邵氏，實生公。材有弟曰静逸公較，壯而無子，遂以公爲嗣。其後皆以公貴，贈刑部侍郎，妣皆淑人，妻王氏封夫人。子三人：世儒、世學皆公任子，世寧邑諸生。公之没也，世儒請於朝，得贈三代如公今官，蓋異數也。公生於嘉靖壬戌七月十三日，卒於天啓丙寅三月十七日，享年六十有五。其世次官爵及所著書若干卷，誌於墓、譜於家者，皆不具書。

嗚呼！近代朋黨之禍烈矣，其始則宣、政之碑也，其中則淳、慶之禁也，最後則延熹、建寧之獄也。彼方立黨籍，公則爲温爲蜀，其如公何；彼方禁僞學，公則爲雒爲閩，其如公何；彼方逞黄門若盧，公則爲膺爲滂，其又如公何！精金之煅百煉，良玉之火三日，羅箝吉網，蔓衍三朝，愈變而愈毒，適以完節畀公。彼小人者，冰山既傾，腐骨猶臭，徒爲海内所咀嚼唾罵，傳之無窮，令其轉而自計，當亦知其不可也。雖然，公之忠君愛國，死而彌篤。靈修美人之思，有餘恫焉！何樂乎與慆淫謠諑之徒，比長挈短於身後也？然則嬋媛太息，攄幽憤以告來者，其亦吾黨之爲，而無乃非公之志也與？謙益不肖，附公臭味之末，慬而不死，敢因公碑首，粗述朋黨梗概，而系之以銘。銘曰：

唐虞世遠麟鳳憂，出非其時來何求？高冠長佩芳澤稠，珩璜琚瑀紛相摎。回翔延佇經九秋，虹蜺揚光白日雺。蘭芷不芳蕙爲茅，先君後身衆所仇。一夫九首擇肉投，帝閽高高靈璅幽。死暴都市生纍囚，天地爲籠逝何繇。清泠之淵水滔滔，褰裳抗迹依前修。崖山巨浸清淮流，公非水解乃天游。皎如白月臨中洲，扈從三后參前騶。雲旗晻靄衛九斿，手援斗杓駕龍輈。騎鯨被髮覽冀州，俯視人世殷戈矛。蜩螗沸羹争嘲啁，靈不言兮心豫冘，乘風載雲還帝丘。

資德大夫正治上卿都察院左都御史贈太子少保兵部尚書謚忠憲高公神道碑銘　錢士升南禮部侍郎

萬曆之季，朝士以東林爲詬厲。東林者，梁谿諸君子講學之所，而景逸高先生其導師也。先生自被謫，林居數十年，晚起田間，登九列，昌言正色，率屬澄清，而風節著。大道莫容，蒙難正志，遇今上褒恤，贈太子少保、兵部尚書，賜祭葬，議易名，復奉有孤忠、邃學、秉節、正終之明旨，而忠義顯。顧先生之風節，之忠義，皆學也。窮理則好惡自誠，見性則殀壽不貳，退藏於密，而顯仁於造次顛沛。嗚呼，此所以爲先生與！

先生諱攀龍，字存之，别號景逸。始祖曰孟永公，三傳至雪樓公，代有隱德。雪樓公生静成公材，是爲先生王父，舉於鄉，爲黄巖令，有異政。生繼成公德徵，配陸夫人，貳邵夫人，實生先生。静成公有弟静逸公較，逾壯無子，請以先生爲嗣，静成公許之，後皆以先生貴贈太僕卿。先生蒙恤典，胄子世儒詣闕謝恩，邀三代誥贈，自雪樓公以下，皆如先生贈官。

先生年十九補邑諸生，又二年壬午領鄉薦，二十有五從顧涇陽先生講學。讀大學或問，知入道之要莫如敬，遂以肅恭爲主，持心方寸間，久之悟所謂腔子者，覺心不專在方寸，渾身是心，蓋志學時即以程、朱爲的矣。己丑成進士，隨丁静逸公艱，廬中讀禮讀易。壬辰謁選，授行人。適僉事張世則疏詆程朱，請改易傳注，頒行所自爲書於天下。先生奮然曰：「小人而無忌憚至此哉！」遂上崇正學闢異説一疏，娓娓數千言。嘗謂讀書意思不進者，尊德性工夫少也。率半日静坐，半日讀書。偶坐僧房，自覔本體，忽思「閑邪存誠」，覺當下無邪，更不須覔誠，快然如脱纏縛。已奉使歸，時太倉當國，閣銓相抵牾，小人有附閣攻部者。先生復命入都，甫三日，上君相同心惜才遠佞一疏，語侵閣臣。下部院會議，條旨上而先生降雜職矣。

甲午赴揭陽尉，自省身心總無受用，遂大發憤，於舟中嚴立規程。取先儒静坐法門，一一參求，覺心氣澄清時，有塞乎天地氣象。過汀州，憩旅舍小樓，悟明道先生「萬變在人，實無一事」之語，一念纏綿，瞥焉斬絶。自謂出門至此，學力凡三轉手勢，詳三時記中。乙未假差歸。戊戌搆水居於蠡湖，閉關趺坐，作復七規程。甲辰東林書院成。東林故有道南祠，爲楊龜山先生講學遺址，先生與顧涇陽先生請復之，搆精舍，與同志講習其中，每會拈出宗皆，洗發提撕，遠近負牆者，人人得意，而先生以端居静定，尤不可少。蓋學人神短氣浮，浸染世俗，必埋頭讀書，使義理浹洽，澄神默坐，使塵妄消散乃可耳。自言丙午以後，方實信孟子性善之旨，程子鳶飛魚躍必有事焉之旨，已及大學知本與中庸之旨，具困學記中。蓋先生自癸巳去國，至是凡三十年，學益進，道益尊，而望亦益重。光廟登極，詔起建言廢棄諸臣。天啟元年，先生起光禄寺丞，明年晉少卿，署寺事，綜理微密，秏蠹畢清。既而廣寧失陷，京師震驚，先生請逐鄭養性，誅李如楨、崔文昇，以銷隱禍。孫宗伯疏論紅丸，先生曰：「此一部春秋也。」會議謂舊相交結鄭戚，不知有君義甚峻。未幾轉太常寺少卿，有務學疏，略言明理以明心，明心以出治，不然，孝也不知其爲孝，不孝也以爲大孝，忠也不知其爲忠，不忠也以爲大忠。疏上，傳旨重處，以福清力持，僅得罰俸。已轉大理寺少卿，又晉太僕寺卿，而講學之禁起，鄒、馮兩公皆請告歸，先生於辭疏及之，有「講學何罪，頓空法紀之臣；禁學何名，欲行聖明之世」。力請移疾，不允。明年春，乞差出都，貽書王給事志道，論兩朝事，大要言人臣爲國，當杜漸防微，懲前毖後，不宜爲亂賊脱罪，爲君父種禍。夫皇祖威福在手，妙於調停，是皇祖身上事，皇考仁孝根心，妙於隱忍，是皇考身上事；皇上祖考在念，妙於處分，是皇上身上事。若夫嚴萬古綱常，守三尺法紀，君讎必報，君賊必討，是臣子身上事，而奈何諱之，加以誣謗也。至哉斯言！聖人復起，不能易矣。居無何，起刑部右侍郎，疏辭不允。值皇子覃恩，予三代誥命，先生曰：「君恩渥矣，其何以報！」而同志亦以大義敦趣。

甲子春入都，而副院楊公罪璫疏上，中及枚卜，蓋指南樂也。南樂恚，駸駸欲與璫合。而外廷諸臣以事權相齮機漸惡，先生默爲聯絡，備極苦心。會總憲缺，廷推首先生。時儕鶴趙公爲太宰，先生以門牆爲嫌，力辭之，太宰心動，而臺省急先生甚，以天下事不得引嫌廢至公，議遂决。命下，先生控辭，不允。既入臺，激揚風采，發御史崔呈秀按淮揚時賕賂鉅萬，竟褫職遣戍，天下快之。呈秀既得重譴，則潛伏輦轂，急走魏璫，以圖洩憤。而南樂又以偃蹇被糾，益恚恨，遂計不反顧，與内合謀，而所欲急驅者部院，則借晉撫事以發端，首垣選郎逐，而先生與太宰俱罷歸矣。乙丑春，詔獄起，追贓一案，將連及先生，賴吴錦衣力持得免。及游鳳翔疏上，而先生削奪矣。已請毁東林書院矣。先生屏迹河干，杜門絶交者逾年，而有丙寅三月十七日事。

當繆、周二公之逮也，先生自度不免，先一日肅衣冠謁道南祠，有别聖文，歸而得吴門信，頗異，微笑曰：「其然乎？」及晚，家人聚酌如常，止云鬻田可得千金完緹騎費，蕭然就道矣。就寢至夜半，復傳日中信，先生聞之，整衣起，從容入書齋，謂諸子曰：

「吾稍欲料理爲出門計，可急覓舟。」束身就縶，無恐怖家人也。作字二紙，鎖篋中。復之内寢，與夫人款語半晌，出取所封紙置几上，指示兩孫，明日以此付官旗，勿先發，命且暫退。移時聲息寂然，諸子推户入，見燈火熒熒，杳無蹤迹。發所封，乃遺表也。云：「臣雖削奪，舊係大臣，大臣受辱則辱國，故北向叩頭，從屈平之遺則。君恩未報，結願來生。臣高攀龍垂絶書，乞使者執此報皇上。」復有別友人書，云：「僕得從李元禮、范孟博遊矣。一生學問，至此亦得少力。心如太虚，本無生死，何幻質之足戀乎！」諸子惶駭，急從旁扉奔池畔，則先生已赴水矣。諦視平立水面，衣履整齊，淤泥不沾身，滴水不入腹，數日成殮，面色如生。

嗚呼！仲也結纓，曾也易簀，先生其同而異，異而同耶。先生嘗謂少年不學，老無受用。事多苦：拂意苦，疾病苦，老死之苦，益不可言，静而見道，此等苦皆無之。先生末路風騷，受用得手矣。先生書無不窺，尤深於易，所著有周易孔義，乾坤姤復諸説。其論心、性、理，義如藕絲牛毛，而學脉流派，參訂最精。謂學微有心性之分，孔、孟已見朕兆，朱、陸遂成異同，至文成、文清，便是兩路。兩者遞傳，必有所弊，畢竟實病易消，虛病難補。今虛證見矣，當相與稽弊而反之於實。又曰：「釋氏之學，其精微吾儒具有之，總不出『無極』二字，其弊病先儒具言之，總不出『無理』二字。佛氏最忌分別是非，如何紀綱世界？聖人因物之是非而是非之，吾不與也，所以開物成務。」此其息邪閑聖，功豈在距楊、墨下哉！

生於嘉靖壬戌七月十三日，距其歿得年六十有五。配今誥封王夫人，生三子四女。長世儒，以諸生廕入太學，次世學，以附例承廕；次世寧，諸生。孫男七人，女七人，詳志狀。世儒以庚申年己丑月壬申日丁未時葬先生於嶂峢之諭塋，而以墓隧之詞相屬。升五十無聞，何能窺先生萬一，顧自爲諸生時，從涇陽先生於東林，因親炙先生，及先生起勳署，得侍同朝，數過從受教，至於今盡讀先生之遺文，恨覿面失之，不獲如醫閭之事白沙也。竊儀圖之，先生光風霽月似茂叔，太和元氣似明道，整齊嚴肅似伊川，讀書窮理、立朝嶽嶽似晦翁。若新會之灑落，餘干之主敬，河津之實踐，姚江之超悟，先生兼有之而無其弊。蓋國朝理學名臣，溯伊洛淵源，以上接洙泗者，先生一人而已。他爝行不具載，第識其大而系之以詞：

宋有大儒，厥惟程朱。居敬窮理，孔矩同符。微言既遠，正學榛蕪。無善無惡，乃墮野狐。先生之學，泝流閩洛。力闢禪宗，導以聖鐸。境有動静，功兼約博。致其精微，棄彼糟粕。講道林泉，垂三十年。晚起廢籍，諸賢比肩。扶植天常，侃侃便便。激揚風紀，顧、邵後先。羸豕蹢孚，亢龍有血。義不辱國，從容明决。晝夜可通，泡影忽滅。入水不濡，汨羅非埒。帝鑒忠精，褒恤九京。將作營葬，太常易名。惟忠惟憲，二法合并。德有餘美，名匪苟成。新官如堂，穹碑如鼎。精神行天，歷百千紀。先生有言，本無生死。廓然太虚，何終何始。

資德大夫正治上卿都察院左都御史贈太子少保兵部尚書景逸高先生行狀

葉茂才工部侍郎

明興二百五十餘年，吾邑以理學名者，邵文莊公而下，代不乏人，而隆、萬以來，則有顧涇陽先生，於邑之東林闢道南精舍，以鼓舞善類，講明正學，士蒸蒸向往，幾與白鹿、紫陽，鼎立宇内。維時與涇陽先生相左右，繼先生爲主盟而集其成者，高先生存之也。先生諱攀龍，存之其字，世稱景逸先生，天啓丙寅，没於黨禍。今上龍飛，恤典涣頒，贈太子少保，兵部尚書，賜祭葬，廕子，沈冤得白。孤世儒等，將營窀穸，謀所以不朽者，而先以狀屬余。余與存之同入泮，又同舉禮部，少而壯，壯而老，出入相友者幾四十年，知存之者宜莫如余，乃勉爲詮次，以備采擇。

高之先有孟永公者，始居邑東南隅。孟永生耕樂，耕樂生省軒，省軒生雪樓。雪樓公配浦氏，生二子，長静成公材，起家孝廉，令浙之黄巖，有循良聲，居鄉以長厚聞，卒祀名宦鄉賢祠。次静逸公較，無子。静成公生繼成公德徵，子七人，配陸氏，無出，貳室邵氏，出者五，存之其二也。方在襁褓，静成公抱以屬弟曰：「是兒生有佳苟之兆，弟其子之。」遂爲静逸公後。存之官光禄少卿，及晉刑部侍郎。兩遇覃恩，贈祖静成公、嗣父静逸公如其官，祖母、嗣母贈淑人，生父繼成公、嫡母陸、生母邵，援移封例，贈亦如之。

存之少有異禀，言動不苟。五六歲時，嗣母授以菓餌，必傴僂而受，或命自取，亦如所授之數而止。其根器夙成，已露一斑矣。稍長從文學茹澄泉先生游，於孝廉許静餘先生亦尊事之，以學行相砥礪。未冠，補邑諸生。壬午舉於鄉，年二十一耳。爲沈相國龍江公、徐中丞簡吾公所識拔，一見以天下士期之。癸未丁嗣母艱，戚易備至，喪葬如禮。至丙戌、丁亥間，邑令李元冲延江右羅止庵與涇陽先生講學於黌宮，士紳雲集，存之躍然喜曰：「吾夙有志於學，今得縣父母爲嚆矢，吾學其有興乎！」於是蚤夜孜孜，以全副精神用於止敬慎修、存心養性、遷善改過間，而學始有入門矣。迨己丑成進士，與薛以身、王信甫、歐陽千仞輩同出趙儕鶴先生門。趙爲振古人豪，同門皆表表英傑，一時聚樂，所見益遠以大，所得益深以邃，交相勸勉，有不詣其極不止者。未幾，聞嗣父訃，星夜馳歸，擗踊悲號，幾不欲生。讀禮三年，孺慕如一日，自料理襄事外，惟定省生父洎嫡母，與讀學會友，翻經閱史爲日程，他無所置念也。服闋，謁選授行人。

時有四川僉事張世則疏詆程朱，以所著書獻，求頒行天下。存之不勝駭愕，上崇正學闢異説以一人心以端政本疏，得旨：「程朱正學，崇尚已久，豈可輕議！近來士習玄虛，何裨實用！高攀龍所言有關世教。張世則勦襲浮詞來奏，姑免究。」未數日，復上今日第一要務疏，内言天下之大本，與天下之大機，欲上法祖，操心講學、勤政、發帑、理財，亹亹數千百言，語甚剴切。疏留中不下，説者謂此兩疏關係學脉紀綱甚大，雖一行一不行，而存之素所蓄積，已吐露於大廷矣。時僚友同志者，若聊城逯與權、江右陳彝仲、徽郡洪平叔，皆海内名士，存之與上下其議論，或紬繹往古，或參酌來今，或講究典墳，或詢訪人物，或善以相長、過以相規，往往至丙夜不休，稱莫逆友。後諸公皆蔚爲名臣，存之有力焉。

行人署中多藏書，恣意探討，得其要領者，手自摘録。一日讀薛文清粹言曰：「一字不可輕與人，一言不可輕許人，一笑不可輕假人。」惕然有當於心。自後每事必求無愧三言而後已。因作日省編，以儒先所諭切要工夫，分附大學章句下，爲初學指南。又集崇正編，以儒先所論儒釋分岐處，彙成一書，以端學脉。久之忽自念讀書雖多，不甚得力者，尊德性工夫少也。當分日之半讀書，半静坐，爲涵養德性之地。每出遊，則於水邊石上、茂林修竹處静坐、習儀，則於禪扉静坐，夜卧至平旦氣清時，即擁衾危坐。一日坐久，精思「閑邪存誠」句，覺當下無邪，渾然是誠，更不須覓，快然如脱纏縛，從此反躬實踐，會友談心，無非是物，不自知其情之適、理之親也。

壬辰臘月，齎詔至金陵，事畢，謁鄒南皋、朱虞蚪、瞿洞觀諸先生請益。諸先生傾蓋如故，深更共榻，各傾吐底裏，互相質證，以存之爲海内有數人物，定交而別。抵家，昕夕娱親外，益務親師取友，考德問業，往毘陵謁錢啟新先生，往姑蘇謁王少湖先生。每對諸子曰：錢先生謂「孔門學脉，凡事只求天知。」此語甚確。王先生謂「士君子，處不足善其身，達不足善天下，焉能爲有無，須是立得大節，居鄉勿爲鄉愿，居官勿爲鄙夫，方有可説處」。此語令人惕然深省。又云：「吾沈雅不若涇凡，勇勵不若文石，直截緊嚴不若玄臺、樸齋。」其篤信先覺之言，不難以身下人如此。

癸巳冬抵京。會户部郎鄭材、楊應宿陰有所附麗，掊擊諸賢甚力，存之憤激，上君相同心惜才遠佞以臻至治疏。有旨着部院會同該科從實究問。及會議疏上，應宿有奥援，止降級調外，存之則謫尉揭陽矣。

赴謫所，途遇東粤陸古樵，聞白沙先生主静之學，自歉於道尚未有見，發憤曰：「此行不徹此事，真虚過一生矣。」途中嚴立規程，取前所爲涵養德性之法，静坐與讀書互用，如是者兩閲月，而心氣澄清，與膠膠擾擾之時，大有逕庭。過汀州，陸行宿旅舍，對山臨澗，種種悦心。手持二程書，見明道先生之言曰：「百官萬務，兵革百萬之衆，飲水曲肱，樂在其中。萬變俱在人，其實無一事。」猛省曰：「原來如此，實無一事。」存之平日深鄙學者張皇説悟，此時看作平常。

在揭陽三月，日於衙齋課士，正文體，釋書義，集諸儒要語刊示之，諸生彬彬顧化。又得良友蕭公自麓，羅念菴先生門人也，學以主敬立基，與存之合轍。將歸，自麓贈言曰：「公當潛養數年，不可發露。前輩皆默用一番堅苦工夫，故得成就耳。」存之深然之。瀕行，復爲地方除一大憝。

至漳州，與李見羅先生辨論數日。李意主明宗，修身爲本，學之宗也，知本則心、意、知、物各止其所，便有無所事事光景，格、致、誠、正，不過就缺漏處照管提撕耳。存之則謂格致是大學入門第一義，即中庸之明善也，所以使學者辨志定業，剖爲己爲人之界，別義利公私之極，其所關最爲喫緊。初學下手，必使此心光明洞達，無毫髮含糊疑似於隱微之地，以爲自欺之主，然後善必爲，惡必去，意誠心正而身修，善所以純粹而精，止所以凝定而固也。不然，非不欲止欲修，而氣禀物欲，拘蔽萬端，恐不能實用其力矣。且條目次第，雖非今日致，明日誠，然着先後字，亦有意義，不宜籠侗説過。其恪遵程朱如此。然存之嘗謂余曰：「李見老揭修身爲本，於學者甚有益，故遊其門者，俱切實可觀。」其於明宗之旨，蓋未嘗不心服也。

丙申，連遭生父母喪，哀毁骨立，寢苫枕塊，一遵古禮。雖隔於限制，不得終三年喪，而期以内稱降服子，期以外稱心喪子，識者以爲得體云。遺命析産爲七，存之曰：「兒有嗣産在，不敢當。」盡出爲喪葬資，餘置義租，贍親族洎父妾之無出者。迨四喪畢，遂築室湖濱，爲終老計，名其樓曰可樓，言無所不可也。攜一二童子相羊湖上，動以旬月計。同志如吴子往、歸季思來訪，相與焚香兀坐，坐必七日，取大易「七日來復」之義，作復七規程。是秋始會蘇、常諸友於二泉之上，與管東溟先生辨無善無惡之旨，觀聽者踵相接至無所容，於是涇陽先生倡議曰：「百工居肆以成其事，吾輩可無講習之所乎？」乃集同志數人，醵金數百，卜築楊龜山先生講學遺址，相傳所謂東林者，與諸友棲息其中，每月集吴越士紳會講三日，遠近赴會者數百人，存之與涇陽先生主盟，每一開講，得聞所未聞，靡不忻饜而去。

存之每謂學者曰：「諸兄雖從事講學，終不可無端居静定之力。蓋各人受病不同，而救療之方，總以調養元氣爲主。大聖大賢，善養浩然之氣，故能收攝精神，主静立極。學者神短氣浮，須得數十年静力，方可變化氣質，培養德性。而其最受病處，又在自幼以干禄爲學，先文藝而後德行，俗根入髓，非頃刻可拔。必埋頭讀書，使義理浹洽，變易其俗腸俗骨，澄神默坐，使塵妄消散，堅凝其正心正氣，乃可耳。」至其自驗進學之序，則曰：「吾至丙午方信得孟子性善之旨，至丁未方信得程子鳶飛魚躍與必有事焉之旨，至辛亥方信得大學知本之旨，至壬子方信得『中庸』二字之旨。至此覺得天地間道理，只是停停當當一個『中』，平平常常一個『庸』，有一毫走作，便不停當，有一毫造作，便非平常，本體如是，工夫如是。天地聖人，不能究竟，况於吾人寧有涯際？勤物敦倫，謹言敏行，兢兢業業，斃而後已」云爾。嗚呼！存之見地至此，真不負蕭自麓所謂「潛養數年，默而成之」者矣。又數年，抵庚申，洗心退藏，其工夫愈嚴密，應用愈圓融，與朋友交，懇懇款款，愈深沈而和易，僉謂集東林之大成者在存之矣。

明年，天啓改元，奉遺詔起謫籍諸臣，臺省交薦，起光禄丞，意欲不行，吾輩勸駕者謂義不可辭，乃幡然曰：「義果如是。且吾親未沾一命，脱世不我容，惟不俟終日可耳。」

於是以東林講會屬執友吴覲華主席，而單車就道。至歲暮抵京，隨作一偶，粘座右云：「精白厥衷，一率其不損不加真性；靖共乃位，勿昧其可仕可止本心。」次年二月，陞少卿，署寺事。值上元節，缺上供天鵞，群璫恣索，存之援舊例以家鵞代，譁者帖然。署寺數月，裁無名供費，發鋪行物價，革諸曹鋪墊，積弊如洗，中官見者慴服，退相戒毋犯。既而廣寧失陷，京師阽危，人無固志，存之鎮以安静，疏薦孫公愷陽、董公見龍、李公之藻、鹿公善繼等，及慎畿内守令之選，行保甲防禦之法。得旨允行。又見外戚、勳貴、中官家，皆奸細窟宅，京師禍本，不可不除，輒抗疏披瀝言之。大宗伯孫公淇澳追論舊輔紅丸事，下部院九卿科道會議，存之持論益鑿鑿，不少顧忌。諸貴戚、大臣、近侍皆側目斂手，思有以中傷之矣。尋轉太常少卿，有恭陳務學之要以立致治之本疏，疏内復及方鄭二氏。傳旨欲重處，葉相國維持，僅止罰俸。復轉大理少卿，晉太僕卿，疏辭不允，遂乞差還里。舟中闃寂，著周易孔義，大旨謂五經注於後儒，易經注於夫子，説易者明夫子之言而明易矣。數年前與錢啟新先生講易東林，多所闡發，欲勒成一家言，未就，至是始得卒業。其言易簡而精微，多前人所未發云。里居數月，即家起刑部侍郎，復疏辭不允，乃與門人華水部同舟北上。

時楊副院大洪疏論魏忠賢大罪二十四，奉旨切責矣。又有旨逮林御史，杖萬工部矣。中官閹首輔門，索御史，毆工部郎至死不問矣。天下大柄駸駸盡歸宦寺，無可奈何。存之乃謂當事曰：「今日外庭法用正直，內閣法用和婉。內閣當借用外庭，不可以正直而疑其激；外庭當責成內閣，不可以和婉而疑其媚。如此乃相成也。」又曰：「中官用事，未能拔其毒，且須殺其毒。宜如歸德相公故事，諄諄勸化諸璫，勿與吾輩爲敵，庶幾縉紳之禍，可減萬分一耳。」無何總憲員缺，舉朝會椎莫踰存之者，存之發憤辭曰：「趙太宰是龍座師，可與門人分掌部院乎？大司寇喬公、左司寇饒公，皆正人也。而饒公資俸深，受杖更慘，可越次用龍乎？不若用副院署事便。」僉曰然，擬副院名上，魏璫大怒，傳旨推見在者，衆復强存之，存之讓饒，太宰亦許注饒，而河南道堅執不從，卒以存之名上。次日得旨，存之益跼蹐不自安，乃具疏懇辭曰：「都御史者，古御史大夫之職也，天下事皆得言之。無奈世習之漸靡久矣，臣子不以直心爲國，則有難振之氣；以請託賄賂爲固然，則有難洗之習；以同異起愛憎，以愛憎爲臧否，則別白之難；無端而分畛域，疑弓影，則調伏之難。所以難者，緣人各有私，故因私成隔。必居此位者，先無私而後可以消人之私，先無隔而後可以通人之隔。至御史，簪筆者，關公論之明晦，巡方者，係億兆之安危，必爲之長者，合爲一體，卒爲一心，惟君國是殉，無苟營身家，而後可弘濟於艱難，不然，御史之失職，即都御史之失職也。其關係何如者，而以臣當之，如覆餗何？」疏上不允，乃就職。

存之謂安民務在懲貪，欲懲貪，必自輦轂始。一入中臺，即有禁絶書儀榜，縣掛通衢，明示爲人臣者不當以好貨爲貪吏的也。適有兩御史回道，一至廉，即今謝操臺，注上考；一至貪，即崔呈秀，立疏糾之。奉旨着吏部從重議處，部覆仰承德意，褫呈秀職贓私，着撫按會勘的實，依律遣戍。時謂存之新入臺，能舉職矣。呈秀昏夜乞哀於忠賢，忠賢是時如鷙鳥伏匿，雖不即爲解救，而與呈秀結父子歡，恨外庭實甚。存之知時事不可爲，惟有興吏治以安民生，可少延旦夕，乃復具申嚴憲約一疏，大意欲責成撫按以約束司道，責成司道以約束府州縣，責成府州縣以安民生。條列五十餘款，如農桑水利、敦教化、育人材、正人心、厚風俗，以至刑名錢穀、積貯給散、保甲防禦，彰善癉惡、剔蠹釐奸之法甚具。而要以躬行倡導，節用愛人爲主，掌憲風規大略可覩，然無如群小之搆陷何也。

時魏南樂爲臺省交參，懼不能容，與呈秀共入閹幕，恐嚇忠賢，合謀以傾正人，遂借會推巡撫一事，爲一網打盡之計。首擊去夏文選、魏都諫，次部院，次政府，次及言官之忠鯁，與各衙門之守正不阿者，靡一孑遺。乙丑春夏間，緹騎四出，矯旨逮楊副院等六人至京，各坐重贓，先後斃詔獄。諸奸恨未已，併欲坐存之贓，藉吴錦衣孟明以百口保，始獲免。至要典録成，坐移宫一案，爲南道游鳳翔所訐，削籍爲民，追奪誥命。存之忻然曰：「非此，異日無以見諸公地下。」先是，京師議毀鄒南臯、馮少墟等所建首善書院，削兩公籍，至是議盡毀天下書院。而東林尤所最忌，欲索價萬餘濟大工，及拆估入官，僅得三四百金，而東林遂爲瓦礫區，學者無立錐之地矣。當是時，存之屏迹湖上，玩易不輟，客至，斷橋以拒之。

丙寅春，復逮繆西溪、周來玉兩公，存之自度不免，而絶不露一毫聲色。至三月十六日早，肅衣冠謁龜山祠，歸與一二親知看花園中，談笑自若。忽傳有緹騎消息，存之微笑曰：「此信果的，吾視死如歸耳。」又數舉「原無生死」四字，以示在坐曰：「原無生死，何得視生死爲二？若臨死轉一念，便墮苦海，安所稱立命哉？平生講學，此處看透，得力不少。」是夕祖孫父子相聚晚酌，無一言及家事，第云：「吾有贍田二百畝，售之可當緹騎費，俟天明，蕭然就道耳。兒輩各歸寢，吾亦安枕矣。」至夜半復傳前信至，存之起坐問曰：「信的乎？」步入書齋，取紙書數行鎖篋中，復至夫人所，款語半晌出，兩孫趨侍，諭之曰：「吾此行未卜歸期，叮嚀汝者只四字，曰『無貽祖羞』而已。」復取篋中紙，手自封固，置几上曰：「以此付官旗，勿先啓視。」兩孫出，寢户閉，以爲復就榻矣。頃之不聞聲響，子若孫推户入，第見一榻栩然，徧覓不可得，亟發几上封視之，乃遺筆也。云：「臣雖削奪，舊係大臣，大臣受辱則辱國，故北向叩頭，從屈平之遺則。君恩未報，結願來生。臣攀龍垂絶書，乞使者執此報皇上。」諸子讀未竟，大驚，急趨視池濱，已化去矣。是十七日丑時也。午後府帖至縣，知官旗於隔晚到府，存之赴水，適當其時，豈其靜養一生，神明默啓，至誠前知耶！胡其從容暇豫，不疾不徐，一至此耶！所最異者，平立水面，冠不濕，履無泥，擁起竟日無滴水出口，停斂數日以待長君，顏色如生，觀者無不驚爲神云。

存之之學，以程朱爲的，以復性爲主，以知本爲宗，以居敬窮理相須並進，爲終身之定業。四方從遊者至，先令讀小學、近思録等書，次即令静坐，以養深厚之氣。作心性説曰：「心與性，謂之一則不可混，謂之二則不可分。佛氏所謂性，皆心也。言慈悲即仁，言般若即知，絶不言禮義，故所謂仁知者，非吾聖人之仁知也。聖學從窮理入，故即心即性，佛氏不窮理，故是心非性。」又曰：「佛氏一切平等，最忌分别是非，如何紀綱得世界？紀綱世界，全要是非明白。聖人因物付物，是者是之，非者非之，我無與也，所以能開物成務。」又曰：「學必繇格物而入。有物必有則，則者至善也。窮至事物之理，窮至於至善處也。格物不至於極處，多以毫釐之差，成千里之謬。」又曰：「吾性本來無物，不可自生纏繞；本來具足，不可自疑虧欠；本來蕩平正直，不可自作迂曲；本來廣大無垠，不可自爲局促；本來光明洞達，不可自爲迷昧；本來易簡直截，不可自爲造作。」作氣質説曰：「性者學之原也。知性善而後可言學，知氣質而後可言性，性非學不復，學非變化氣質，不能復性。人自受形以後，天地之性已爲氣質之性矣，非天地之性之外，復有氣質之性也。善反之，則氣質之性，即爲天地之性，非氣質之性之外，復有天地之性也。故曰二之則不是」。作静坐説曰：「静坐之法，不容一毫安排，只平平常常，默然静去，晝前之易如此，人生而静以上如此，喜怒哀樂未發如此。静中妄念，强除不得，昏氣亦强除不得。真體既顯，妄念自息；昏氣自清。繇静而動，亦只平平常常。静時與動時一色，動時與静時一色，不過借静坐中，認此無静無動之體云爾。」又曰：「惟天理至静，惟喜怒哀樂未發，渾是天理。濂溪主静，主於未發也。主静之學，始於慎獨，終於無欲。」又曰：「静中看工夫，動中看本體。工夫未是，静中作主不得；本體未真，動中作主不得。學無動静，其初静以澄之，至無動無静，乃真静也。」又曰：「有理静、氣静之别。理静者，理明欲净，胸中無事而静也；氣静者，定久氣澄，不著於物而静也。兩者交資互益，不可偏廢。如但以氣而已，動即失之，何益哉？」其闢陽明無善無惡之説，謂：「道性善者，以無聲無臭爲善之體，陽明以無善無惡爲心之體，一以善即性也，一以善爲意也。故曰：『有善有惡者意之動。』佛氏亦曰：『不思善不思惡。』以善爲善事，惡爲惡事也。此何可言明善？」作洗心説曰：「無求飽，無求安，不作居食想；彼富我仁，彼爵吾義，不作富貴想；仰不愧，俯不怍，不作怨尤想；用則行，舍則藏，不作窮達想。行不義，殺不辜，得天下不爲，有甚動得我？人知囂囂，人不知囂囂，有甚苦得我？非仁無爲，非禮無行，有甚恐得我？江漢濯之，秋陽暴之，有甚污得我？鳶戾天，魚躍淵，有甚局得我？識得這個真，更有何心可洗？如何識得？曰退藏於密而已。愈密則愈真，是謂一物不容，是謂無聲無臭，是謂洗心。」作主敬説曰：「學有無窮工夫，『心』之一字，乃大總括；心有無窮工夫，『敬』之一字，乃大總括。千聖萬賢，只一『敬』字做成。主一之謂敬，無適之謂一。如何能無適？明道曰：『學者須先識仁。』識得仁，以誠敬存之，勿貳以二，勿參以三，是謂主一。」又曰：「主敬有三法：伊川整齊嚴肅，上蔡常惺惺，和靖其心收斂、不容一物是也。然惺惺與收斂，難得恰好，纔着意便不是。惟整齊嚴齊，未嘗不惺惺，未嘗不收斂，内外卓然，不犯手也。」其自學教人之法，總不出此諸説中，欲學者進則以此施之天下，退則以此修之吾身，如行者之有家，耕者之有畔，宛若程朱家法也。

存之著述頗多，有二十餘種，皆關世教。輯朱子節要一書，與近思録相表裏，尤極苦心，無論長篇短述，隻語單詞，皆膾炙人口，不可殫述。嘗語同志曰：「天下事，敗於邪見之小人、無見之庸人、偏見之君子。」曰：「人一點恥心，被馮道滅盡；一點畏心，被王安石滅盡。後世尚有稱述之者，真小人而無忌憚矣。」曰：「天下不患無政事，患無學術。學術者，天下之大本也。學術正，政事焉有不正？末世以講學爲諱，如政事何？」曰：「政事本於人才，舍人才言政，必無政；財用本於政事，舍政事言財，必無財。」曰：「聖人之學，常用逆法。凡人自幼與人欲日順一日，故與天理日逆一日；聖人自幼與人欲日逆一日，故與天理日順一日。」曰：「吾儒學脉有二，孔孟微見朕兆，朱陸遂成異同，文清文成，便分兩岐。我朝學脉，惟文清得其宗。百年前宗文清者多，百年後宗文成者多。宗文成者，謂文清病實，而不知文成病虚。畢竟實病易消，虚病難補。今日虚病見矣，吾輩當稽弊而返之於實。」此數條者，前無所因，後無所襲，獨見而獨言之，其憂世淑人，砭俗迴瀾之意，溢於言表矣。其持身也，目不視非禮之色，耳不聽非禮之聲，手不接非禮之財，足不履非禮之地，門不納非禮之人。其刑家也，孝友天植，鞠我生我，咸得其歡，五弟一兄，白首無間。與夫人王氏雍雍肅肅，相莊如賓。視猶子如子，視猶子之子如孫，義方之訓，燕翼之謨，洋洋如也。下至臧獲，馭之嚴而有恩，與司馬之僕無二。

其待師友也，於澄泉、静餘，總角論文，世締其好，無論己，厥後子弟之師，邂逅之交，亦靡不終始相歡，緩急相周，患難相恤，如左右手者。其待戚里也，若外家，若甥家、婿家，貧者助，賢者獎，孱弱者卵翼，能文者薦拔。其待鄉邑也，孝義忠節，力爲表揚，大利大害，力爲興除，凶年饑歲，力爲賑濟。至設爲役田役米，以蘇糧長之困，設同善會以恤邑中之鰥寡孤獨者，尤厚恤其貧而賢者，其施益弘且遠矣。評者謂其立朝也，有斷斷休休誾誾侃侃氣象；涉世也，有不流不倚不争不黨氣象；燕居也，有申申夭夭氣象；誨人也，有循循善誘氣象；進而危言危行，奮不顧身也，有壁立萬仞、底柱中流氣象；退而願學孔孟，不雜異端也，有醇乎其醇、精金美玉氣象；禍患突臨，從容就義也，有内省不疚、不憂不懼氣象。嗚呼！斯真存之之實録也夫！

余猶記曩者赴任滁陽，存之手書偕行説贈余。偕行者，與時偕行也。易言與時偕行者三：乾也，損也，益也。余謂乾之時行，存之有其五焉：其謫籍家居者餘三十年，遯世不悔，若將終身，時潛而潛也；主盟東林，闡發聖賢之精微，以興起斯文爲己任，時見而見也；日就月將，瞬存息養，而頃刻靡敢怠皇，時惕而惕也；遲疑於出處進退之閒，自試於動寺冏卿之際，時躍而躍也。至於掌憲内臺，爲衆賢之领袖，時當外計，作貪吏之劍鋩，則幾於亢矣。刓中涓伏負嵎之虎，憸邪遈報復之謀，履霜堅冰，存之必有炳於幾先者，而無奈適遭其窮，不得不時亢而亢，其追隨屈平而含笑以入於水也。所稱進退存亡不失其正者，非與？

祭高先生文　范鳳翼

存之每自謂一生用易不虚耳，惟是吾黨失一良友，海内失一斗山，在朝在野失一規矩準繩之君子，不能不爲世道三歎息也。余無似，不能彷彿存之萬一，詎能闡揚懿美，以昭示來兹？所恃大君子椽筆鴻裁，一言表章，千載不朽！

嗟嗟！悲哉悲哉！何使余隕淚和墨而筆不能下者屢也？余何悲於先生？謂天不憗遺而國空虚也。先生之使余獨悲之甚也，謂海内知己，惟先生一人在，足以不恨，而今不可復覯也。

今漢署中纍纍若若者，豈不充位乎，誰足當先生者？國以一人興，先生之齎志而未伸者十之九也。以余之忤俗違時，而先生謂周吏部曰：「范某舊銓典型，宜如涇陽先生故事用之，方能脱胎换骨。」此語余所不敢當，顧不知先生何取於余而云爾也。先生又嘗爲文以壽先人矣，其文雖以壽先人，而實以教余。先生之言曰「聖人何以異於人哉？聖人習而安之，衆人不安而不習也」，是先生之警我以衆人，而誘我以聖人之道也。何篤摯也！予家食廿餘年，足不履户外，顧與先生郵筒往來無虚月。余每於時事之大者，獨謂諸君子之過激非是，此語不可聞於諸君子之耳，而先生書來獨是余言曰：「諸君子之過激，使公論反出於小人，而私情反出於君子，如來教所謂，君子之公論也。可見天下事有一定而不可移之理。」云云。先生非知予之深，余何敢以此語進，而先生果獨許予言之不謬也？然則海内一人知己，非先生而誰？而今已矣，誰當知予者，而又安能已於悲也！

雖然，人之悲先生以情，而先生則深於道者。有龍德焉，得時，興雲而雨天下，非其時則蟄伏於泉壤而已矣。當逆璫煽虐，緹騎將及先生之門，而先先生一日而效屈原故事，不落奸人兇手，此豈不謂清明在躬，志氣如神，而深於道者哉？先生之生而死，死而葬，亦猶龍之蟄伏泉壤焉耳，何生何死，而又何以悲哉！余方值海上亂民之變，罹禍奇慘，恨不如蚤死璫，而僅以削奪止也。亦惟是疲於奔命，未及哭先生之堂，而遥致雞絮，其終安能已於悲耶！

高忠憲公年譜書後

明邵文莊、顧端文、高忠憲三先生，吾錫三大儒也。初，文莊既没，久無年譜，至端文、忠憲並起，始相與補成之。其爲譜出於私淑後儒，固以道相感而能見其大。若夫忠憲年譜，始輯之者爲華吏部鳳超先生。其爲譜出於入室弟子，尤得諸親炙而能見其真。吾黨讀之，殆未有不興起者。然作譜之始末，與其感應，讀者豈盡知之乎？

崇禎初，吏部起補工曹，念忠憲當秩文廡，亟繕疏數千言，將請於朝。會杜黄門先言之，未允，而吏部仲兄龍超公自家貽書京邸，謂非今日所宜言，惟當竭力表章，使忠憲之學昭明於世，而後可議及此。吏部得書喟然，爰取疏稿藏之，而力以表章師傳爲己任，始輯忠憲年譜云。

先是，吏部從學東林，及登第後執贄。既而同舟北上，心悦誠服，以爲幾於無行不與，具載劄記中。至是乃以平昔獨知獨見証諸天下共聞共見，博求諸同門知契，密訂諸遺書記録。故此編其譜年也，莫非譜學也。其譜學也，爲請祀張本也，此則吏部之心也。抑感真者應必真，方忠憲聞逮而赴止水也，拜表謝闕，焚香告祠而外，不作一語囑家人，獨手題一帖訣別吏部。乃閲二十餘年，吏部亦復殉節。若先借是譜心相印，心相諾也者。較諸顧、高兩公之譜文莊，不更有光歟？

忠憲從孫楚培氏及其子象姚，夙奉學憲公庭訓，孜孜於紹明忠憲家學。己巳冬，既捐槖重梓高子遺書，復搜是年譜附訂於後。俾學者讀其書即思知其人，一則伸吏部表章之心，一則著師弟後先之迹，而將來祀議之準，又何俟他求也哉？

余向謂陳儀部幾亭以崇禎辛未訂遺書，而吏部旋以乙亥成年譜，兩先生功在高門，如鳥翼車輪不可缺一，宜令此之合璧而行矣。竊歎先獲我心，故泚筆備書之。因憶吏部孫何思大令嘗語予曰：「先吏部於忠憲入道之序皆遵困學記，提挈分明。又如壬寅輯朱子節要成，戊午有戊午吟，辛酉入京以東林講席拜託葉吴兩公，皆卷中加意處。」斯言也，夏中心藏之，併敢私識末簡，爲讀譜者告焉。

時康熙己巳嘉平，同里後學張夏拜手敬書。

高忠憲公年譜

受業門人華允誠謹述

世宗肅皇帝嘉靖四十一年壬戌七月十三日（1562年8月12日）[一]午时，先生生。

先生姓高氏，諱攀龍，初字雲從，後字存之，别號景逸。其先人曰孟永公，始居無錫。一傳耕樂公如圭，再傳省軒公翼，三傳雪樓公適，代有隱德。雪樓公生静成公材，舉孝廉，令黄岩，有異政，祀名宦鄉賢。静成生繼成公德徵，配陸夫人，貳邵夫人，實生先生。静成有弟静逸公校，配朱夫人，無子，因以爲嗣。先生之生也，有盆蓮之瑞。静成公詩以志喜，後先生得手筆于冗紙中，捧誦珍悼，跋云：「蓮，花之君子也，發于盆盎，小能大也。常人神局于六尺，君子神充于宇宙，亦若是矣；出于污泥，污能潔也。常人心役

[一] 年譜中公曆日期爲整理者所標注。

于五官，君子心超于萬物，亦若是矣。蓮，多子者也，子以及子，吾兄弟子孫相率爲君子，乃所以報吾祖，報天之休也。」

四十二年癸亥（1563年）二歲。

四十三年甲子（1564年）三歲。

四十四年乙丑（1565年）四歲。

四十五年丙寅（1566年）五歲。

穆宗莊皇帝隆慶元年丁卯（1567年）六歲。

就外傅。

先生神采奕奕，善讀書，言動如成人。母授果餌，敬而受之。或命自取，必如所常授數。

二年戊辰（1568年）七歲。

三年己巳（1569年）八歲。

四年庚午（1570年）九歲。

五年辛未（1571年）十歲。

六年壬申（1572年）十一歲。

神宗顯皇帝萬曆元年癸酉（1573年）十二歲。

工文章。

二年甲戌（1574年）十三歲。

三年乙亥（1575年）十四歲。

四年丙子（1576年）十五歲。

應童子試。

師事邑中茹澄泉，兄事孝廉許静餘，以學行相砥礪。暇則默探討諸儒語録、性理諸書。

五年丁丑（1577年）十六歲。

六年戊寅（1578年）十七歲。

七年己卯（1579年）十八歲。

八年庚辰（1580年）十九歲。

九年辛巳（1581年）二十歲。

補邑諸生。

十月，娶王夫人。

初聘王抑所女，繼山孫女，殤。抑所以先生爲天下第一流人品，即抱内戚沈女續好，先生佩德勿替，終身無二色。

十年壬午（1582年）二十一歲。

舉于鄉。

爲沈龍江、徐蔄吾所識拔，一見以天下士期之。闈中原係落卷，將發榜矣，蔄吾就榻不能寐，鼠齧其足者三。蔄吾異之，暗中抽一落卷，即公卷也。呈主司，遂得中式。

十一年癸未（1583年）二十二歲。

十二年甲申（1584年）二十三歲。

丁嗣母朱夫人艱。

十三年乙酉（1585年）二十四歲。

每日嚴立課程，自卧榻至日逐經行處壁間悉黏一圈，期于觸目警心，無令此心放逸。又有日鑒篇，以德業之敬怠義欲，分注于天時人事之下，日有稽，月有考。

十四年丙戌（1586年）二十五歲。

始志于學。

邑令李元冲延江右羅止庵與顧涇陽先生講學于黌宫，士紳雲集，先生躍然喜曰：「吾夙有志于學，今得縣父母爲嚆矢，吾學其有興乎！」于是蚤起孜孜以全副精神用于止敬慎獨、存心養性、遷善改過間，而學始有入門矣。

十五年丁亥（1587年）二十六歲。

服闋。

十六年戊子（1588年）二十七歲。

入南雍。

司成趙定宇略師生之分，結忘年交。

十七年己丑（1589年）二十八歲。

舉進士，廷試三甲。

分考高邑趙南星儕鶴評云：「此卷似知學者，當拔之牝牡驪黄之外。」同門有薛以身敷教、歐陽宜諸東鳳、王中嵩述古。

七月，丁嗣父艱歸。

讀禮三年，孺慕如一日。自料理襄事外，惟定省生父母與講學會友，翻經閲史爲日程，他無所置念也。

十八年庚寅（1590年）二十九歲。

十九年辛卯（1591年）三十歲。

服闋。

二十年壬辰（1592年）三十一歲。

謁選京師。

先生廷試三甲，當爲令。丁憂，起復當改京職。值選司鄒孚如議申舊例，仍與外。先生喜，寄父書曰：「男觀今日時事日非，天下事無一可做，稍酬生平，惟有守令耳。部官悠悠，坐老歲月，不若乘此年力，做一出頭，以後可迎刃而解。嚴不至激，和不至隨，兒自量力能爲之。愛民好士，一介不取，兒亦量力能爲之。邑中豪傑雖多，兒意所取法者邵文莊、王繼山二公，皆自州官起脚。夙志如此，未審得遂否」。既而鄒議不行。

六月，授行人司行人。

上崇正學闢異説疏，尋上今日要務疏。

時有四川僉事張世則疏詆程朱，欲改易傳注，上所著書，求頒行天下。先生不勝憤愕，上崇正學闢異説以一人心以端正本疏。上嘉之曰：「高攀龍所言有關世教。」不旬日，尋上今日第一要務疏，言天下之大本與天下之大機，欲上法祖操心、講學勤政、發帑理財，語甚剴切，留中不下。時僚友同志若聊城逯與權中立、江右陳彝仲、徽郡洪平叔文衡，先生與之上下今古，講究性命，詢訪人物，善相長，過相規，稱莫逆交。後諸公皆蔚然爲名臣，先生有力焉。

司中無事，藏書甚多。得恣意探討。取二程、朱子全書，薛文清讀書録，手自摘鈔，作日省編，集崇正編。尤多用尊德性工夫，以半日静坐，半日讀書。一日静坐，久之，忽思「閑邪存誠」句，覺得當下無邪，渾然是誠，更不須覓。一時快然，如脱纏縛，從此反躬實踐，會友談心，種種無非是物矣。

十二月，齎詔金陵。

謁鄒南皋、朱虞葑、瞿洞觀諸先生。

二十一年癸巳（1593年）三十二歲。

正月，自金陵歸。

鐙夕前抵家。朝夕娱親外，益務親師取友，考德問業。往毘陵謁錢啓新先生，往蘇州謁王少湖先生。嘗曰：王先生謂「士君子須是立得個大節。居鄉勿爲鄉願，居官勿爲鄙夫，方有可説處」。語不多，令人惕然深省。

十二月，復命。建言，謫廣東揭陽典史。

入都三日，見鄭材、楊應宿附閣攻部，掊擊衆正甚力。先生憤激不平，上君相同心惜才遠佞以臻至治疏，語侵閣臣，遂有此謫。大要言「諸臣罷黜，非輔臣欲除不附己，則内侍不利用正人，而應宿等反借不附吏部之名，致阿徇閣臣之實。閣臣聲音笑貌間雖示開誠佈公之意，而精神心術之隱，實不勝作好作惡之私，以致機權潛用，善類坐空」云云。奉旨著部院會同該科從實究問。先生侃侃詰問，不少諱避。因有皇長子明春出閣之諭，先生雖身在危疑，喜國本大定，與相知酌酒相慶，忘其一官之去。又遺吴海洲曰：「人行義非難，所安爲難。此心清净中，一物不可著，何處著一官？若一念未融，其道不光矣。了此，便鳳凰翔于千仞。」海洲亦爲先生建言削籍者也。

十二月，辭朝歸。

二十二年甲午（1594年）三十三歲。

七月，赴任廣東。

顧涇陽亦以言事黜，先生貽書有「吾曹一時退處，共得閒身，何修報稱」之語。

至武林，與廣東陸古樵粹明、嘉善吴蘧菴志遠談論數日。古樵潛心白沙主静之學，先生得其提醒，自歉于道尚未有見，總無受用。發憤曰：「此行不徹此事，此生真負此身矣。」舟中嚴立規程，取前所爲「半日静坐，半日讀書」者反覆行之。當心氣澄清時，有塞乎天地氣象。在路兩月，如武夷天游、九龍十八灘，險絶奇絶處不可屈指，靡不畢領其勝。憩九峰書院，登子陵釣台，溪聲鳥韻、茂樹修篁，種種悦心而心不著境，自謂得山水之助不小。過汀州，登旅舍小樓，甚樂。手持二程書，偶見明道先生曰「百官萬務，兵革百萬之衆，飲水曲肱，樂在其中。萬變俱在人，其實無一事」，猛省曰：「原來如此，實無一事也」，一念纏綿，斬然遂絶。忽如百斤擔子頓爾落地。又如電光一閃透體通明，遂與大化融洽無際，更無天人内外之隔。至此見六合皆心，腔子是其區宇，方寸亦皆本位，神而明之，總無方所可言也。平日深鄙學者張皇説悟，此時只看作平常，自知從此方好下工夫耳。

至揭陽，不以謫官閒散，怠于職事。日于衙齋課士、正文體、釋書義。兼編集朱子要語刊示之，生徒興起者數十。邑令爲同年朱任宇，先生訪知民情吏弊，悉心啓告。臨行，殛一凶人陳所藴，工起滅，報睚眦，占主女。細民至鄉紳地方官府莫敢誰何，先生窮治其罪，竟置之法。

遊蓮花峰，謁文丞相祠、周元公祠、韓昌黎陸丞相祠。所得友爲蕭自麓。自麓，故羅念庵先生門人，以主〔一〕敬爲學，所見甚正。署事三月，假差歸。别自麓，請教，曰：「公當潛養數年，不可發露。先輩皆背地用一陣苦工夫，故得成就耳。」先生深然之。

啓行，諸生不遠百里相送。臨别依依，謂曰：「諸君努力，自當相遇中原。與諸君矣：繼自今脱鄙人毁廉蔑檢，無以見諸君。諸君不克砥礪，厭厭世俗，亦無以相見！」則皆曰：「誠如此盟！」

至漳州，謁李見羅先生，辨論大學格致之旨。謂：「大學格致，即中庸明善，所以使

〔一〕「主」，底本作「立」。

學者辨志定業，絶利一源，分剖爲己爲人之界，精研義利是非之極，要使此心光明洞達，直截痛快，無毫髮含糊疑似于隱微之地，以爲自欺之主。夫然後爲善，而更無不爲之意拒之前，不爲惡，而更無欲爲之意引之後，意誠、心正、身修，善所以純粹而精，止所以敦厚而固也。不然，非不欲止、欲修，而氣稟物欲拘蔽萬端，恐不能實用其力矣。且修身爲本，聖訓昭然，千古知之。只緣知誘物化，不能反躬。非欲能累人，知之不至也。何以旦晝無穿窬之念，夜必無穿窬之夢？知之切至也！學者辨義利是非之極，必皆如此，斯爲知至。此工夫喫緊沉著，豈可平鋪放在，説得都無氣力？且條目次第，非今日致、明日誠，然著個先後字，亦有意義，不宜如此籠統。」

過延平，拜李先生祠。往考亭，拜朱夫子祠。過崇安，拜趙清獻祠。蕭蕭身世，雲水孤清。自謂出門至此，學力已三轉手勢。

序王文成年譜，作陽明説辨共四首。

二十三年乙未（1595年）三十四歲。

二月，抵家。

再取釋、老二家參之，謂釋氏與聖人所争毫髮，其精微處吾儒具有之，總不出「無極」二字；弊病處先儒具言之，總不出「無理」二字，觀二氏而益知聖道之尊。若無聖人之道，便無生民之類，即二氏亦飲食衣被其中而不覺也。

二十四年丙申（1596年）三十五歲。

繼成公、陸夫人偕壽七十，先生同昆弟稱觴宴客。

三月、六月，連遭父母喪。

遵喪禮，不二斬，稱降服子，居喪竭力襄事。父遺命析其産而七之，先生推以讓諸兄弟。不得，盡出爲喪葬費，餘置義租，贍親族、分贍祖妾之無子者。

二十五年丁酉（1597年）三十六歲。

二十六年戊戌（1598年）三十七歲。

作水居，爲静坐讀書計。

數年間，徙居婚嫁，歲無甯息，而動中煉習、静中温養工夫卒未始頃刻廢。于水居構一可樓。可者，言無所不可也。茅檐數椽，極湖山之致。謝客棲息其中，動以旬月計。偶遠近同心如歸季思、吴子往諸先生來訪，相與瞑目焚香閉關趺坐，坐必以七日。遊陽羨諸山，則坐龍池頂。遊武林諸山，則坐弢光黄龍菉秋庵。作復七規程。是秋，會同志于二泉之上，與管東溟辨無善無惡之旨。作山居課程。

二十七年己亥（1599年）三十八歲。

偶至黄岩縣謁静成公祠，父老咸嗟歎之，云：「此高一合孫也。」蓋静成令岩時，民無滯獄，只帶合米可了，故云。

二十八年庚子（1600年）三十九歲。

與吴子往等静坐水居。

日記云：「日逐〔一〕只是顧諟明命爲工夫。」又云：「一日覺氣在胸膈稍滯，思調息。息最微，若有若無，誤認氣爲息而調之，大害事矣。次日便覺多却調息一念，只是誠無爲，著些子不得也。」

二十九年辛丑（1601年）四十歲。

八月，偕四郡同志會講于樂志堂。

三十年壬寅（1602年）四十一歲。

輯朱子節要成。

三十一年癸卯（1603年）四十二歲。

〔一〕「日逐」，兩卷本年譜及高子日記約抄均作「日見」。

注張子正蒙完。

三十二年甲辰（1604年）四十三歲。

東林書院成。

錫東林者，宋龜山楊先生講學之所，廢爲僧院，邵文莊公所修復，王文成記可考也。後復變爲僧院，先生與顧涇陽先生弔其墟，聞于當道。葺道南祠，構講堂、書舍，相與講習其中。朔望小會，春秋大會，歲以爲常。涇陽倣白鹿洞爲會約，先生爲之序。自涇陽歿，先生獨肩其責，每會，取儒釋、朱陸之辨，文成文清真悟真修之辨，爲己爲人、義利公私、欺謙邪正之辨，時時拈示，洗發痛快，令人劃然開、油然得。尤謂學者雖得朋友講習之功，不可無端居靜定之力。蓋各人病痛不同，大聖大賢必有大精神，其主靜只在尋常日月中；學者神短氣浮，便須數十年靜力，方得厚聚深培。而最受病處，在自幼無小學之教，浸染世俗，故俗根難拔。必埋頭讀書，使義理浹洽，變易其俗腸俗骨；澄神默坐，堅凝其正心正氣，乃可耳。

三十三年乙巳（1605年）四十四歲。

作異端辨。

先生遊武林，遇一僧。原係廪于學宫，一旦叛入異教，著書數種，多抑儒揚釋之語。因摘取其言，各剖破之，分四條。刻遺書。

三十四年丙午（1606年）四十五歲。

實信孟子「性善」之旨。

同顧涇陽先生會于虞山書院，有虞山書院商語小引。

三十五年丁未（1607年）四十六歲。

實信程子「鳶飛魚躍」與「必有事焉」之旨。

立家訓。

析諸子產，有量入約。

三十六年戊申（1608年）四十七歲。

赴毘陵經正堂會。

爲大水災條議救荒，爲同區設立役田。

三十七年己酉（1609年）四十八歲。

赴金沙志矩堂、毘陵經正堂會。

三十八年庚戌（1610年）四十九歲。

六月，講學焦山，段幻然主會。

赴嘉禾天心書院會。

三十九年辛亥（1611年）五十歲。

實信大學「知本」之旨。

訂古本大學。

三月，講學于金沙志矩堂。

四月，講學于荆溪明道書院。秋，赴毘陵經正堂會。

四十年壬子（1612年）五十一歲。

實信中庸之旨。

四十一年癸丑（1613年）五十二歲。

三月，講學于金沙志矩堂。

九月，静坐武林弢光山中，著静坐説。

十一月，延錢啓新先生講易東林。

四十二年甲寅（1614年）五十三歲。

春，舉同善會以贍鰥寡孤獨，中有節孝者，尤加惠之。

赴荆溪明道書院會。

七月，作困學記。

四十三年乙卯（1615年）五十四歲。

著理義説、氣質説、未發説、朋黨説。

四十四年丙辰（1616年）五十五歲。

赴毘陵經正堂會。

四十五年丁巳（1617年）五十六歲。

赴荆溪明道書院會。

四十六年戊午（1618年）五十七歲。

有戊午吟。

四十七年己未（1619年）五十八歲。

四十八年光宗貞皇帝泰昌元年庚申（1620年）五十九歲。

八月，神廟賓天，光宗即位。罷商税，發内帑，起廢籍，朝政一清。甫一月，鼎湖再泣。先生方講學東林，凶問至，爲之輟講。

十月，少司寇鄒南皋先生疏薦。

十一月，禦史方孩未疏薦。

熹宗哲皇帝天啓元年辛酉（1621年）六十歲。

正月，作壽戒。

先生云：「人生六十老矣。老人年日增，事當日減。患減之未盡，不患減之過。當以目前最切者減之：戒壽文、壽詩、壽卮、壽服、壽畫、壽屏、壽鐙、壽筵、演戲、集分、迎賓等禮。守此七戒，老人澄然無事矣。無事之樂，更有何樂似之乎？」

舉鄉飲大賓。

三月，詔起光禄寺丞。

九月，啓行至京。

是冬，別東林諸友北上。以會講事屬葉閒適、吴覲華主盟，再拜囑曰：「畢竟此事爲吾輩究竟，弟此行原殉『君親』二字。可歸即歸，不使東林草艸也。」到任，作一聯黏堂中，云：精白厥衷，一率其不損不加真性；靖共爾位，勿昧其可仕可止本心。

二年壬戌（1622年）六十一歲。

正月陞本寺少卿，贈嗣父母奉政大夫、宜人，移贈本生母亦如之。

著乾坤說、心性說、寅直說。

太廟春祭，執事。

時寺官正貳皆缺，備極煩勞。元夕上供九般茶飯，缺天鵝。群璫恣索，先生唯唯。密疏援累朝例，以家鵝代用。旨下，帖然。

裁無名供費。發鋪行物價，革諸曹鋪墊。又以餘糧振士之貧者。

先生云：「光禄事雖多，儘做得去。初間尚有中官聒擾，事事不放過，事事不已甚，遂帖服不敢動，今益沛然矣。但不可便以此爲盡職，他事一切不管。此等職事全算不得也。」既而廣寧失陷，人心皇皇，先生獨鎮以安靜。

疏請破格用人，以備不測。

薦孫愷陽、董應舉、李之藻、鹿善繼，及慎畿内守令之選，行保甲防禦之法。俱允行。

疏請逐鄭養性。

疏内云：「乞將鄭養性等發回原籍，李如楨、崔文昇明正典刑，庶危疑可釋，隱禍可銷。」報聞。

議方從哲無君之罪。

時孫淇澳爲大宗伯，疏論從哲「紅丸」事。先生見之曰：「此一部春秋也。」得旨下部院九卿科道會議，先生力持正論，不少顧忌。議具別刻，人以爲鐵案。

又嘗黏一聯于室云：「得閒且閒今日莫思明日事；當做便做一年可作百年人。」未幾，轉太常寺少卿，于祀典多所釐正。

疏陳務學之要、致治之本。

疏内復及方、鄭，傳旨欲重處。福清争曰：「此人有重望，若處，滿朝必争，吾亦與之同去。」僅罰俸。先生在京一年，汲引後進之賢充滿朝寧。言路中賢者稍動争端，便力止之，不使玄黄之戰再見于起廢之後。嘗謂：「默然融化乃是道理，煦然調停即屬世情，二者天壤不侔，并調停之意，一切泯之。」

九月，轉大理寺右少卿。

時掌院鄒南皋、副院馮少墟建首善書院，立講學會。給事朱童蒙騰疏顯詆，指意歸重東林，欲天下以講學爲戒。先生欲具疏辨，適奉明旨，如日中天，乃具揭以明其是非。已而鄒馮兩先生請告歸，詞林文湛持亦抗疏歸。先生三疏抗辭，不允。有論學揭、罷商稅揭。

八月，奉命慶陵掩龍口祭告。

十一月，晉太僕卿。

疏辭，復不允。中有「講學何罪，頓空法紀之臣；禁學何名，欲行聖明之世」，又有「陰陽交争，上下隔塞，邪氣所干，元氣大伐」等語，以身疾喻朝政也。

除夕，太廟陪祭。

三年癸亥（1623年）六十二歲。

乞差歸。明討賊之義。周易孔義成。

給事王志道疏論兩朝事，淆雜不倫。先生致書駁之，略云：「人臣爲國，當杜漸防微，懲前毖後，不宜爲亂賊脱罪，爲君父種禍。夫張差制梃，美女代劍，先進熱藥，後進泄藥，彰明較著，中外共知，孰得諱之？『諱』之一字，爲亂賊設護身之符。加以『誣謗』二字，又爲亂賊立箝口之法。大義所關，不容隱忍也。」

向著周易孔義，舟中卒業。

四月，抵家，復尋東林之社。

先生雖歸，朝中諸君子實未嘗一日忘先生。即家起用。

十一月，陞刑部右侍郎，疏辭，不允。

皇子誕生。推贈三代，廕一子。先生慨然曰：「君恩渥矣，其何以報！」

四年甲子（1624年）六十三歲。

三月，同門人華允誠啓行。

途中兩閱月，相對講學。至維揚，謁王心齋祠。心齋子王泰留先生講學。至寶應，與余兄燕超公、劉清之講學于范文正公祠。燕超教諭寶應，倡明理學，構興讓堂爲諸生講習之所，先生爲之記。

六月，進京。

時楊副院論魏璫二十四大罪，奉旨切責，舉朝爭之不得。杖死工部郎萬燝。逮御史林汝翥，疑匿福清寓，中官競圍其門。天下大柄，駸駸盡歸宫寺。先生曰：「外廷法用正直，内閣法用和緩。内閣當借用外廷，不可以正直而疑其激；外廷當責成内閣，不可以和緩而疑其媚。如此，乃相成也。」又曰：「中官用事，未能拔其毒，且須殺其毒。宜如歸德相公勸化諸璫，勿與吾輩爲敵，庶幾縉紳之禍可減萬分一耳。」

九月，陞都察院左都御史。

總憲員缺，舉朝共推先生。先生懇辭曰：「太宰是房師，可與門人分掌部院乎？大司寇喬公、左司寇饒公皆正人也，而饒公資俸深，受杖更慘，可越次用某乎？」又勸推馮少墟，太宰亦以爲然。業注饒矣。而河南道袁化中堅執不從，卒以先生名上。次日得旨，先生益跼蹐不自安，具疏曰：「都御史者，古之御史大夫也。天下之事皆得言之，臣工之邪皆得糾之，然而世習之漸靡難言矣。臣子不真心爲國家，不真心修職業，悠悠忽忽，則有難振之氣；以請託爲固然，以貨賂相結納，則有難洗之習；陞遷壅滯，仰屋書空，則有難定之志；謬同異爲是非，誤愛憎爲好惡，則有難清之見；無端而起畛域藩籬，無端而起弓蛇鬼豖，則有難調之情。所以難者，皆緣人必各有陰私，故各成隔礙。必居此位者自心先無陰私，而後可銷人陰私；自心先無隔礙，而後可通人隔礙。至御史簪筆朝端，公論之明晦由之，持斧寓内，一方之安危係之，必爲之長者聯爲一體，萃爲一心，惟君國之是殉，毋身家之苟營，而後可宏濟于艱難。今者大計在近，巡方之使，當使循良之麟鳳悉耀光明，貪殘之豺虎皆投有北，庶困窮四海、災荒孑遺尚獲少延喘息。不然，御史之失職即都御史之失職，此之關係何如重大，乃以臣之薄劣當之。是易所謂覆餗者也。」疏上，不允，乃就職。

榜禁書儀。劾御史崔呈秀。

先生謂今日安民之計，只在除貪酷吏。欲吏無貪，先從輦轂始。

一入中臺，即有禁絶書儀榜行，五城御史張挂九門，令知清明之朝決不容穢濁之事。適有魏璫私人崔呈秀巡按淮揚回道，贓私鉅萬，穢聲流傳。立疏糾之，部覆褫職遣戍，輿論稱快。

又謂院中總六部之事，職其要不職其詳，此衙門頗可救得世。撫按相貫通，寓内共如一堂，京師五方雜處，見聞博而易真。今只諮訪監司守令于輦下，各省之賢者人人咨之，事事記之。貪酷害民，撫按不糾，于置郵中詰問之。第一義在立身上守法，苞苴一毫不入，竿牘一字不出，不言而人自凜矣。

又謂天下事君相同心方做得，閣銓同心做得一半，部院同心次之。若撫按、督學選擇盡皆得人，士習民風不無少補。

十月，頒曆陪祭。疏請「挺擊」案三臣謚㾾，奉旨下部，不行。

李倖、張庭、陸大受三臣也，爲君父告變，執法賈罪，竟抑鬱齎志以歿。先生特請謚㾾，以旌其忠魂。會朝局大變，不行。

覆吉人及時宜用疏。

御史喬承詔疏薦王紀、鄒元標、滿朝薦、徐大相、馮從吾、李炳公諸正人。奉嚴旨切責，下部院參看，先生復疏力薦之，亦不行。

具申嚴憲約疏，未及上，罷歸。

疏云：「臣觀天下之治，端本澄源，必自上而率下；循法守職，必自下而奉上，故朝廷恩澤，至州縣始致之民。州縣者，奉法守職之權輿也。州縣賢則民安，州縣不賢則民不安。顧天下爲州二百二十一，爲縣一千一百六十六，豈能盡得賢者用之？賢者視君爲天，不敢欺也，視民如子，不忍傷也，奉法守職，出于心所不容已，非有所爲也；其次則有所慕而勉于爲善，有所畏而不敢爲不善；其下則不知職業爲何事，法度爲何物，恣其欲而已，是民之賊也。故爲政者，拔才賢、除民賊、約中人。天下惟中人最多，約之于法，守法，如農之有畔焉而無越思，則天下治矣。」

列州縣所當行者五十餘條，凡農桑、水利、敦教化、育人才、正人心、厚風俗、刑名錢穀積貯給散、保甲防禦、聽訟恤刑、彰善癉惡、剔蠹釐姦之法，纖悉備具。巡方者另有禁約，欲行當行之事將次第舉行。因會推巡撫事起，不果。掌憲僅月餘，人以爲北顧南邵復見云。

先是，魏廣微夤緣入相，久與正人齮齕，至是以頒曆不至、廟祭後期，爲臺省魏廓園大中、李仲達應昇等交參，懼不能容。與呈秀共入閹幕，合謀以傾正人，爲一網打盡計。

先生與太宰諸賢同時罷歸云。

十二月，送静成公入鄉賢祠。

五年乙丑（1625年）六十四歲。

正月，舉郡鄉飲大賓，辭不赴。

三月，酌兑荒區漕米。

時署印王通判追比荒區兑米，至斃杖下。先生惻然，爲之設法。約計水災十之一二勺派高鄉，每畝不過勺合，借完本年漕兑，各給票以來年代兑爲償。爲福無窮。

四月，削籍爲民，追奪誥命。

五月，送別魏廓園于高橋。有高橋別語。

春夏間，逮楊副院等六人，後先拷訊死。六月，金星晝見，與日争明。趙冢宰等十五人俱提問追贓，毁首善書院，鄒馮二先生亦削籍。先生最爲群姦所切齒，必欲坐以重贓。

有錦衣理刑吴孟明素不識先生，百口保曰：「若高老先生坐贓，何以服天下？」始得免。要典出，坐以移宫一案，南道游鳳翔疏詆，削籍爲民，追奪誥命。先生忻然曰：「非此，異日無以見地下諸公。」既而張訥謂東林乃淮撫李三才刻剥東南脂膏所造，田産無數，奉旨拆毁，估價入官，所值僅三四百金，而東林遂爲瓦礫之區矣。有爲先生危者，以「居易俟命」謝之曰：「吾輩今日一切聽天，一切靠天。一日無禍即一日享福而已。」屏迹湖干，自稱「湖上老人」。不見一賓客，不談一時事。花鳥爲伴，嘯詠自娱。謂大臣見廢，時義當然。柬相知曰：「弟在此實有事做，非浪擲光陰者。」手書示諸子曰：「屈子游于江潭，袁生自囚土室。彼固各以其時，况我老矣病矣。荷明主不誅之恩，守微臣引罪之義，息交入山，自是道理。若欲山中見客，何如不入山爲便？若聞客至而歸，何如不出門爲安？兩者勢决不能。客至，惟汝輩謝罪而已。」有扁舟相訪者，堅不出。曰：「此端一開，水居住不成矣。」

六年丙寅（1626年）六十五歲。

二月仲丁，奉六君子從祀道南祠。

六子者，涇陽、涇凡兩顧子、啓新錢子、玄臺薛子、我素安子、本儒劉子。進則正言直諫于朝，退則明善淑人于野。丹心矢竭于少壯，素節不改于暮年。今日講壇既毁，恐年久事湮，故有是舉。

三月十六日，謁道南祠。

十七日丑時〔一〕，被逮不辱，赴水終。

初六日，逮繆西溪、周季侯。十四日，又有緹騎往蘇。先生自度不免，十六日之早，以東林拆後，會講久輟，神主俱藏道南祠，特肅衣冠往謁。有別聖文，隨焚其草。歸則看花後園，與一二門生談笑自若。午後，門生華仲通自吴門至，傳言頗異。先生無幾微見顔色。季弟從山中入城，相與暢飲園亭，顔酡意悦。旁一友言此信未的。先生微笑曰：「此信想的，吾視死如歸耳。心同太虚，原無生死，何得視生死爲二？若臨死轉一念，便墮阬落塹，不是立命之學。平生講學，此處看極分明，得多少力。」

〔一〕「丑時」，二卷本年谱作「子时」。

是夕，祖孫父子從容晚酌，無一言及家事。止云：「吾有贍田二百畝，售之可完緹騎費，蕭然就道矣。」晚飯後，忻然就榻，呼諸子：「明日恐有事，汝輩各歸寢。」夜半，婿秦君鄰復傳日中信，諸子不令先生知。先生正睡覺，問曰：「信的乎？」整衣起坐，從容入書齋，諸子後隨。曰：「吾欲稍料理出門計，可暫退。但亟命家人覓舟，明早入郡。無被逮事即歸，有即赴京，不使官旗到家，嚇汝曹耳。」作字二三紙，鎖篋中。復之內寢，與夫人款語半晌。出，兩孫趨侍，取封固黄紙置几上，指示曰：「明日以此付官旗，勿先開。」復諭曰：「吾明日從郡中往京，無歸家相見期。丁寧汝者只四字，曰『無貽祖羞』。」因命仍暫退。

諸子候齋外，方商略赴京事，三四刻不聞動静。推户入，第見鐙火熒然，几案寂然，先祠鑪香拂拂然。覓先生不見，急發前紙觀之，乃遺表也，云：「臣雖削奪，舊係大臣。大臣受辱則辱國，故北向叩頭，從屈平之遺則。君恩未報，結願來生。臣高攀龍垂絶書，乞使者執此報皇上。」復有别友人書，云：「僕得從李元禮、范孟博遊矣。一生學力，到此亦得少力。心如太虚，本無生死，何幻質之足戀乎！」諸子惶駭，急從旁扉奔池畔，則先生已赴水矣。此三月十七丑時也。

先是，門人華閶修夢遊桃園。見一洞，光景奇絶，欲入不得，睡于洞口。有二人深衣幅巾，以麈尾揮曰：「急醒，急醒！」閶修問姓氏，曰：「吾周衡臺、魏廓園也。寄語汝師，確乎不可拔，潛龍也。急來，急來，會機無失，當相會于桃源深處。」閶修覺而異之，以告先生。先生點頭曰：「或別有應。」尤異者，先生平立水中，左手護心，右手傍岸，衣履整齊，污泥不沾身，滴水不入腹。數日成殮，面色如生，人咸以爲異云。

嘗有友問避亂之策，先生曰：「先要打定一個大主意，隨地行去。康節詩云『上天生我，上天死我，一聽于天，有何不可』，人若無此主意，臨時便手忙脚亂，不能安于天理。」又有問朝聞夕死何以爲可，先生曰：「我有四字，人忽以爲常談，不必説。」其友極叩之，先生曰：「當死便死。」其生平之言如此，是可以觀先生矣。劉念臺曰：「先生平日學力堅定，故臨化時做得主張。如此攝氣歸心，攝心歸虛，形化而神不化，亦吾儒常事。若以佛氏臨終顯幻之法求之，則惑矣。」知言哉！嗚呼！先生固以微言相示矣。

先生孝友性生，怡怡色養，嗣者生者兩得其歡。待諸兄弟委曲懇至，愉愉藹藹。于諸姪愛之如子，教之如父。閨門之内雍如肅如，終其身無二色。自幼無狎邪之游、綺麗之好。家居功課，晨起盥漱，謁家廟畢，扃户觀書。四壁不堊，庭艸不除，帷帳不飾，敝硯禿筆，終日儼然。

飯後必瞑坐片刻，極忙不廢。每子夜起坐，謂此時可想來復氣象。五更復起坐，謂初覺時甚好。先忌齋素謝客，時祭致齋一日，東林丁祭，宿齋三日。自奉極菲，祭祀賓師則極其誠。生殖不事，漠然無營，而親友以生計相託者，則極力代籌。至捐貲踐約。于宗親，有養之終身者，有及其再世者。于師，生養死殯之。于友，髫齔之交無不終始相歡，贍其貧，恤其孤。推轂寒士，不遺餘力。鄉紳宦遊者，諄諄以愛民好士、砥名礪節相勸勉。地方有大是非，得先生而定；有大利害，得先生而伸。至設通區役田、通邑役米，蘇糧里之困，舉同善會，恤遠近之鰥寡孤獨，爲德梓里，又其餘矣。

作家訓數千言，大要言色欲迷人，臨財誤人，便辟善柔之友敗壞人，一妨人誦讀之功，一消人高明之意。須以孝弟爲本，以誠實爲先，以讀書窮理、慎言語、擇交游爲做人第一義。

嘗言：「子弟若識名節之堤防，詩書之滋味，稼穡之艱難，便足爲賢子弟。」

又云：「要知聖人取狂狷意。狂狷皆與世俗不相入，然可以入道。子弟若憎惡此等人，便不是好消息。所與皆庸俗，己未有不入庸俗者。出而用世，便與小人相暱，與君子爲仇，是大利害處。」

又曰：「善須是積，積小便大。一念之差，一言一事之差，有因而喪身亡家者。」

又云：「臨事讓人一步，自有餘地；臨財放寬一分，自有餘味。」

又云：「見過所以求福，反己所以免禍。但肯反求，道理自見。小人所以爲小人，只見別人不是而已。」

又曰：「人生爵位分定，非可營求。只看義命二字透，落得做個君子。」

邑中諸先達有一言一動可爲師法者，時時向諸子稱述之。在京聞諸子嘗赴講會，手札勖曰：「此乃天地閒不可絶之善脉，賢子弟不可墮之家聲，非細事也。」

又云：「葉年伯是汝輩真師，常在左右坐一晌聽教。」

又云：「到東林最好入頭。大衆會集時，滿堂蕭然。此時默坐澄心，看有妄想也無。

妄想一寂，即是真心；真心一放，即是妄想，非二物也。不善用工者要驅除妄想，另覓真心，妄不可除，真不可得。善用工者，知真昧成妄，妄醒成真，一反覆間耳。得此意，到東林實做工夫，方不虛過此日，方不做了人事。久之，其味無窮，受用無盡。」

又曰：「吾在此全靠平日靜功，少年不學，老無受用，汝輩念之。靜功非三四十年靜不來。何者？精神一向外馳，不爲汝輩收拾矣。事多拂意苦，有疾病苦，到老死苦，益不可言。靜而見道，此等苦皆無之。汝輩急做工夫，受些口訣，不然此事無傳矣。天下惟此事，父不能傳之子，以身不經歷者，言不相入，即終日言之，如不聞也。」

待臧獲曲加體恤，知其飢渴勞苦，獨少有生事，斷斷不假借。服官于外，倍加鈐束。嘗云：「人家爲體面立崖岸，曲護其短，力直其事，此乃自傷體面，自毀崖岸也。長小人之志，生不測之變，多由此。」以故家人亦兢兢守法，兩之官，僅蒼頭四五人隨行，供使令給灑掃，即郵筒報復，親自啓閉，隻字不落其手。

一入總憲，即遺書歸，云：「居此官，家人愈要兢業。家人有德色便生意外事，勿以圖利反至招禍，勿以恃勢反至失勢。」

又嘗云：「士大夫居閒得財之醜，不減室女踰牆之羞。流俗滔滔，恬不爲怪，只是不曾立志。」故生平未嘗輕受一錢，妄説一事。有知交坐一不平，許爲代白。其人以賄來，曰：「不聞士人得錢，如女失身乎！」謝弗預。有以講學爲名高者，家鉅萬，每歲厚聘一達尊主席。曰：「教以爲己，學以爲人乎？」辭弗往。

初仕，所得俸不敢自私，必以奉父。謫官時，有憐其俸薄，資以厚貺者，概不受。揭陽歸後，有以俸檄致者；太常罰俸，有同鄉在户曹，以俸見遺者，亦概不受。雖交際萬不容絕，可以義通，亦未嘗分毫入橐。亟出爲恤貧濟難，刊書廣教之用。嘗云：「凡臨事，著一苟字便壞；自身享用，著一苟字便妙。吾一生得此力，故隨遇而安。」

掌院時，柬同志曰：「弟所處風波地，一朝狂風起，吹我入菰蘆中不難。予告時以大臣不賜馳驛即不走驛，僚屬醵路費峻却之，僱夫買船歸。」曰：「留一日則作一日事，去一日則得一日樂。樂字惟山林人説得，煙雲魚鳥無非樂事。廟堂人説不得，國亂民窮，無事不憂。廟堂人説樂，勢利兩件而已。迷人以此爲樂，何邪？」

先生立朝，真有斷斷休休，誾誾侃侃氣象；涉世，真有不流不倚，不争不黨氣象；

燕居，真有申申夭夭氣象；設教，真有無行不與，循循善誘氣象。其進而汲引同心，扶綱植紀也真。上必欲堯舜其君，下必欲堯舜其民；其危言危行，特立不摇也。真一家非之不顧，一國非之不顧，天下非之不顧；其退而力護紫陽、隄防二氏，不使支離訓詁之談、虚無寂滅之説，得混吾精一博約、格致誠正之教也。真爲往聖繼絶學，爲萬世開太平；其廓然行藏之外，怡然禍患之臨也真。知進退存亡而不失其正，有内省不疚，何憂何懼氣象。在太常曾云：「魏忠賢與客氏最可慮，二姦相合之害不可言。」不謂崔、魏之毒方深，廣微遂起而乘其間，卒如先生言也。

嗚呼！先生之學，于生平見其大，于一死見其真矣！

毅宗烈皇帝崇禎二年己巳，贈太子少保，兵部尚書，賜謚忠憲，廕一子，送監讀書。

著書總記：

古本大學、正蒙集注、四子要書、朱子節要、東林講義劄記、就正録、同善會録、邵文莊公年譜、高氏家譜、疏稿揭議、周易孔義、春秋集注、毛詩集注、困學記、三時記、州縣條約，語、録、序、説、志、傳、碑文等，四言、五言、六言、七言、古風、律詩、絶句共若干卷。

以三代後詔誥爲書餘，以太極圖、通書、經世、啓蒙爲易餘，擇騷、賦、銘、贊爲詩餘，稍斟酌綱鑒爲春秋餘，以歷代典制合古宜今者爲禮餘。

高忠憲公年譜終　十世從孫光照恭較

高忠憲公年譜〔一〕

高忠憲公年譜序其一〔二〕

自有天地，即有理學。帝王行此理於上，三綱九法，一代正焉；聖賢明此理於下，人心學術，千古昭焉。然理者即之而不可見，而心學之精微，又父不能以傳之子。所以孔孟之後有楊墨，有佛老，皆曰是理也，吾得之，吾得之。始於泛觴，終也襄陵，一時後世，靡然從之。及究其指趨、要其歸宿，則茫然如搏虛焉。諸能爲孔孟之言者，則又優孟其衣冠，粗之流於六藝，淺之涉於詞章，而於聖賢立心行己之防，不啻此參而彼商也。有志之

〔一〕此譜卷下頁八至頁廿一有缺損及漫滅不可辨認者，這裏據高子遺書及高鏷泉鈔本重刊本補全，並對少量錯訛之處做了校正。

〔二〕小字爲整理者爲區分諸序而添加，以下數處同。

士起焉，亦欲以明道爲務，然或誤於工夫之失傳，或病於見聞之易惑，各以其意，相爲揣摹。名曰闢佛老，乃其見則猶然佛老之見也；名曰距楊墨，乃其行則猶然楊墨之行也。乖離淆僞，不一不公，其孰從而正之。

忠憲高公奮乎百世之後，歷考群哲，斷然以朱子爲宗。其爲學也，質之於古矣，未已也，反而求之於心。求之於心矣，未已也，充而驗之於事。閑邪存誠，動静一致，主敬格物，内外交修。始則參前倚衡，卓爾其有立也。終則霧散冰融，灑然其無事也。繇是貧而樂，達而檢，患難而不憂。繇是坐而言，起而行，獨處而不愧。繇是生而順，死而安，俟諸後儒而不惑。嗚呼！詎不偉哉。萬曆以後，天啓以前，其形於奏疏者，可以格君心之非；其施於政事者，可以振王綱之墜；其昭大法，擊大奸者，可以傾一世之否而爲泰。卒之璫禍一發，殲我良人，是乃明祚之將傾，而非先生之不幸也。先生死而理學彰，則先生猶不死矣。所傳困學記，功夫明、本體露，使後之儒者盡得乎從入之門，以復覩夫鄒魯之統，豈惟先生不死哉，雖紫陽猶不死也，雖孔孟諸聖賢猶不死也！

時康熙丙午歲季夏，三韓後學吴興祚稽首拜敬題。

高忠憲公年譜序其二

高忠憲先生少子季遠編先生年譜成，其猶子學憲、彙旃版行之，而問序於穀。穀曰：「嗟乎，予小子，而曷敢序先生哉。」無已，則有吾師子華子龍超先生之言在。師嘗語穀曰：「子亦知高先生之學之所自承乎？觀先生聖賢論贊有十，肇自孔顔曾思孟，訖於周程張，而遂終之以朱子，而不復及乎其他。然則先生意所宗主，蓋可知也。」穀乃今觀於譜，而吾師之言益信。夫先生之學，大約具困學記中。其候雖有甘苦淺深之殊，而要從朱子「入道莫如敬」之一言始。繇是惣輯朱子要言爲續近思録，羹墻步趨，朝夕以之。蓋先生雖好盡其心於聖人之道，而又恐涉於漭洸無津涯之塗，故斷然以朱爲的，言心必統之以性，言悟必實之以修，言静坐必程之以整齊嚴肅，辨儒釋異同及陽明無善無惡之説之非，必曰反而求乎理。而其所接席訂証者，則有顧涇陽先生。遠近磨切，則有馮少墟、錢啓新諸先生。於是考亭之傳沃乎其内而曄乎其外。其至潔者既形於審義利，修廉隅之際，而至偉碩者又見於正色立朝，爲士類争忠邪，爲宫府争綱常之大，而謂先生非朱子之嫡系，而其誰也歟？抑觀朱子在慶元間雖遭道學黨錮之厄，然蒙孝宗之知，詔對垂拱殿者一，延和殿者二。先生當萬曆重熙，竟懷抱其忠，不得一見天子，且至以言事被謫，坐老林泉者垂三十年。迨庚辛之際，録用舊人，時先生齒宿意新，未嘗以臣精消亡爲慮。而不意忠勤甫效，黨禍旋興，投淵之悲，遂使千古與屈同弔。其視朱子所遭，何尤不幸之極也。然當是時，儻從楊左諸公相率赴難，豈不甚烈？而先生顧獨以從容整冠，拜表自沉者，上爲朝廷略存禮遇大臣之體，而下以留不毁之膚髮於衣冠塗炭之秋。此與朱子疾革時移寢中堂，領儀禮而不從書儀者何異？嗚呼懿哉。死之嘗變不同，而同歸於道，其斯以爲朱子爲先生而已矣。先生殉節於天啓丙寅，後三十有三年而譜成，事實皆取之困學、三時、日記及疏揭等書，餘非家庭親見聞者弗録。蓋先生之子之譜先生，皆先生之自譜者也。因念先生殁後，滄桑再易。凡中原文獻之漫滅不復存者，何可勝數。而季遠獨能實護先澤，詮次罔遺，學憲復能爲之交質互訂，刊示以諗來學，是先生之道雖弗克大行於當時，而猶獲著明於後世者，夫孰非其後之人紹述之功爲多也。然則讀茲譜者，即先生家學之無替，亦於是乎可徵焉。

同邑後學通家子嚴瑴頓首拜撰。

高忠憲先生年譜序其三

記予小子諸生時，彙旃先生督楚學，如韓李出，元和文章一變。試課暇，即率諸生闡提宗旨，不欲爲不該不詳之士。以故楚士至今稱葛屺瞻、高彙旃二先生云。予李常先生猶以道自荷，講學不輟，遠近奉爲盧牟。一日，出忠憲先生少子季遠所輯年譜示予，且屬序。余捧而讀之，固知源遠流長也。夫忠憲先生誕於明世宗之壬戌，歿於熹宗之丙寅三月，其間之顯之晦、之升之沉、之聚之散、之存之亡，皆天之有以使之，其實先生自主之者矣。其自主之者何也，道也。天不能有治而無亂，人不能有盛而無衰、有休而無咎。自凡之人儷之，則以亂隨治，以衰隨盛，以咎隨休。而自求道者起而曰：治也亂也、盛也衰也、休也咎也，非天之使之，皆其道之所必現之境，必周之變。而淺庸往往差觀之，異端往往幻視之，正人君子所必渾於冥茫，散於天壤而息消於有覺者也。易曰「通乎晝夜之道而知」，死生者，人之晝夜也。故惟知道者能通乎死生。人以爲生也死也、常也變也，不知其爲道也。忠憲先生甫弱冠後，即冥契先天，讀書嚴課，壁間悉粘一圈。圈者，無極而太極也。又作復七規，取「七日來復」之義。及登朝，冬至習儀朝天宫，静坐僧房，自覓本體，與「閑邪存誠」相會。後講易東林，和至日詩曰「一元只向動中開」。又曰「人人自有圓圈在」。又著周易孔義，知先生道衍羲孔，潛心於易匪一日矣。友歸季思、顧涇陽，磨切錢馮，辨論管李，其講究易非一日矣。於易獨取乎復。復，一陽也。至日閉關，静以養一陽也。然以天地之數論之，陽一陰二，君子少而小人多，治少亂多。故先生不免於難，貶揭揚，罹璫禍，氣數然也，於先生胡與。故安受其難而不辭不驚，如古賢臨歿觀化弄丸也。雖先生中害，而晝前易、壁間圈，皆渾合乎升沉聚散、存亡治亂、盛衰休咎而一以視之者也。至其編朱子語録，格致誠正，一以考亭爲歸。闢異端似子輿氏，辨新説雖王李不假，如朱辨陸也。爲朝廷晰邪正，爲萬世正綱常，範圍曲成，豈小補哉。雖然，是編也，主困學記。處困而亨，其大人乎。不亨於過而亨於心，先生知天立命，常存可也。終於坎，圈内亦有之數爾，先生不驚也。非得道而能若是哉。得道而生，得道而死，自宋諸君子以迄今先生，不媿一人而已。余何敢不暢爲先生表述，俾後之覽年譜者，若元會運世，有道以行乎其間，不絶如先生矣。而况有紹而述之者，固能續大道於茫茫也哉。

康熙丙午，楚潛後學朱士達頓首拜譔。

高忠憲先生年譜序其四

熹廟末，諸君子被璫禍，幽囚囹圄，備極楚毒。有識之士不勝扼腕浩歎曰：國家綱紀掃地盡矣。嗚呼，然後知高忠憲先生爲得死所也。先生殉難在丙寅三月，迄今三十餘年，季子季遠謀輯先生年譜，潛心者久之，始克成，而屬余序。余惴惴懼弗克副，又不敢諉。譜以先生困學記爲主，困學記，先生之自譜也。先生曰「善學孔子者莫若朱子」，繹朱子之言「入道莫如敬」，遂從事主敬之學，蓋不啻準的奉之矣。江行舟中，反覆體究，不越程朱所示法門。困衡極而一旦豁然，本體覿露，實無一事。曰，未也，敬義夾持，進修密蹟，而最得力者，數十年涵養靜謐，栽培深固以立本，而用不窮。至於一性瑩然，天人無間，知本知至而中庸其至，則深造自得之候然爾。先生嘗叙朱子節要矣，謂孔子而後，闢邪衛道之功莫大於孟子。孟子而後，闢邪衛道之功莫大於朱子。微朱子，即聖道弗著。而非深知孔子、朱之學亦弗著也。此先生爲朱子嫡傳之明徵也。明朝自嘉隆以來，儒而逃釋者相踵，復有王氏之學，耑揭良知，掃除格致，陰帥天下學者鶩玄曠而蔑繩檢。先生潛心孔氏，於前聖後聖若合符節之處，洞若觀火，而後辭而闢之，辨二氏，辨新學，直推究本末，灼見其所以然與所必然而不爽者，然則繼朱子而闢邪衛道，非先生其誰也。先生立朝不滿三載，凡學術之弊敗，朋黨之蔽蒙，宫府之危疑，宗社之鯢甈，侃侃論列，一本知至意誠，精覈允當，無一語涉欺妄。假使先生得侍講幄，如熙寧之考亭，所以啓翌聖明，弼扶治教，豈曰小補云爾。祇以政本非人，日中豐蔀，一落謫籍，坐老林泉。及天啓起廢，又不幸處諱學之朝，爲黨人側目，以及於難。吁，其甚矣！雖然，黨人之困折先生也以其學，而先生自信自養，浩然而獨伸者卒以學。如石之介，湛徹幾先，從容止水之則，不辱國，不辱身，與朱子移寢中堂，恬然而逝者何異。信乎，尼父無臣，子輿易簀，古聖賢得正歸全，要於夕可，其致一耳。繇斯以觀，道南祠之從祀於先生安乎，否乎。毘陵錢啓新先生輯源編，滙編，如正閏統。源編上自羲農，下迄程朱而止，自餘漢唐宋諸儒以及明朝從祀四君子，皆人滙編。先生論贊諸聖賢，自先聖顔曾而下，亦迄程朱而止。學脉正閏，其嚴也如此。然而特祀之議，言之今日，恐益滋謡諑。何也？先生之道未大章也。先生遺書炳朗千古，道曷嘗不明。然必學者共行之，共明之，而後爲大章。先生之道得大章，而後知先生朱子之後一人也，祀典以俟論定可矣。謹序。

順治己亥春，通家子華允誼頓首拜撰。

高忠憲公年譜序其五

先朝理學之儒，其盛不減於宋，然其間出類拔萃，爲世所共推服者，十數人而已。十數人之中，尤必以河津薛文清及錫山高忠憲先生爲金聲而玉振焉。予讀書錫山，高先生少子季遠與猶子學憲彙旃以先生年譜來示，且請爲序。予後先生之生四十有九年矣，何敢序。抑先生事在國史，行在鄉國，名在天下，又何庸序。雖然，不可以無言也。

夫朱子生於有宋之季，集有宋一代之成。先生生於有明之季，集有明一代之成。是不可以無所發明，請得而推言之。有明理學承之自宋，陳静誠、宋文憲、陶姑孰皆衍其緒者也。至於曹月川而始真，薛文清而始大。吴康齋之後，其傳浸盛矣，而純駁即由之以起焉。殆王文成而其教大昌。自正嘉以迄隆萬，上則縉紳，下則士庶，家談户説，講學之風，自宋以來未有盛於此時者。然而物衆則僞生，言哤則敝起，浸浸至於鄧豁渠、李温陵、林道乾、何心隱之屬，八風舞而六經掃地矣。端文顧公標性善之旨，而狂瀾爲之稍障。先生繼起而力持之，而後孔孟程朱之正學焕然復明。夫文成之學，大純而小疵者也。顧自無善無惡之旨揭，而從而繼者率皆鄙困學而詫生知，詘工夫而崇本體，名爲大一統而合三教，實則率孔孟以事釋伽。古今以來，人倫中正之理幾於蕩然。

今讀先生之年譜，以困學自居，何其甘遜於生知也。以居敬自勉，何其不憚煩於本體也。辨新學而三教合一之説窮，辨異端而援儒入墨之途塞。然則斯道之真傳，自文清以來，所謂晦而復明，絶而復續者，不屬之先生而誰屬耶？而謂先生之功不上同於有宋之朱子耶。特以遭時不偶，未得大行其道而從容止水，不知者猶與氣節同觀。嗟乎！先生之詩不云乎：「綱常盡處此身全」，蓋先生之學固已合死生而一之矣。處常處變，時有不同，道則無不同也。先生之子若侄輯年譜成，跋之曰：「他人成仁取義之奇節，先公不過朝聞夕死之恒事。」善哉言乎！足以覘先生之家學矣。雖未獲大彰於時，然朱子之學亦以歷久而愈著。予嘗讀嘉善陳氏幾亭之書，固先生之門人也。其所以尊師者備至，而復能暢其師之説，則安知繼起者不更有人？而將來之尊信吾高子，不猶今人之尊信吾朱子耶。

婁東後學陸世儀頓首拜譔。

恤贈制詞

奉天承運皇帝制曰：臣子立朝大節，首持正以無回。國家起敝維風，必旌忠於不朽。雖義烈非計榮身後，而褒終乃示勸將來。爾原任都察院左都御史高攀龍，清標峻品，正學弘猷，儀著皇華，丹敷疏草。雖投荒而丘園道賁，迨召用而卿寺勞深。每多砥柱之危言，遂晉内臺而總憲。觸邪秉直，逆焰寒心。爰中含沙，遽甘殞命。從容遺表，恍尸諫於當年；恤録易名，慰忠魂於今日。是用贈爾爲太子少保、兵部尚書，謚忠憲，錫之誥命。於戲，八座追崇，渥寵不忘乎華兖。九原可作，芳名永播於清流。乘景耀於士紳，服休光於冥漠。

諭祭文

維崇禎三年十二月廿二日，皇帝遣直隸常州府掌印官劉興秀，諭祭原任都察院左都御史，贈太子少保、兵部尚書，謚忠憲高攀龍曰：朕聞善道之守，在嶽撼而瀾翻。履變而貞，必雪消而晛見。惟卿一代碩人，四朝耆德，繇夙慧而紹明絶學，歷諸艱而獨抱孤忠。亦欲正人心，大闡濂洛關閩之奥。豈肯遂時好，直脱功名富貴之場。不以初獻於廷，而沮敢言之氣，即使終老於壑，猶存報國之忱。著述三十年，是亦爲政；名世五百載，蚤應其期。嶽立朝端，巖巖爲衆正之領袖；嶷然憲府，凛凛植四國之紀綱。奮除倚社之奸，弗顧投鼠忌器；酷罹反戈之噬，寧甘射影含沙。誼不受辱於僉壬，屈大夫庶幾知己；死苟見諒於明主，史子魚庸有同心。大節表於真儒，正終慊夫邃養。感兹波逝，朕何忍問之水濱；愧彼炎趨，禮所貴薦夫蘋藻。靈如有知，欣然祇享。

又諭祭文

維崇禎三年十二月二十八日，皇帝遣常州府掌印官劉興秀，諭祭原任都察院左都御史，贈太子少保，兵部尚書，謚忠憲高攀龍曰：天倚柱以正其傾，地賴維以紐其絶。維卿以浴日補天之慮，振迴瀾砥柱之功，如李膺一代高標，若蕭傳千秋勁節。而邃學完養，以歛其鋒，直節剛腸，不矜於氣。芟慭去幹，視死如歸。星已殞而芒耀天，璧雖藏而名蔽地。悲哲人之已逝，儼遺老以猶存。式頒諭祭，寵賁黄壚。欽哉。

附春秋丁祭文　同邑後學張夏譔

具官其等致祭于明先儒高忠憲公景逸先生之靈曰：於惟先生理學氣節，文章事功，孝友廉潔，靡德不同。吉甫爲憲，屈平比忠。諭定有年，發蕴無窮。皇皇諸儒，誰折其衷。宋有朱子，明惟高公。兹當春秋丁、禮行禴嘗祭，尚饗。

高先生像題詞　大學士文震孟

詩曰「人之云亡，邦国殄瘁」，每誦斯言，未嘗不三復流涕霑衣也。夫天啓之季，姑蘇毘陵間觸璫焰死者六人，皆吾友也。而高存之先生，則吾所嚴事心師者也。先生甫登進士，即以建言居謫籍三十年。復起，歷仕總憲，所蒞皆有樹立。居鄉，講明正學，聲律身度，爲世所宗。爲憲臣，劾治御史之最貪者一人。其人逆璫義兒也，以是遂及於禍。先生殁有遺奏，其從容守正於死生之際如此，聖人復起，能易斯言耶？亡何，逆璫誅，義兒縊，先生之識力益顯然較著。蓋天祐社稷，篤生聖帝，邦國所以危而復安，人道所以絶而復續也。嗚呼！此豈人力也哉。

敬瞻先生遺像，爲楚辭以招之：「穆重淵兮絶垠，驂赤鯨兮層冰。睠泂瀁兮儵忽，迴風衝兮嚴霜零。靈屈抑兮偃蹇，含素水兮蒙深。目渺渺兮自遠，哀高丘兮陸沉。入帝宫兮摇翹，陽炎炎兮卿雲。昭靈繾綣兮熙朝，佑先皇兮逍遥。靈容與兮崔嵬，紛玉珮兮陸離。搴桂欃兮延佇，碧舟淵涌兮人閒望思。」

題高忠憲公像贊

華亭宗伯董其昌

蕩陰裾濺，常山齶裂。三光浴焉，此一點血。汨羅波清，崕門颶起。八柱奠焉，此一勺水。臣心皎潔，臣義從容。國體如天，奉以始終。結纓恃氣，歛棋秉譴。公如岳蓮，萬仞立卓。擊狐狐伏，射隼隼飛。雖有城社，迄無憑依。白璧懷中，幽光弗缺。究衣帝傍，正氣不滅。凌日厲月，叱風鞭霆。群魅見之，碎肝銷形。誰知公神，湛然不掛。北斗以南，惟此儒者。

高忠憲公像贊　始寧太史倪元璐

贊曰：道喪之世，忠者死爾。上死死忠，上忠忠死。忠死之忠，匪以死止。死忠之死，不虧國美。京貫雞連，鉤黨殺士。士盡死者，公大而禮。爲士鍛榮，同文之豻。爲國洗辱，汨羅之沚。疇竝公忠，信國文氏。正反相明，如車合軌。當宋既灰，厓墮其祀。嗚烈取著，所以燕市，當明鼎盛，闇干其紀。避辱取晦，所以止水。燕市國光。止水國體。大人之死，非苟而已。

高先生像贊　同邑後學吴桂森

程朱居敬，實踐力行。知名達天，反身而誠。主静存仁，格物精義。以身狥道，義盡仁至。

高忠憲公年譜卷上　男世寧編　侄世泰訂

公諱攀龍，字雲從，更字存之，號景逸，學者稱爲景逸先生。世爲無錫人。萬曆壬午舉人，己丑進士。初任行人司行人，建言，謫廣東揭陽縣，添注典史。天啓元年，詔起光禄寺寺丞。歷陞光禄寺、太嘗寺、大理寺少卿，太僕寺正卿，刑部右侍郎，都察院左都御史。天啓六年，以璫禍被逮。草遺疏，自裁。崇禎元年，恤贈資德大夫、正治上卿、太子少保、兵部尚書，謚忠憲，賜祭葬，廕一子。奉旨祀郡邑鄉賢祠。元配王氏封夫人。

高氏自孟永公而上，譜逸無徵。世居青城鄉，世農，事亦無傳。自孟永公始居邑之東南隅。一傳爲耕樂公，名如圭。再傳爲省軒公，名翼，後以字行，曰鵬舉。三傳爲雪樓公，名適，誥贈太子少保、兵部尚書，配蒲氏，贈夫人。是爲公曾祖父母。雪樓公生二子，長名材，爲静成公。嘉靖辛卯舉人，黄岩知縣。初贈通議大夫、刑部右侍郎，再贈太子少保、兵部尚書，祀名宦鄉賢詞。配邵氏，繼李氏，初贈淑人，再贈夫人。是爲公祖父母。次爲静逸公，名校，初贈奉政大夫，光禄寺少卿，再贈通議大夫、刑部右侍郎，累贈太子少保、兵部尚書。配朱氏，初贈宜人，再贈淑人，累贈夫人。是爲公嗣父母。静成公生子爲繼成公，名夢龍，後以字行，名德徵，太學生。初贈奉政大夫，光禄寺少卿，再贈通議大夫，刑部右侍郎。累贈太子少保、兵部尚書。配陸氏，二室邵氏，初贈宜人，再贈淑人，累贈夫人。是爲公本生父母。

孟永公以下，行實詳公自撰譜傳中。

世宗肅皇帝嘉靖四十一年壬戌七月十三日（1562年8月12日）[一] 午時，公生。

本生父繼成公，本生嫡母陸夫人，生母邵夫人，生公於税務里。大父静成公兄弟二人，弟静逸公近四十七無子。公生甫月，静成公謂静逸公曰：「吾兒且舉二子，其少者可抱也。」於是公爲静逸公嗣，母朱夫人。

〔一〕年譜中公曆日期爲整理者所標注。

先是，靜成公書齋種盆荷。戊午一花，生長孫明陽公。壬戌再花，生公。靜成公作詩志喜曰：「盆荷今歲又新栽，到老風情覺更孩。餘六旬惟兩度見，隔三年復一花開。吉祥共詫有先兆，孫子應多是俊才。慚愧庸愚那得此，須從祖父本原猜。」後公得詩於冗紙中，捧誦珍悼，恭跋云：「蓮，花之君子也。發於盆盎，小能大也。嘗人神局於六尺，君子神充於宇宙，亦若是矣；出於污泥，污能潔也。嘗人心役於五官，君子心超於萬物，亦若是矣。蓮，多子者也，子以及子，吾兄弟子孫相率爲君子，乃所以報吾祖，報天之休也。」

四十二年癸亥（1563年）二歲。

四十三年甲子（1564年）三歲。

四十四年乙丑（1565年）四歲。

四十五年丙寅（1566年）五歲。

穆宗莊皇帝隆慶元年丁卯（1567年）六歲。

公就外傅。善讀書，言動不苟，有成人度。讀罷，嗣母朱夫人予果餌，必恭而受之。或命自取，必謹如所命之數而止。

二年戊辰（1568年）七歲。

三年己巳（1569年）八歲。

四年庚午（1570年）九歲。

五年辛未（1571年）十歲。

聘元配王夫人。爲抑所公女，繼山公孫女。

六年壬申（1572年）十一歲。

神宗顯皇帝萬曆元年癸酉（1573年）十二歲。

從承遜庵先生習舉子業。

二年甲戌（1574年）十三歲。

三年乙亥（1575年）十四歲。

四月，大父靜成公卒。

初，靜成公愛公特甚。每晚必命公入書齋講説書義，以遠大期之。靜成公有小像，獨圖公執卷侍側。臨終，謂靜逸公曰：「弟無憂，弟有子，足娛老也。」靜逸公歸，呼公，摩其首曰：「兒真足娱我老矣。」

四年丙子（1576年）十五歲。從茹澄泉先生學，凡七年。

五年丁丑（1577年）十六歲。

六年戊寅（1578年）十七歲。

七年己卯（1579年）十八歲。

八年庚辰（1580年）十九歲。

九年辛巳（1581年）二十歲。

元旦，隨靜逸公至外家。靜逸公小帽，公弱冠，衣冠朴素，投刺者止一人。時王氏貴顯，門庭赫奕，賓朋滿座。有狎客某見公父子寒素態，詞色甚倨，竟不相揖。歸途，靜逸公曰：「世情如此，兒亦覺之否？」公曰：「此似不足責。」曰：「誠不足責，然當知自勉。」公謹受教。

八月，補邑諸生。

學臺李公名時成，湖廣黄州人。時江陵相當國，大縣入學止十五人。

十月，娶王夫人。

先聘者已殤，王公曰：「如此壻，天下第一流人也，可覿面失乎！」即抱内戚沈公女續好。至是出閣，一如己女。公佩王公國士之德，永勿替焉，終身無二色。

十年壬午（1582年）二十一歲。

師事西席劉完孺公、沈復吾公，友事陳華墀公。是秋，與三公同寓同榜。

八月，鄉試中式。

座師沈公名鯉，號龍江[一]，河南歸德人；沈公名懋學，號晴峰，浙江平湖人。房師徐公名民式，號撿吾，福建浦城人，松江司理。闈中原係落卷，本房中式者已呈主考，待曉發榜矣，徐公就榻不能寐，鼠嚙其足者三，徐公異之，暗中抽一落卷，即公卷也。急趨主司，語其故。沈公秉燭一覽，即嗟賞不已。遂得中式。謁見時，便以天下士期之。

十一年癸未（1583年）二十二歲。

會試不第。三月抵家。

讀書外家，與諸名碩結社課文。暇則探討近思録及諸先儒語録，時已專志聖賢之學矣。

十二年甲申（1584年）二十三歲。

[一]「龍江」，底本作「龍岡」。過庭訓本朝分省人物考卷八十九：「沈鯉，號龍江，河南歸德人。」明經世文編、查繼佐罪惟録等亦作「龍江」，宜從。

讀書外家。

十月，朱夫人卒。

十二月，葬朱夫人。

十三年乙酉（1585年）二十四歲。

讀書，嚴立課程，自卧榻至每日經行之處，壁間悉粘一圈，期於觸目警心，無至此心放逸。

八月，生母邵夫人卒。

十四年丙戌（1586年）二十五歲。

講學于泮宮。

語見困學記。

十五年丁亥（1587年）二十六歲。

正月，服闋。

十六年戊子（1588年）二十七歲。

二月，入南雍。

司成爲海虞趙定宇公，略師生之分，結忘年交。

十一月，會試北行。

十七年己丑（1589年）二十八歲。

二月，會試中式。

座師許相國諱國，宗伯王公諱弘誨，房師考功司員外郎趙公諱南星。趙公批硃卷云：

「此卷似知學者，當拔之牝牡驪黄之外。」

三月，廷試。賜同進士出身，觀政大理寺。

六月，静逸公卒。

七月，聞喪。

八月，抵家。

十二月，葬静逸公。

先是，静成公未舉子，夢二龍飛騰霄漢，各有攫拏之狀。繼成公生，命名夢龍。公生，初名希良，後嗣静逸公。静逸公奇愛公，恐覺其爲抱子也，改名攀龍，與本生稱雁行矣。公成進士，客有以爲言者。公曰：「天乎，吾罪當死。吾不敢言之於前，忍易之於後乎。」繼成公曰：「孺子言是，吾以字行可也。」遂不易名。

十八年庚寅（1590年）二十九歲。

八月，遊武林。

記見遺書。

十九年辛卯（1591年）三十歲。

十月，服闋。

二十年壬辰（1592年）三十一歲。

二月，赴京謁選。

公自記小册云：「予生質鈍甚，藉父兄師友之教，欲勉爲君子。兹將北行，撿笥中，得書牘若干首，而不能盡攜。謹録其要語，以備觀省。」

六月，授行人司行人。

初到部，擬選縣令。寄繼成公書云：「兒觀今日時事日非，天下事無一可做。稍酬生平，惟有守令耳。京職悠悠，坐老歲月，不若乘此年力，做一出頭，以後便可迎刃而解。嚴不至激，和不至隨，兒自量力能爲之；愛民好士，一介不取，亦自量力能爲之。邑中先達雖多，兒意所取法者，邵文莊、王繼山二公，皆自州官起脚。夙志如此，未審得遂願否。」既而得行人司，司中藏書甚多，因得恣意涉獵。

七月，上崇正學辟異説以一人心以端政本疏。

時四川僉事張世則獻所著大學初義，請頒行學宫，一改章句之舊。公具疏參之，略曰：「臣惟：自昔儒者説經，不能無異同，而是非不容有乖謬。是非謬，則萬事謬矣。今〔一〕以程朱大賢，謂其學曰『不能誠意』，謂其教曰『誤人之甚』，是耶？非耶？議之於私家，猶爲一人之偏詖，而於聖賢無損；嗚之於大廷，則遂足以亂天下之觀聽，而於世教有害。臣有不容已於言者矣。」太祖高皇帝即位之初，首立太學，一宗朱氏之學。令學者非五經四書不讀，非濂洛關閩之學不講，而天下翕然向風矣。成祖文皇帝益張而大之，類爲性理全書，頒布天下。饒州儒士朱友季詣闕獻書，專詆毀周程張朱之説。上覽而怒曰：「此儒之賊也。」特遣行人押友季還饒州，令有司聲罪杖遣，悉焚其所著書，曰「毋誤後人」。於是邪説屏息，吾道中天矣。不意今日乃有世則，肆然斥之曰「誤人」、曰「不誠」，欲變祖宗表章之至意，率天下而背之也。抑臣有深憂焉。自世廟以前，雖有訓詁詞章之習，而天下多實學。自穆廟以

〔一〕高子遺書無「今」字。

來，率多玲瓏虛幻之談，而弊不知所終。笑宋儒之拙，規矩繩墨脱落無存〔二〕；以頓悟爲工，而巧變圓融不可方物。故今高明之士，半已爲佛老之徒。使世則之言一倡，人人自騁其私，淫詞〔三〕充塞，正路榛蕪，二祖列宗之教蕩然掃地矣。伏祈明詔中外，非四書五經不讀，不得浸淫於佛老之説；非濂洛關閩之學不講，不得淆亂以新奇之談。學無分門，士無異習，人心貞一，教化大同。如是而人才不出，政治不隆者，未之有也。奉旨：程朱正學，崇尚已久，豈可輕議。近來士論玄虛，何裨實用。高攀龍所言有關世教。張世則剿襲浮詞來奏，姑免究，禮部知道。

八月，上今日第一要務疏。

時神廟久輟朝講，建言者譴謫相繼，刑罰峻急，國用空虛。公具疏，略曰：「臣無言責也，而言，非越職也。人臣之義，敬君爲大。心有所知而不言，不敬莫大焉。且事關君德，天下大利害所在。我聖祖立法，百工技藝之人，皆許直至御前奏聞，而况於臣乎？不敢瑣

〔二〕高子遺書「規矩」前有「而」字。
〔三〕「詞」，高子遺書作「辭」。

聑，特揭其至要者二端上聞。一曰『天下之大本』。所謂大本者何？陛下之心是也。人君之心與天爲一，呼吸相通。一念而善，天以善應之；一念不善，天以不善應之。古之聖王終日乾乾，操持此心，以對越在天。然人心至活，倏忽之間，起滅萬狀，未有無所事事而能懸空守之者。故必觀經書，以求聖賢存心養性之道；或觀史鑑，以求古今治亂興亡之原，君子小人立心行事之别。又必時召侍臣，相與講説討論，以求治國平天下之要。如是則一日之間，此心常止於義理，人欲不得而乘之。心有所止則静，心静則氣和，氣和故〔一〕喜怒皆中節，而刑罰不過其則。聖心冲然和平，聖體泰然安舒，而後天地之和應之矣。二曰『天下之大機』。機者神化之樞，得其機而化，斯神矣〔二〕。臣觀今日内而百官、外而萬姓，所引領望〔三〕於陛下，其最急者曰『除刑戮』『舉朝講』『用諫臣』『發内帑』。是四者，陛下爲之甚易，如反掌然，而天下臣民所注向，忽快覩於一朝，觀聽遽新，精神頓聳，天下事無不可爲矣。可言者不止於是，而四者其要機也。」疏入，留中。

〔一〕「故」，高子遺書作「則」。
〔二〕「矣」，高子遺書作「也」。
〔三〕底本無「望」字。據高子遺書補。

十月，謁總憲孫立亭公。

孫公云：「諸位長官乘此正好讀書，不可蹉過。」又云：「律爲用世本，不可不讀。」公因加意律學。

十一月，冬至，朝天宮習儀，僧寮静坐。

語見困學記。

録二程夫子語録。

十二月，奉差頒詔南京。謁孝陵。

公務畢。候鄒南皋先生，又會葉閒適、薛玄臺、瞿洞觀諸先生。論學旬日而别。

二十一年癸巳（1593年）三十二歲。

正月，抵家。

七月，遊武林。

九月，赴京復命。

十一月，上君相同心惜才遠佞書。

時太倉相當國，正人多被斥逐。公具疏，略曰：「臣觀從古以來，君子小人迭爲消長，而治亂亦若循環。聖人爲戒，必謹於消長之際。臣自去冬奉差，迄今復命，中間不及期年，朝廷之上，善類擯斥幾至一空。大臣則孫鑨、李世達、趙用賢去矣，小臣則趙南星、陳泰來、薛敷教、張納陛、于孔兼、賈巖黜矣。近李楨、曾乾亨復不安其位，乞去矣。選司孟化鯉又以擢用言官張棟，空署而黜矣。臣惟天地生才實難，國家得人甚急。廢黜如此，後將焉繼？且皇上朝講久輟，群臣不得望見顏色。天言傳布，雖云聖裁，隱伏之中，莫測所以。臣恐皇上有去邪之果斷，而左右反得行其嫉妬之私；皇上有容言之盛心，而臣下反貽皇上以拒諫之誚。其爲聖治之累不小也。伏願皇上深賜省察。至於輔臣王錫爵，迹其自待，若愈於張居正、申時行，察其用心，何異乎五十步視百步。即如諸臣罷斥，隆眷誰出輔臣之右，何忍坐成皇上之過舉。臣恐輔臣聲音笑貌之間，雖示開誠布公之意，而精神心術之隱，實不勝作好作惡之私。伏望聖上諭輔臣深自省察，與其自私用智，心勞而日拙，孰若大公順應，心逸而日休。

臣愚不勝至望」。又謂「楊應宿借不附吏部之名，致阿徇閣臣之實，反謂『近世一種小人，專以抗閣臣爲風裁，附吏部爲得計』，其爲説愈佞，其爲害愈深。臣恐此説一倡，不惟足以箝制人口，上之誤朝廷，中之誤輔臣，下之誤一時，其害不知所底。伏願皇上亟加顯斥」。奉聖旨：已有旨了。時楊應宿疏論公説謊附會，吏部奉聖旨：近來小臣不修本等職業，專鬭是非，這本着該部院會同該科，從實問他，何以見得吏部有許多贓私。及高攀龍爲顧憲成所使，亦問高攀龍何以見得朕一事不管，親批親點俱出輔臣之意。明白參看來説，不許徇私黨護。

閏十一月，奉旨會問。

詳後癸巳記事。

降補應天府檢校，旋謫廣東潮州府揭陽縣典史。

先是，御史吴公弘濟有疏論列，至是降補，奉聖旨：高攀龍已令吴弘濟黨救，着降邊方雜職，不許朦朧推陞。吴公削籍，公遺吴公書曰：「凡人行義非難，所安爲難。人心清净，中一物不可着，何處着一官？若一念未融，其道不光矣。了此，便鳳凰翔於千仞。」吴公答書曰：「流俗淺人，那知此意。此行身輕蟬蛻，其樂何如，悠悠之衷，想丈與弟共之也。」

十二月，辭朝啓行。

公日記云：「良鄉縣令公强名思，出拜致恭，議論甚正。且勸慎言，以防小人。風塵中亦難得此。至雄縣，以輿人疲乏，持柬往縣中討夫。縣令成名已竟不發，雖不爲意，尚微有念。因思人之怨皆起於求，有求即非正，已正則不求，不求則無怨。戒之，戒之。」

歲暮，抵家。

附公癸巳記事

太倉相以癸巳再入閣，適當京察。吏部尚書孫鑨、考功趙南星去其私人蘇鄼、徐泰時、殷都、胡汝寧、蔡系、周柯挺、楊四知、樊玉衡、張應登等。錫爵大恚，乃與次輔張位合謀，因給事中劉道隆疏批降南星，於是孫鑨亦去。陳泰來、薛敷教、于孔兼、顧允成、張納陛、賈巖各疏争之，皆謫去。吏科都給事史孟麟以病去，選司孟化鯉又不附錫爵，因其推用張棟，一署皆黜。尚有趙用賢爲吏部侍郎，錫爵必欲去之後已。乃先有正風俗一密揭，大意言民間倫理不正，皆繇大臣先不以倫嘗爲重。今後凡有犯倫理事，必用嚴革。半月後，即令吴之彦子吴鎮論用賢絶婚事，有旨，該衙門知道。禮科都給事張貞觀言之，用賢辨之，俱奉旨，部院從公勘明來説。錫爵乃令御史陳曇力詆用賢，都御史李世達有辨言易淆，公道難泯疏糾之。於是户部郎中鄭材、楊應宿力詆世達。於是户部侍郎李楨又糾材與應宿，應宿又力詆楨。於是用賢、世達皆去。李楨、曾乾亨皆求去。是年十一月，行人高攀龍以復命至京，疏論前後事。錫爵票旨，以「一事不管」四字挑動聖意。皆奉旨，着部院問應宿，何以見得吏部許多贓私。問楊應宿又誣吏部趙南星、劉四科贓私。又説高攀龍與選郎顧憲成爲姻，此疏專阿憲成。錫爵高攀龍，何以説朕一事不管，親批親點，俱出輔臣之意。時吏書陳有年、侍郎蔡國珍、都御史孫丕揚、吕坤、吏科都給事許弘綱齊至朝房。先問應宿，吏部贓私，一無情實。問高攀龍，攀龍曰：「行人本内並不曾説皇上一事不管，但今是是非非一切倒置，誤皇上，失天下心，是誰爲之？」於是有年等覆奏，謂應宿一激而嫚罵堂官，再激而株連異己。説者以二三大臣之去，方歸責於己事，而復倡爲朋黨不根之説，將流禍於方來，罰治未悛，忿争已極，所當議處。謂高攀龍感事陳言，每抱惜才之歎，説非不正，而際聖主當陽之時，爲不必然之計，遂以區區效忠之意，取不擇言之尤，厘於扣閽，疏於削牘，所當罰治。於是應宿、攀龍俱謫。先是，御史吴弘濟當未會問時，抗疏言攀龍爲君子正論，應宿爲小人邪説，亦降調去。南京吏部主事安希范、户部主事譚一召、刑部主事孫繼有合疏救，俱削籍。希范逮而得釋，臺中公疏救，爲首罰俸一年，餘罰七月。省中公疏救，爲首罰俸一年，餘罰七月。弘濟初降二級，調外，至是削籍。

二十二年甲午（1594年）三十三歲。

七月，赴廣東揭陽縣謫籍。

公夙有志聖學，其發憤修悟，大要得力於揭陽之行。詳後困學記。又有三時記。蓋公之謫，秋往春歸，故云。

會管東溟、王少湖於吴門。

記云：二十九日至吴門，會管公東溟。公議論英偉，使我一時如遊奇山怪水之間，應接不暇。復曰：「吾人有一念毁譽着心，還是小人路裏人」，令人更發深省。候王少湖先生，先生益衰矣。教曰：「凡人待文王而興者，便是凡民。須是一家非之、一國非之、天下非之而不顧，不要懦弱了。」予猶記去年先生一見謂予曰：「居鄉勿爲鄉愿，居官勿爲鄙夫。」寔當終身誦之。

八月，遇吴子往、陸古樵於武林。

記云：八月六日至武林，遇吴子往、陸古樵。古樵名粹明，廣東新會人。萬里孤身，東遊訪學三年矣。子往見而奇之，朝夕與居。其人清苦澹默，終日静坐，或至閉户經月。與之錢則辭，與之衣，寒則衣之，暖則返之，井然不苟也。問其所從師，曰潮陽蕭自麓。問其學，曰主静。謂予曰：「只要立大本，一日有一日之力，一月有一月之益。務要静有定力，令我制事，毋使事制我。」予深旨其言。

登釣臺，拜嚴先生祠。

記云：十五日五鼓渡江，連朝陰雨不開。篷窗隱坐，深自克省，知前功之不切，手勢一轉。十六日早，雨中登釣臺，拜嚴先生祠。

遊武夷，拜朱夫子、蔡九峰先生祠。

記云：二十五日至武夷，二十六日遊九曲。於二曲拜蔡九峰先生，於五曲拜朱夫子，即武夷精舍也。

答李見羅先生書。

記云：二十九日至延平，寄李見羅先生書。見羅以去秋書來，論「止修」之學，至是始答之。見羅書云：「果明宗，果知本，真有心意知物各止其所，而格至誠正總付之無所事事矣。」又曰：「格致誠正不過就其中缺漏處照管提撕，使之常止。常止則身常修、心常正、意常誠、知常致，而物自格矣。」予則謂大學格致，即中庸明善，所以使學者辨志定業，絶利一源，分剖爲己爲人之介，精研義利是非之極，透頂徹底，窮穴擣巢，要使此心光明洞達，直截痛快，無毫髮含糊疑似於隱微之地，以爲自欺之主。夫然後爲善，而更無不爲之意拒之於前；不爲惡，而更無欲爲之意引之於後。意誠、心正、身修，善之所以純粹而精，止之所以敦厚而固也。不然，非不欲止欲修，而氣稟物欲，拘蔽萬端，恐有不能實用其力者矣。且修身爲本，聖訓昭然，誰不知之。只緣知誘物化，不能反躬，非欲能累人，知之不至也。故學者辨義利是非之極，必皆如無穿窬之心，斯爲知至。此工夫喫緊沉着，豈可平鋪放在，説得都無氣力。且條目次第，雖非今日致，明日誠，然着個先後字，亦有意義，不宜如此儱侗。此不過先儒舊説，然見羅則自謂孔孟的傳，恐決不相入也。

九月，過九龍十八灘。

日記云：山高水險，峰頭月吐，村酒小醺，焚香吟詠。倦而就枕，中夜夢回，水聲清徹骨髓。數旬以來，得山川之助殊不小也。

記云：予於壬辰春服闋，至京，卜得一籤云：「一生心事向誰論，十八灘頭説與君。」不解所謂。迨揭陽之命下，偶簡路程途，見自江右至潮當經十八灘，遂瞿然而驚。已又遍詢之，知從閩道爲徑，則不必過江右。予戲謂神無如我何矣。比達閩省，至崇安逆旅，主人云，路出三山甚迂，宜取清流便。予欣然從之，不虞有所謂十八灘也。至是，舟人始以告予，乃知人生分定如此，世情可一笑而破矣。

過汀州。

語見困學記。

過大姑。

記云：十五日，過大姑。灘流湍急，亂石縱横如牙。舟别無舵，舟人僅以兩槳斡旋之，每下一灘，舟輒刺入白浪，浪裏復出，時時穿石罅中行。予初亦不免動色，已遂視之如夷。

以此知險須用習，習坎之義大矣。

抵潮州。

記云：十七日抵潮，二十日至揭陽，假館於李氏之祠。二十一日謝恩，拜聖廟訖。二十五日蕭公自麓以予寄陸古樵書，遂來訪予。公出羅念菴先生之門，以主敬爲學，所見甚正。談論終日，歡相得也。

課試儒童。

記云：讀書、静坐之餘，日有儒童以所爲文來，予稍爲正其文體。或有惑於新説，敢背傳注者，務裁抑之，期於反正乃已。每旬一會，從文字中察其品，略得數人。日記云：思無益於地方，日接見民間子弟，與之説書談文，冀有裨益。

編集朱子要語成。

記云：官舍優暇，深宜讀書。朱子以是月編完。連日編書，稍覺忙迫，心便不定，應事便有昏處。以此知放教虚閒，養心發慮之本也。日記云：思得處事刮洗到盡處，無一毫拖泥帶水意思，方見精義入神。

簡點過失，在言語上多，宜專於此致力。

温習周易，性理，飯後每誦詩一二章。信哉，詩之可興也。每晚讀楚詞一篇，忠誠懇至，何減三百篇。然非朱夫子，亦未易一暢曉屈子丹衷也。

患病静坐。

日記云：因病復取修煉家説觀之，覺其鄙而不足爲。夫大人者，與天地合其德，日月合其明。區區自保其神氣，以偷生其間，亦焉用之？若夫慎言語、節飲食、毋勞其形、毋摇其精、毋使思慮營營，則誠養生之至要矣。

序王文成年譜。

記云：十一月，二府致菴莊公以文成年譜來，欲予序而刊之。予觀文成之學，蓋有所從得。其初從鐵柱宫道士得養生之説，又聞地藏洞異人言周濂溪、程明道是儒家兩個好秀才。及婁一齋與言格物之學，求之不得其説，乃因一草一木之言，格及官舍之竹而致病，旋即棄去，則其格致之旨未嘗求之，而於先儒之言，亦未嘗得其言之意也。後歸陽明洞，習静導引，自謂有前知之異，其心已静而明。及謫龍場，萬里孤遊，深山夷境，静專澄嘿，功倍尋常，故胸中益灑灑。而一旦恍然有悟，是其舊學之益精，非於致知之有悟也。特以文成不甘自處於二氏，必欲篡位於儒宗，故據其所得拍合致知，又妝上格物，極費工夫。所以左籠右罩，顛倒重復，定眼一覷，破綻百出也。後人不得文成之金針，而欲强繡其鴛鴦，其亦誤矣。予於序中亦未敢無狀便説〔二〕，姑記於此。

作陽明説辨。

凡四首，全刻遺書。

蕭自麓書來。

記云：初九日，自麓以書來，曰：「工夫不密，内有游思，則主不一；外有惰行，則儀不飭，非敬也。必須内外協持，積養深厚，使此心無少閒雜，斯謂能一，斯謂真敬。先儒曰『此心有些罅便走』〔三〕，又曰『學貴含蓄深固，最忌洩漏』，某嘗自思惟，只用功不密，洩露太早。敬爲執事誦之，毋若某之徒老而自悔也。」語語破的，謹爲書紳。且自麓所最服者，

〔二〕 三時記「説」後有「破」字。
〔三〕 此句三時記作「此心有些罅隙便走」。河南程氏遺書卷第七有「只外面有些罅隙，便走了」。

魏莊渠先生，又可見其學之正矣。予數年來，亦殊悠悠。自出門至此，已三轉手勢。以此知學者瞥見些光景，而遂以爲有悟者，皆妄也。

往訪自麓。

記云：往潮陽訪自麓。自麓出念菴諸書觀之，其學大要以收攝保聚爲主。而及其至也，益見夫離寂之感非真感，離感之寂非真寂，念菴殆已合寂感而一之。至其取予之嚴，立朝之範，又正陽明門人對病之藥也。時潮俗頗侈，予與自麓相約，菜止五簋，盡袪繁儀。蕭氏諸郎皆謂不可，而自麓見信，獨守約言。予將别，請教。自麓曰：「公當潛養數年，不可發露，先輩皆背地用一陣堅苦工夫，得成就耳。」予深然之。

十二月，以差歸。揭陽諸生送别於潮州。

記云：予在縣三月，聞有兇人陳所藴者，工於刀筆，以起滅爲事，潛結惡少年，布滿各縣，官府莫可誰何，自細民至縉紳，談之莫不色變。予聞而奇之，至詢其人，本一士夫林氏家人子，迺淫其主女，後女出嫁，又婉轉用計，占以爲妾。予始憤然，以爲如是則紀綱滅矣。告於朱任宇密擒之。十二日，明其證佐，所藴伏辜，辭成而上之。十五日啓行，十六日至郡，揭陽生儒送者皆集。謝見溪名良政者，予聞之唐曙臺云，潮人惟此友向學。予屢訪之不遇，至是亦來。因相與論説，以勉諸生。時諸生已得數人興起矣。予在官舍所編朱子要語悉已刊，就攜之而行。行三十里，見溪與諸生再集小酌。行三十里，諸生復集。予曰：「日暮矣，不可前，諸君且休。諸君努力，自當相遇中原。與諸君矢，繼自今脱鄙人毁廉蔑撿，無以見諸君；諸君不克砥礪，厭厭世俗，亦無以相見。」皆曰：「誠如此盟。」是日至黄崗。二十一日，將至漳浦，見道旁立石大書曰「宋鄭虎臣誅賈似道於此」，甚快之。

過漳州，與李見羅先生論學。

記云：二十二日至漳州。入署，則李見老來，予亦即過其寓，隨榻焉。見老自謂「心性之辨，已自了然，所争只條目耳」。因爲申諭，以明其不可易，且云「此來必令洞然無疑，方始去得」。予所執者本自無疑，見老學已成家，長者亦不敢與深辨，故連日但巽心聽教，受益甚多。見老出見客，坐中有詆宋儒者，其人曰：「至善是性體，如何認作極功。」予曰：「公自認作極功，朱子未嘗如此説。門人問曰：『至善是各造其極，然後爲至否？』朱子曰：『至善是自然的道理，如此説不得。』又曰：『至善是些子恰好處，天理人心之極致。』

公且看人心若純乎天理而無一毫人欲之私，此何等境界，還算不得性體否？」曰：「一草一木皆要格，如何？」予曰：「公看上下文否？」曰：「不知也。」予曰：「如此何以駁先儒？聖賢之言，隨人抑揚，人欲專求性情，故推而廣之，曰：『性情固切，草木皆有理，不可不察。』人欲泛觀物理，則又曰：『致知當知至善所在，若徒欲泛觀物理，恐如大軍之遊騎，出太遠而無所歸也。』一進一退，道理森然，何嘗教人去格草木？」曰：「今日格一物，明日格一物，如何？」曰：「自是問者疑一物格而萬物皆通，故云：『雖顏子亦未至此，惟今日格，明日又格，積習久〔一〕，然後有貫通處耳。』此於道理何疑？豈曾限定公一日只格得一物耶？」時適有泉友張子慎名維機者來受業見老，書其所見爲質問，雖尚有騎墻之見，而中間有云：「宋之諸儒，求其彷佛孔顏者，惟程明道；而集諸儒大成者，獨有朱晦菴。故嘗謂道宗於宣父，顏曾思紹其傳，至孟子而始著；道章於孟子，濂溪張邵繼其絕，至程朱而始著，乃一再傳而不能不錮於見、局於域、墮於蹊、而流於支，則後儒之咎也。吾黨未覩一班，奈何輕評先輩。今人士有不誦習朱注者乎，青衿而遵之，係籍而變之，猶曰見有異同也。

〔一〕「久」，三時記作「多」。

甚至病以楊墨，斥以夷狄〔二〕，則豈免逢蒙之罪。王新建卓識宏才，疇得議之，乃其徒何紛紛也，有憚於修詞而逃者矣，敗於名檢而逃者矣，羶於聲利而逃者矣。不知孔門四科，果爾錯雜耶。大都晉、六朝之談崇莊老，而明擠之聖人之下；今學者之談，斥佛氏而陰奉之聖人之上。宋後儒之支離，不過割裂於訓解；今學者之支離，反至割裂於心體。當今之時，夷而敢于猾夏〔三〕，怪而敢於干常，毋亦闚竅風聲，密與運會，而吾黨崇奉西天之教，潛爲之徵召歟！此其言雖聖人復起，恐亦不能易也。予不勝快心。拜而納交。二十六日，與見老及子慎諸兄別。二十九日，至楓林驛。四壁大樹扶疏，鳥雀繞鳴，寥寂之中，自有深致。明日，郵丞致酒，寒燈獨酌。屈指庭闈，尚隔三千，憮然就枕。

二十三年乙未（1595年）三十四歲。

遊九鯉湖。

〔二〕「夷狄」，底本作「異端」，據三時記改。
〔三〕「夷而敢于猾夏」，底本作「下而敢於犯上」，據三时记改。

記云：元旦，驛中拜牌畢，趣駕遊九鯉湖。至初二日，盡日盤旋此湖。蕭蕭身世，雲水孤清。初三日早發，初五日至省，許敬庵先生以敬和堂集來。敬庵之學，以無欲爲主。自迴別於世儒，然不必以大學論離合也。當時濂溪之學亦主無欲，但其時大學未經表章，反覺潔净。今日人人自爲大學，欲執此以病彼，氣象便局促耳。

拜李延平先生祠。再遊武夷，拜朱夫子祠。

記云：初九日，至延平，會趙控江。初十早，拜李先生祠。十二早，往考亭，拜朱夫子。其地清邃可愛，書院前臨翠屏山，山下滄洲泉澄泓一鑑，清氣洗人，後倚玉枕山，皆喬松茂林。朱氏五人出迎，十三代孫也。有名弘演者，志甚向學，眷然難別。恨不信宿，以窮山水之幽，慰諸君之雅。晚止武夷山房。十三日，以前遊未盡，再窮其藴，直至九曲之終。山勢既散，豁然桑麻，真朱子所謂「莫言此地無佳景，自是遊人不上來」也。往返三十六峰之間，胸中圖畫了然，而意興始愜。

已上編次揭陽之行，所稱「記云」者，皆三時記也，間有出於日記者，仍分別書之。其三時記中所述山水之勝，别見全書，兹不盡録。

二月，抵家。

八月，出遊。同吴子往、歸季思洞庭僧房静坐。

二十四年丙申（1596年）三十五歲。

正月，繼成公、陸夫人偕壽七十。

公同兄弟稱觴宴客。

二月，繼成公有疾。

往返吴門、京口延醫。

三月，陸夫人卒。

六月，繼成公卒。

遵喪禮不二斬，稱降服子。

閏八月，葬繼成公、陸夫人。置義租。

公已出嗣静逸公，迨繼成公有疾，命析諸子産，仍七之。公力辭，以均諸兄弟。既而繼成公授衣飾什物，公辭。授養廉三百金，又辭。繼成公曰：「此復不受，不以吾爲父耶？」公涕泣祇受，即供喪費。以其餘置義租七十石，贍父妾之無子者、親戚之無養者。

祠邑令王公於錫山之麓。

王公諱其勤，號少月，湖廣松滋人，嘉靖中來令吾錫。錫故無城，王公甫下車，即議版築，上臺非之，一邑非之，不顧也。三月而城完，三日而倭至。百萬之命，争於一絲。又有清丈田畝事，其人甚偉，其功甚大，公既建祠祀之，復貽書陳懷雲督學，檄行入祀名宦。先是倭寇，邑義士何五路等三十六人，持挺出擊，敗死西壕，往往爲厲。邑人即其死所祠之，簫鼓繽紛，遂爲淫祀。公既建王公祠，陳公筠塘再爲兩廡列祀焉。有司春秋致祭惟謹，自是淫祀遂絶，祠記刻遺書。

二十五年丁酉（1597年）三十六歲。

八月，追圖繼成公遺容。

繼成公生前未圖像。至是，延名手羅文江追圖，稿屢易，未得神。羅君謂公曰：「但端居静思，精誠自格。」公如言，思三日，得其故，羅君僅於眉睫間加一筆。遂宛肖如生。公悲感，作詩云：「高堂彷佛已無踪。此日親顔紙上逢。乍喜復驚還自痛，相看疑是夢中容。」

二十六年戊戌（1598年）三十七歲。

水居成。

水居記云：漆湖之干有洲焉，可二十步，三分贏一以爲廣。其外池周之，其外堤周之，其外湖周之，又其外，山周之。所謂軍將、漆塘諸山也。主人即洲作居，以水爲垣，豁然四達。主人偃息其中，以水爲娱，泊然自得。或凭軒而眺，或隱几而瞑，或曳杖而遊。目之所赴，意之所遇，魂魄之所安，無非水也。居久之，於是主人閲日月升沉、雲霞起滅、草木榮瘁、禽魚去來，與四時百物相代謝於一水之間，而忘乎其爲我也。居又久之，於是主人且宅天宇之寥廓，餐元和之膏潤，乘浩氣而翩躚上下於無窮之門，而忘乎其爲水也。或曰：子之樂微矣，獨矣〔一〕。主人謝不敏，曰：「夫造化者，固逸予於是夫。」吾請問之。及命之泰筮，

〔一〕底本無「獨矣」，據水居記補。

得節之兑，其卦曰水澤，其辭曰安節亨。主人莞爾而笑，乃歌曰：「可以樂饑，泌之洋洋兮；所謂伊人，在水中央兮。」

可樓成。

可樓記云：水居一室耳，高其左偏爲樓。樓可方丈，窗疏四闢。其南則湖山，北則田舍，東則大陸〔一〕，西則九龍峙焉。樓成，高子登而望之曰：「可矣！吾於山有穆然之思焉，於水有悠然之旨焉，可以被風之爽，可以負日之暄，可以賓月之來而餞其往，優哉游哉，可以卒歲矣！」於是名之曰「可樓」，謂吾意之所可也。曩吾少時，慨然欲遊五嶽名山，思得丘壑之最奇，如桃花源者，托而棲焉。北抵燕趙，南至閩粵，中逾齊魯殷周之墟，目觀所及，無足可吾意者，今乃可斯樓耶？噫！是予之惑矣。凡人之大患，生於有所不足。意所不足，生於有所不可。無所不可焉，斯無所不足矣，斯無所不樂矣。今人極力以營其口腹，而所得止於一飽。極力營其居處，而所安止几席之地。極力營苑囿，遊觀止於歲時。十一之托足耳，將焉用之。且天下之佳山水多矣，吾不能日涉也，取其足以寄吾之意而止，凡爲山

〔一〕「大陸」，可樓記作「九陸」。

水者一致也，則吾之於兹樓也，可矣。雖然，有所可則有所不可，是猶與物爲耦也。吾將繇兹忘乎可，忘乎不可，則可樓者贅矣。

作復七規。

時公與歸季思諸先生嘗習静水居。作復七規，云：「復七者，取大易七日來復之義也。凡應物稍疲，即當静定七日以濟之。所以休養氣體，精明志意，使原本不匱者也。先一日，放意緩形，欲睡即睡，務令暢悦，昏倦刷濯。然後入室，炷香趺坐。凡静坐之法，唤醒此心，卓然常明，志無所適而已。志無所適，精神自然凝復。不待安排，勿著方所，勿思效驗。初入静者，不知攝持之法，惟體貼聖賢切要之言，自有入處。静至三日，必臻妙境。四五日後，尤宜警策，勿令懶散。飯後必徐行百步，不可多食酒肉，致滋昏濁。卧不得解衣，欲睡則卧，乍醒即起。至七日，則精神充溢，諸疾不作矣。食芹而美，敢告同志。

作山居課程。

五鼓，擁衾起坐，叩齒凝神，澹然自攝。天甫明，小憩即起。盥漱畢，活火焚香，默坐玩易。晨食後，徐行百步。課兒童，灌花木，即入室静意讀書。午食後，散步舒嘯。覺有昏氣，瞑目少憩，啜茗焚香，令意思爽暢，然後讀書。至日昃而止，趺坐盡線香一炷。落日銜山，出望雲物，課園丁藝植。晚食淡素，酒取陶然。篝燈隨意涉獵，興盡而止。就榻趺坐，俟睡思欲酣，乃寢。

八月，講學於泉上。

二十七年己亥（1599年）三十八歲。

讀書水居。

四月，出遊。

從荆溪至浙中黄巖縣，謁静成公祠。父群犨集曰：「此高一合孫也。」蓋静成公令巖時，民無滯獄，只帶合米可了，故云。父老因談昔年諸惠政甚悉，語詳公譜傳中。時歷天台、雁蕩諸名勝，探奇索幽，三月而返。

二十八年庚子（1600年）三十九歲。

讀書水居。

四月，浙中訪友。

八月。

時儀真稅監暨禄濫委稅官收稅於錫之蓉湖，乃實本縣一惡棍名任奎者勾引而來。未幾，稅官爲商人所撻辱，任奎借以報怨，遂嗾稅官揭牙行四人於稅監，時委本縣問解。公作書致縣公，發奎之惡，而白四人之冤。

九月。

水居「復七」，同劉子孺、吕與幾。日記云：七日中，只體貼誠敬，見精一爲聖學的傳也。又云：有主則敬，無爲則誠，只是如此。

十月。

「復七」，同吴子往。日記云：是日見只是顧諟明命爲工夫。又云：一日，覺氣在胸脅稍滯，思調息，息最微，若有若無。誤認氣爲息而調之，大害事矣。次日，便覺多却調息一念，只是誠無爲，着些子不得也。又云：連日可樓静坐，朝負初陽，夕披明月，山光水色，鳥語花香，心境相融，天下寧别有仙人耶！

作括語二首。

大哉宣聖道同天，千載程朱得正傳。格致一言括口訣，直方二字示真詮。不從真實原非學，纔説虚無便是禪。只在眼前休放過，綱常盡處此身全。

學道須將誠敬先，工夫只在立心堅。且從有主操真宰，漸到無爲近自然。有主萬端私欲净，無爲一片太虚圓。乾乾終日緣何事，莫信人間有别傳。

二十九年辛丑（1601年）四十歲。

讀書水居。

四月，增修水居書室。

八月，偕四郡同志會講於樂志堂。

十二月，遷居於城南隱居。

三十年壬寅（1602年）四十一歲。

讀書水居。

三十一年癸卯（1603年）四十二歲。

讀書水居。

注張子正蒙完。

三十二年甲辰（1604年）四十三歲。

興復東林書院。

致各上臺書：敬啓：宋龜山楊先生受業兩程夫子，一時學者翕然從之，尊爲正宗。考錫乘，先生嘗講學是邑十有八年，建有東林書院。比先生没，學者即其地建祠祀之。其教思入人之深，於此可想見。當嘉靖初，先達文莊邵公率其門人比部補庵華公重行改建，王文成爲記。距今曾幾何時，倏已鞠爲草莽。行道過之，俯仰顧盼，咸爲喟然歎息，徘徊不能去。攀龍等僭不自量，欲相與共圖修復，懷之中心，蓋已有年，未敢率爾。茲舉道術學術於焉攸擊，非藉寵靈，不足以樹風聲而垂永永也。會庠友合呈上請，乃敢拜手颺言曰：「先生之道，其源遠，其流長矣。及門之樂育既多，過化之餘風未泯，而今而往，有能紹述遺訓，如當年之在東林，一傳而爲喻工部，再傳而爲尤文簡，三傳而爲李簡肅、蔣文忠，無墜道南之一脉者乎！是惟先生之賜。而今而往，有能冥契心宗，如當年之在劍南，一傳而爲羅豫章，再傳而爲李延平，三傳而爲朱考亭，直接周程之正統者乎！亦惟先生之賜。其大有造於吾錫何如！此攀龍之所以仰追明德，特爲台臺懇也。台臺主盟斯文，凡在瞻聽，靡不喁喁屬耳目焉。幸得亟允所請，嘉與表章，一以揚先哲之光，儼爾儀刑之如在；一以端來學之範，昭然向往之無岐。不腆九峰二泉之間，行將坐收濂洛關閩之勝，其大有造於吾錫，又何如也！此攀龍之所以仰承至意，重爲台臺懇也。」

三十三年乙巳（1605年）四十四歲。

五月，遊武林。作異端辨。

引云：予遊武林，寓居西湖。見彼中人士半從異教，心竊憂之。問其所從，皆曰蓮池。問其教，出所著書數種，多抑儒揚釋之語。此僧原廩於學宫，一旦叛入異教，已爲名教所不容，而又操戈反攻。不知聖人之教何負於彼，庠序之養育何負於彼，而身自叛之，又欲胥天下而叛之，如此之亟也。因摘取其言，各剖破之。又有極力專詆朱夫子者，另爲一書，尚未得也。辨四條，刻遺書。

三十四年丙午（1606年）四十五歲。

講學東林，讀書水居。日記云：正月二十七日，舟中看薛敬軒先生要語，覺得自家平日言語多，不但招尤，又且損氣。養德養身，莫要於此。又覺已有善，常要人知；人有不善，多不能隱，此屬淺薄陋惡之甚，宜痛戒之。

九月，講學虞山。

日記云：重九，在虞山精舍，與管東翁問答云。翁語次深薄宋儒，予曰：「先生必有所見，其灼然處何居？」翁曰：「只一性字，宋儒便不識。」予曰：「何謂？」曰：「性者，大覺。宋儒謂性即理也，認做一件鶻突的黑影子。」予曰：「何以見之？」曰：「彼以知覺爲心，謂理乃心所包之物，豈非包着一件不覺之物乎？」予曰：「理有何形？因其心之發見，知其有如是之條理，故謂之理。若謂以覺包理，則理乃在外，宜乎今人以物理爲外，以格物之理爲徇外矣。」翁曰：「此是公爲宋儒分疏。吾自二十歲時，已見宋儒骨髓。」予曰：「不然，是老先生有得後看宋儒，故認得如此。若攀龍者，初時一無所見。從程朱夫子討出工夫曲折，一一依他做，並不見有如此癡學問也。」翁曰：「公近釋正蒙，且論太和何如。」曰：「張子謂虛空即氣，故指氣以見虛，猶易指陰陽以謂道也。」曰：「即此便不是。謂氣在虛空中則可，豈可便以虛空爲氣。」予曰：「謂氣在虛空中，則是張子所謂以萬象爲太虛中所見之物，虛是虛，氣是氣，虛與氣不相資入者矣。」翁但曰總不是、總不是。予亦不敢與長者屢辨而止。因思學問從入之途不同，斷無合并之理。吾儒以秩序命討自然之天理爲理，其自然之條理，毫髮差池不得處，正是大覺。彼徒以此心之精靈知覺爲覺，宜其認理爲鶻突、爲黑影。端緒迥然，安可以口舌争也。

十二月，探歸季思先生喪。

公聞訃，哭之慟。復貽史武麟督學書云：「三吴高士，有昆山舉人歸子慕。其人已没，芬芳逾溢，未經表章，有待君子。望檄下有司，采其遺事，刻其遺書，特祀學宫，永其蒸祀。此實培正氣、障頹俗之一用也。」

三十五年丁未（1607年）四十六歲。

二月，析諸子産。

父立撥付，授兒世儒、世學、世寧。吾家世守清儉，至吾父静逸府君稍積箸三千金，于時祗以交質，瞢什一之息。僅有負郭田五十畝。至吾廢質庫，盡以買田，累至二千餘畝。數年以來，徙居婚嫁，出不程入，乃積借負二千兩。每年田中所入，僅足供子錢。外觀匡郭居然素封，而中藏如此。若復因仍塗轍，立盡之術也。今將田産割償所負，除後項所開外，存田一千二百畝。三子均分，每人田四百畝。每年以百畝供私室之用，以三百畝完國賦，佐公費。蓋公私倚辦些微，岌岌乎不支矣。今只有儉之一字，爲對症良方。吾深懲往咎，惟是不量出入，徇物漫應，自貽不節之嗟。故立量入約，臨以先生長者，使汝可遵行而不疑也。

家訓成。

刻遺書。

三月。

日記云：二十八日，至水居，靜坐。見得目之視、耳之聽，皆是此心之靈。此心之靈充塞無際，嘿識而存之，更無餘事矣。故有詩曰：「此事須從靜裏求，不求徒靜祇悠悠。既竭吾才方卓立，莫教日月過時休。」又詩曰：「嘗言寂寂與惺惺，大夢居然尚未醒。要識真惺與真寂，須教默識此心靈。」次日，忽疑孔門所謂仁即是此件否？何故却説克己復禮，專在視聽言動上。又説恭敬忠恕寬信敏惠等，俱在事上説。不知此聖學所以爲妙，正是此靈之德。此靈全不在恍惚希彝處覓，只在實事上不走漏，便是不違仁也。故有詩曰：「爲學須知要欲仁，欲仁仁至始能依。工夫更莫虧終食，三月繇兹可不違。」又詩曰：「休言雜念苦難除，自是心君無地居。一旦豁然仁體現，方知吾自有吾廬。」聖學全在躬行，所以不落光景。次日行持，覺有默識的意思，疑是多了事。因看禽魚，忽悟鳶飛魚躍，總是天機自然，誰着得些子力。遂覺一化，不知手之舞之，足之蹈之也。故有詩曰：「一番攻破一番平，到得平時無處尋。不説從前經歷路，只拈平處誤人深。」又詩曰：「饑來吃飯困來眠，此是勿忘勿助間。莫向癡人前説夢，工夫只説在先難。」次日行持，但覺此心光明燦爛，自作得主宰，更不靠傍，更無安排，無功用中功用自在，但是本色耳。

三十六年戊申（1608年）四十七歲。

條議救荒。

大水災，公致周懷魯中丞書曰：「三吴不幸，横罹水災，是氣數適然。大幸台臺當路，此真天心仁愛。夫以萬萬生民寄於台臺一身，天之所以待吴民者，可謂至仁；以台臺一身活萬萬生民，天之所以待台臺者，可謂至重。邇者伏見大疏及一應文移，真足仰酬蒼蒼之意，俯慰林林之望。即攀龍亦不覺感激涕零，況忍死待拯之民哉！竊惟目今民間雖未甚闕食，危急已在冬間。宜先知應賑人户之數，然後可預處米穀，預立給散之法。攀龍稽考古昔，咨諏老成，謹列三款，仰備采擇。然此事全在得人，即如審户、給散二事，欲正官爲之，勢必不能。當精擇佐貳，須台臺特委，許以特薦，免其一應迎送及本衙職事，使專意爲此。另給食錢，寬以日月，禁其煩擾地方。諭令訪求各鄉公正有德之士，不拘紳衿耆老，相與商求，務使澤無遺人，人無冒澤。如不盡力，且以賄聞，即時鎖拏問罪。如此，庶幾事事得實。但佐貳官堪委者，極難其人，又須訪問各處公正縉紳士人耳。又惟台臺爲民請蠲請賑，至矣極矣。然又有事外之念焉。今杜關部實司農耳目，不可不使之與台臺同心，密有揭報，劉稅監實内庭耳目，不可不使之自爲稅計，預報災傷，此亦一助也。伏乞采擇。」又致本縣邑侯許同生書曰：「前奉教，造荒册之法甚美。顧荒之與饑，自是兩事。荒者田而饑者民，勘荒可一覽而百畝十畝，審饑則一日止三村四村。必乘此風和日暖之候，了審饑一事，則饑民可計數而知，賑糶可相時而發耳。夫賑饑不難於饑者必賑，而難於賑者必饑。賑者未必饑，則饑者未必活。何者？以有限之財當無窮之冒，必不繼也。惟是隨門逐户，什伍相稽，當時給票，據票給米，自無中間輾轉弊竇。民受實惠，喫緊在此。望仁臺亟給賑票及文簿，先就興道鄉四河口爲始。蓋此鄉爲最低最饑，且縉紳則有葉玄室兄之賢住居此鄉，可相參酌。謹以票式及簿式呈覽，幸仁臺裁之。其餘勘荒勘圩，則可一舉兩得。待荒册造完，行之未遲也。」

爲同區設立役田。

錫邑粮長以解粮多至破家，公倡率同區，隨力捐田，協助粮長，任其役而不全任其費，得保身家者多矣。公卒後，散還原主。

三十七年己酉（1609年）四十八歲。

四月，薦推吏部江南司官。

時范太蒙先生在銓司，孫立亭公位冢宰。因江南司官缺，首薦公，疏入，不允行。

八月，推起尚寶司丞。

不允行。

三十八年庚戌（1610年）四十九歲。

三月，之河南。

候座師沈龍江相公。龍江最爲神廟所簡注，後以齮齕於沈四明、趙蘭溪諸人，遂不獲大用。公每傷之曰：夫天未欲平治天下也！有龍江沈先生泰交始末，刻遺書。

六月，講學焦山。

段公幻然爲名邑令、名給諫，後以言事罷職，與公未識一面。至是，相約同志，會講焦山。

三十九年辛亥（1611年）五十歲。

訂古本大學。

三月，講學於金沙志矩堂。

四月，講學於荆溪明道書院。

條陳邑事。

時縣令陳石湖請教，公答書云：「文成十家牌法决可行，行之决有益。此弭盗安民要事。練鄉兵恐無益有擾。只從本縣額設民壯，揀選訓練可耳。吴中詞訟假人命及告賣價不敷者，最爲民害。人命在城者，即時台駕往驗，唤四鄰一審。在鄉者，令擕尸壇中，台駕往驗。有實者方准狀，誣者懲之，詐風自息，全老稚之命實多。告賣價不敷，除豪强占奪外，一切不斷。只此二事，民受惠多矣。又體恤鋪行，於得民心最捷。即如辦酒一事，碗碟出於鋪户，狼籍不堪。若發公費置買器用，貯之庫中，專人掌之，不以煩民，以此節節推之，使民安堵，老父母三年中，便是千秋人物矣。」

四十年壬子（1612年）五十一歲。

五月，顧涇陽先生卒。

公終身師事先生。至是，先生卒，公獨主東林講習之事。

八月，祀中丞懷魯周公於泉上。

周公諱孔教，江西臨安人。撫江南時多善政，吴人思慕不已，公爲立祠祀之。

四十一年癸丑（1613年）五十二歲。

三月，講學於金沙志矩堂。

九月，遊武林，弢光山中静坐。作静坐説。

擬赴新安吴百昌中翰講學之約，過吴門，謁房師中丞徐撿吾公。撿吾公曰：「今東林舉世側目，新安又多富室，恐爲忌者所藉口，宜勿往。」公遂辭百昌。至武林，静坐弢光山中。作静坐説云：「静坐之法，不用一毫安排，只平平常常，默然静去。此平常二字，不可容易看過，即性體也。以其清静不容一物，故謂之平常。畫前之易如此，人生而静以上如此，喜怒哀樂未發如此，乃天理之自然。須在人各各自體貼出，方是自得。静中妄念强除〔一〕不得，真體既顯，妄念自息。昏氣亦强除不得，妄念既净，昏氣自清。只體認本性原來本色，還他湛然而已。大抵着一毫意不得，着一毫見不得，纔添一念，便失本色。繇静而動，亦只平平常常，湛然動去。静時與動時一色，動時與静時一色。所以一色者，只是一個平常也，故曰無動無静。學者不過借静坐中，認此無動無静之體云爾。静中得力，方是動中真得力；動中得力，方是静中真得力。所謂敬者，此也；所謂仁者，此也；所謂誠者，此也，是復性之道也。」

又書静坐説後：「予作静坐説，越二年觀之，説殆未備也。夫静坐之法，入門者藉以涵

〔一〕「强除」，底本作「强持」，明顯不通。據高子遺書所載静坐説改。

養，初學者藉以入門。彼夫初入之心，妄念膠結，何從而見平常之體乎！平常則散漫去矣，故必收斂身心，以主於一。一即平常之體也，主則有意存焉。此意亦非着意，蓋心中無事之謂一，着意則非一也。不着意而謂之意者，但從衣冠瞻視間整齊嚴肅，則心自一。漸久漸熟，漸平常矣。故主一者，學之成始成終者也。」

十一月，延錢啓新先生講易東林。

先生開講，一月而畢。公有讀易約。長至日，錢先生有詩，公和詩云：「風凛寒空天地嚴，雷聲半夜一陽添。相期勝友爲休復，更矢虚中受福謙。百慮已從歸處盡，一元只向動中占。人人自有圓圈在，此日先生爲一拈。」

四十二年甲寅（1614年）五十三歲。

二月，舉行同善會。

講語數篇，有全抄，刻遺書。

閉關。

閉關詩云：「在在名山寂寂峰，淵泉深處有潛龍。非於太極先天覓，只在尋常日用逢。當默識時微有象，到名言處絶無踪。洗心藏密吾曹事，長掩衡門獨撫松。」

七月，作困學記。

記云：吾年二十有五，聞令公李元冲與顧涇陽先生講學，始志於學。以爲聖人所以爲聖人者，必有做處，未知其方。看大學或問，見朱子説「入道之要莫如敬」，故專用力於肅恭收斂，持心方寸間，但覺氣鬱身拘，大不自在。及放下，又散漫如故。無可奈何。久之，忽思程子謂「心要在腔子裏」，不知腔子何所指，果在方寸間否耶？覓注釋不得，忽於小學中見其解曰：「腔子，猶言身子耳」。大喜，以爲心不專在方寸，渾身是心也，頓自輕鬆快活。適江右羅止菴來講李見羅「修身爲本」之學，正合於予所持循者，益大喜不疑。是時只作知本工夫，使身心相得，言動無謬。己丑第後，益覺此意津津。憂中讀禮讀易。壬辰謁選，平生恥心最重，筮仕自盟曰：「吾於道未有所見，但依吾獨知而行，是非好惡無所爲而發者，天啓之矣」。驗之頗近，於此略見本心，妄自擔負，期於見義必爲。冬至朝天宫習儀，僧房静坐。自覓本體，忽思「閑邪存誠」句，覺得當下無邪，渾然是誠，更不須覓誠，一時快然，如脱纏縛。癸巳，以言事謫官，頗不爲念。歸常世態，便多動心。甲午秋，赴揭陽，自省胸中理欲交戰，殊不寧貼。在武林與陸古樵、吴子往談論數日。一日，古樵忽問曰：「本體何如？」予言下茫然，雖答曰「無聲無臭」，實出口耳，非繇真見。將過江頭，是夜明月如洗，坐六和塔畔，江山明媚，知己勸酬，爲最適意時。然予忽忽不樂，如有所束。勉自鼓興，而神不偕來。夜闌別去，予便登舟，猛省曰：今日風景如此，而予之情景如此，何也？窮自根究，乃知於道全未有見，身心總無受用。遂大發憤曰：此行不徹此事，此生真負此身矣！明日，於舟中厚設蓐席，嚴立規程，以半日静坐，半日讀書。静坐中不貼處，只將程朱所示法門參求，於凡誠敬、主静、觀喜怒哀樂未發、默坐澄心、體認天理等，一一行之。立坐食息，念念不舍。夜不解衣，倦極而睡，睡覺復坐。於前諸法反覆更互，心氣澄清時，便有塞乎天地氣象，第不能常。在路二月，幸無人事，而山水清美，主僕相依，寂寂静静。晚間命酒數行，停舟青山，徘徊碧澗，時坐磐石。溪聲鳥韻，茂樹修篁，種種悦心，而心不着境。過汀州，陸行至一旅舍，舍有小樓，前對山，後臨澗，登樓甚樂。手持二程全書，偶見明道先生曰「百官萬務，兵革百萬之衆，飲水曲肱，樂在其中。萬變俱在人，其實無一事」，猛省曰：原來如此，實無一事也！一念纏綿，斬然遂絶。忽如百觔擔子頓爾落地，又如電光一閃透體通明。遂與大化融合無際，更無天人内外之隔。至此，見六合皆心，腔子是其區宇，方寸亦其本位。神而明之，總無方所可言也。平日深鄙學者張惶説悟，此時只看作平常，自知從此方好下工夫耳。乙未春，自揭陽歸，取釋老二家參之。釋氏與聖人所争毫髮，其精微處吾儒具有之，總不出「無極」二字；其弊病處先儒具言之，總不出「無理」二字。觀二氏，而益知聖道之尊。若無聖人之道，便無生民之類。即二氏，亦飲食衣被其中而不覺也。戊戌，作水居，爲静坐讀書計。然自丙申後數年，喪本生父母，徙居婚嫁，歲無寧息。只於動中煉習，但覺氣質難變。甲辰，顧涇陽先生始作東林精舍，大得朋友講習之功。徐而驗之，終不可無端居静定之力。蓋各人病痛不同，大聖賢必有大精神，其主静只在尋常日用中。學者神短氣浮，便須數十年静力，方得厚聚深培。而最受病處，在自幼無小學之教，浸染世俗，故俗根難拔。必埋頭讀書，使義理浹洽，變易其俗腸俗骨；澄神嘿坐，使塵妄消散，堅凝其正心正氣，乃可耳。予以最劣之資，即有豁然之見，而缺此一大段工夫，其何濟焉。所幸呈露面目以來，纔一提策，便是原物。丙午，方實信孟子性善之旨。此性無古無今，無聖無凡，天地人只是一個，惟最上根潔清無蔽，便能信入。其次全在學力，稍隔一塵，頓遥萬里，孟子所以示瞑眩之藥也。丁未，方實信程子鳶飛魚躍與必有事焉之旨。謂之性者，色色天然，非繇人力。鳶飛魚躍，誰則使之？勿忘勿助，猶爲學者戒勉。若真機流行，彌漫布濩。亘古亘今，間不容息，於何而忘？於何而助？所以必有事者，如植穀然。根苗花實雖其自然變化，而栽培灌溉，全在勉强問學。苟漫説自然，都無一事，即不成變化，亦無自然矣。辛亥，方實信大學知本之旨，具别刻中。壬子，方實信中庸之旨。此道絶非名言可形，程子名之曰天理，陽明名之曰良知，總不若「中庸」二字爲盡。中者，停停當當；庸者，平平常常。有一毫走作，便不停當；有一毫造作，便非平常。本體如是，工夫如是，天地聖人，不能究竟，况於吾人，豈有涯際？勤物敦倫，謹言敏行，兢兢業業，斃而後已云爾。困而學之，年積月累，厥惟艱哉，而不足以當智者一笑也。同病相憐，或有取焉。甲寅孟秋記。

四十三年乙卯（1615年）五十四歲。

閉關水居。九月，之河南。

聞沈龍江相公喪，即日奔弔。是年，朝有張差梃擊一事。時方從哲當國，群小黨比鄭戚，日以攻東林爲事，苛求於林下諸賢。宦遊吴下者，多引嫌，至不通往來。公閉關水居，朔、望東林小會，止同邑同志數人。八月大會，廢而不舉。惟邑中大利病，有關風教民生者，與陳筠塘諸公仍不避恩怨而任之。

四十四年丙辰（1616年）五十五歲。

閉關水居，朔、望會講東林。

四十五年丁巳（1617年）五十六歲。

八月，蟄齋成。

家居讀書静坐之所。

四十六年戊午（1618年）五十七歲。

二月，之閩。

會葬房師徐掄吾公。

再遊武夷，拜朱夫子祠。

有詩二律。

六月，爲同縣設立役米。

致胡泰六中丞書云：「吳中重役，糧長爲甚。然常鎮二府原與蘇松不同，蘇松官户之田浮於民户，民户懼役，争詭入官户。避役者益多，受役者益少，勢極重而不得不變。常鎮民户之田浮於官户，可役者既多，受役者累少，上下原自相安。向年徐祖臺均蘇松之役，并及常鎮，敝府自役官户以來，但見其害，不見其利，何者？官户受役，勢不得不托之親戚家人，親戚家人豈能盡體主人之意？小户輸糧，嘖有怨讟，其勢然也。王老公祖以役官户不若加役米，加役米則畝畝出米，不必清花詭；人人出米，不必役官户。官户多出役米，是無役而有役也。富民多得役米，是有役而無役也。一時傳播，萬口稱便，令四郡有司倡率，獨無錫一縣奉行，舉優免不役之田，盡出貼役，民間以爲最公最平之事矣。夫縉紳受役而不親供，既未便於民隱，若出貼役，又復受役，豈政體之平乎？乞老公祖念聖旨詳細經畫之語，畫爲百世可行之法，令各郡縣約糧長每年所費多寡，加派役米。但是役米既行之處，即免官户之役，役米處處得行，則糧長處處無累；官户處處得免，則小户處處無累，永賴之澤也。」

四十七年己未（1619年）五十八歲。

二月，舉從簡會。

邑中諸老數人每月一會，竟日清談危坐。蔬以腐爲首品，故又名「荳腐會」。稍佐魚肉蔬果，儉朴相尚。或於家、或於園亭僧舍，衣冠甚偉，觀者以爲洛下耆英之遺風云。

四十八年光宗貞皇帝泰昌元年。

庚申（1620年）五十九歲。

四月，葬茹澄泉先生。

公爲弟子，恩禮兼盡，結會置田以贍。晚得痼疾，問候湯藥無虛日。至是卒，含殮殯葬，皆公任之。

十月，少司寇鄒南皋先生疏薦。

疏有「恬約邃學，獨行三十餘年之高攀龍，遲遲啓事，物望謂何」之語。

十一月，禦史方公孩未疏薦。

疏云：高攀龍當王錫爵炙手之時，有「惜才遠佞」之疏，一身許國，九死投荒。里居三十年，絶口不言朝事，人稱潔净中廓大，寬博中精嚴，直欲遠比周程，近方羅薛。此誠今世之祥麟威鳳矣。

高忠憲公年譜卷下　男世寧編　侄世泰訂

熹宗哲皇帝天啓元年辛酉（1621年）六十歲。

正月，作壽戒。

云：人生六十老矣。老人年日增，事當日減。患減之未盡，不患減之過當。以目前最切者減之：一戒壽文、壽詩，以省親知之勞費；一戒壽巵、壽服、壽畫、壽屏、壽燈，以杜壽章之變調；一戒饋食，以免施報之紛紜；一戒壽筵，以免物命之戕殺；一戒演戲，以防子弟之淫奢；一戒集分，以杜壽觴之旁竇；一戒迎賓，以貽歲首之安樂。守此七戒，老人澄然無事矣。無事之樂，更有何樂似之乎？或曰不然，老人掩耳不聽。

舉鄉飲大賓。

三月，詔起光禄寺丞。

九月，啓行。

東林講會事，拜託吴素衣先生主之。

十一月，至京。

公不入朝班已二十八年。至是陛見，自陳履歷，音吐清洪，舉動端雅，見者莫不瞻仰欽服。

二年壬戌（1622年）六十一歲。

正月，陞光禄寺少卿，署寺事，上代天鵝疏。

元夕，備上供九般茶飯，偶缺天鵝。內官恣行需索，公考寺誌，世廟時，曾有家鵝代用之例，即日具疏，奉旨允行。

裁正本寺無名供費。

本寺無名之費，皆內官侵漁，鋪行賠累。公一照寺誌定額行之，鋪行物價，親發四署，鋪墊盡革。事必躬親，綜理精密。內官群聚大譁，公屹不爲動，終日危坐，意嚴色和，隨事勸化。久之，內官慴服，不敢犯，共稱之曰高師父。自是，鋪行無賠累之苦。公鍥對一聯懸寺堂云：「精白厥衷，一率其不損不加真性；靖共乃位，勿昧其可仕可止本心。」

太廟春祭，執事。

丁祭，謁文廟。

詩曰：「野人久矣芰荷裳，端笏今朝儼肅將。憶昔並參縫掖人，只今疑繞鷺鵷行。兩楹帶礪山河在，六籍光華日月長。寄語青云諸貴客，幾人曾不負門墻。」

上破格用人疏。

時廣寧失陷，京師危疑。公疏薦孫公承宗以大學士兼兵書，開府京師，發帑金以修舉庶務。加李公之藻、董公應舉之職銜，以協佐中樞。專任鹿公善繼，行保甲以搜奸細。遴選四輔八府之道府州縣資性與武事相習者，練兵積穀，以備有事勤王，無事守禦。奉旨，孫承宗已有旨推用，畿輔有司官着吏部用心更調。保甲法還着添差御史用心料理，該部院知道。

三月，上釋群疑銷隱禍疏。

略云：職觀今日中外人心皆疑戚畹鄭氏，并及其昔日所用之人。以爲鄭戚奸細已伏宫中，一朝寇臨於外，奸發於内，其禍有不忍言。通國危疑，莫必其命，近且流言入大内矣。職伏而思之，人言胡爲而然耶。往者張差謀逆，實係鄭國泰主謀，差之供招具在。劉保謀逆，實係盧受通謀，劉于簡供招具在。受亦鄭氏之人，不可掩也。則人言洶洶，有自來矣。鄭養性等蒙三朝不殺之恩，豈復更有邪謀，而無奈人心之疑不解也。在養性自爲計，不宜以人所共指之人自處危疑。陛下爲養性計，不宜以人所共疑之人密邇禁近。亟當使歸湖廣原籍，仍令帶俸，以示優厚者也。至如李如楨一家，交關鄭氏，討陷名將，殺百萬軍民，失千里土地，禍延至今。不誅如楨，直是養虎遺患。所當亟正典刑，以除禍本者也。至如崔文昇者，當先帝新喪哀痛，凡有疾病，其證必虚，文昇故用泄藥，是明以藥弒也。在律，故違本方殺平人斬，况於至尊乎！不即誅夷，僅止斥逐，四海人心已憤鬱不平，今文昇復潛住京師，意欲何爲？亟當明正典刑，以全陛下父子至情，示天下君臣大義者也。蓋文昇素爲鄭氏腹心，特當時失刑，不及考訊，故不如張差、劉保蚤正謀逆之罪。其罪豈在張差、劉保下乎！伏望陛下立賜乾斷。奉旨：朕御極以來，官府協心，禁庭安静，外面如何妄生猜疑？輒形章奏。鄭養性若欲回籍，當自行奏來，保全國戚，你當仰體朕心，何必多言。李如楨已問成獄，并崔文昇。朕自裁處，不得牽扯生事。該部知道。

四月，覃恩，誥贈父母、本生父母奉政大夫、宜人。

奉旨，會議紅丸。

議得禮部尚書孫慎行論劾舊輔方從哲一疏，發舒數十年神人之憤，防閑千萬世君臣之義，其功偉矣。然尚有未盡之蕴也。何者？從哲之罪在無君，其無君也，在心有獨注而不知有君。其獨注者，在交結鄭戚，表裏爲奸。所謂「爲人臣子不知春秋之義者，必陷於首惡之誅」是也。夫春秋之義，端本澄源，罪坐主者，故趙穿弑君，獄歸趙盾，盾爲政也。人臣即無道，何忍輕加以弑逆之罪，况先帝至仁聖，何忍輕累以被弑之名。顧往昔之弑，雖隱而實著。今日之弑，雖著而實隱。若不透底説明，將使亂賊接踵，國家之禍何可勝言。夫張差之挺、美姝之獻、大黄之藥相迫而來，同一線索也。稍知臣子之義，忠憤當何如。從哲處之恬然，若秦越人之相視也。豈獨恬然，且力爲調護，力爲隱諱，力爲考察討賊之人。君與賊不兩立，從哲惟知爲賊而已，寧知有君乎！諸人若無從哲，何所恃而敢於無天無地無人理至此極也。此從哲所以爲無君，所以無逃首惡之罪，是春秋之法也。嗟嗟。從哲引用匪人，公行貨賄，將神祖末年朝政壞盡、是非滅盡、人才逐盡、人心失盡、遼將殺盡、遼民殺盡，一時不忠不義，錮疾光考，竟殞厥身，獨留蠱敗不可收拾之天下與我皇上。從哲無君之禍，皇上獨當之而人不知也。既經慎行拈出此一段公案，豈容抹殺！職以爲鄭戚與從哲原是一人，文昇與可灼原是一案。進封移宫之事，諸臣當日所親見。從哲雖因人成事，尚有兩揭，進美女、進泄藥之事，亦諸臣當日所親見。從哲何獨力掩護，曾無一言。從哲處分，自有公議，非職敢言。鄭戚回籍，已奉明旨，可遂弁髦乎！輕易進藥，可灼處分，自有明條。文昇下藥，先於紅丸，可廢國典乎！皇上子道在此，大臣臣道在此。伏乞力請於皇上，將四事一時並了，則三綱一時再明，陽氣振則陰沴消，亂賊必有天誅，匪彝所思矣。職若有一字過求從哲，一念私黨慎行，天地鬼神立誅殛之。謹議。

五月，昇太常寺少卿。上恭陳務學之要疏。

略云：職觀帝王之德，惟明而已。惟其明也，天下誦之曰明明後。明明後者，必明明德。明德者，何也？人之心也。心本明，又須人自明之，故放於外則不明，復於身則明；着於欲則不明，循乎〔一〕理則明；動於氣則不明，安於止則明；荒於怠則不明，居於敬則明；鶩於動則不明，主於静則明。明與不明，在一念轉移間也。自昔聖帝明王，未有不好讀書者。人主好讀書，未有不爲賢君令主者。人心易放而難操，舍讀書，别無操之之道。如大學一書，既講於經筵，即此書反覆玩味，明明德於天下裕如矣。推而廣之，宋臣真德秀大學衍義，再推而廣之，先臣丘濬大學衍義補，皆不可不讀也。陛下盡心於三書，帝王心法治法無不具備。夫然後知若何行政，若何用人，若何理財，若何治兵，人臣若何爲正，若何爲邪，臣下之言若何爲是，若何爲非，若何爲似正而實邪，若何爲似是而實非。皆了然於聖心，而後

〔一〕「乎」，高子遺書作「於」。

爲明明德，而後爲明明后也。如近日禮部尚書孫慎行「論舊輔方從哲」一疏，關係甚大，隄防甚遠。從哲之罪，非止「紅丸」，其最大者，在交結鄭國泰父子。國泰父子所以謀先帝者不一，始以張差之梃，繼以美姝之進，終於文昇之藥，而從哲力左右之，培植其爲鄭者，誅鋤其不爲鄭者，一時若狂，知有鄭氏而已。此賊臣也，討賊則爲陛下之孝，而説者乃曰「爲先帝隱諱則爲孝」，此大亂之道也，不可不明也。又如戎政尚書黄克纘論選侍一事，陛下念聖母則宣選侍之罪，念皇考則優選侍之禮，義之盡也，仁之至也，而説者乃曰「爲聖母隱諱則爲孝」。明如聖諭，以爲假捏；忠如楊漣，以爲居功。人臣避功，甘居罪，君父有急，冷眼旁觀，此大亂之道也，不可不明也。一惑其説，孝也不知其爲孝，不孝也以爲大孝；忠也不知其爲忠，不忠也以爲大忠。事有不辨於至微，貽禍於無窮者，皆若此類。在陛下多讀書，精義理，此心常明，自能辨之。如方從哲、鄭養性，大義豈容不討？何可一日復令居輦轂下耶？奉聖旨：這所奏方從哲、崔文昇、鄭養性等已經大小九卿科道衙門會奏明白，奉旨處分，再不許牽扯生事。高攀龍不諳事體，不遵明旨，又來瀆奏，其選侍觸犯聖母，朕豈不報。但看皇考優待，今被天災，報應如何。又言朕非孝，本當重處，姑罰俸一年，該部知道。

講學於首善書院。

書院爲鄒公南皋、馮公少墟、鍾公龍源所創，首撰葉公臺山爲之記。政事之暇，同志講會於中。

八月，奉命慶陵掩龍口祭告。

欽賞銀十兩，彩段二表裏。

論學揭。

云：近者黄門朱五吉老先生有「憲臣議開講學之壇，國家慮啓門户之漸」一疏，指意歸重東林，至欲以東林爲戒，而不復講學。此説一倡，吾道之禍大矣！天下國家之禍大矣！職東林人也，即不言及於職，何忍坐受東林之誣。正欲具疏，旋奉明旨，如日中天，不復瀆奏，以啓争端，故謹具揭。夫黄門所言東林，非東林也，乃攻東林者之言也。所言東林之禍，非東林能禍人，乃攻東林者欲禍東林也。數年每自詫：理義人心同然，何以言理義者輒目爲朋黨，而不容於世乎？一日憬然曰，正惟其同然也，故以爲黨也。國家用一當用，行一當行，去一當去，必曰是東林之脉也。或有人言一當用，言一當行，言一當去，必曰是東林之人也。不論東西南北，風馬牛不相及之人，苟出於正，目爲一党，東林何幸，而合天下之衆正；何不幸，而受天下之群猜。弓蛇石虎，塗豕鬼車，皆非實事也。即如郭明龍正域生平未嘗講學，生平不識東林，黄門謂與顧憲成開講東林，即此而觀，他可例推。無亦黄門師生姻婭之間，涵濡浸灌之久，於時局之説，不自覺其入之之深乎。不然，何以二三年來，門户去於人口，依然還作當年口吻耶？夫時局何爲而攻東林耶，方中涵相國未入相之前，首參之者，吴嚴所亮也。既入相之後，首參之者，錢梅谷春也。故一時承迎相國者，皆以攻東林爲職業，摧殘善人，戕害國脉，率繇於此。此果東林所爲乎？抑攻東林者所爲乎？以爲東林所爲，東林能制其鄉里言官不參論人乎？昔程伊川先生講學於熙豐，而爲蔡京諸人所攻，朱晦庵先生講學於慶元，而爲韓侂胄諸人所攻。不以蔡京、侂胄諸人爲戒，而以伊川、晦庵諸人爲戒，可乎？東林非程朱，而習程朱之教者也，不幸類是矣。夫學者何也？人之性也，性者何也？天之道也。知道，則刑名錢穀皆實事也；不知道，則禮樂刑政皆虚文也，在此心迷悟間耳。諸老從迷得悟，不忍人之覿面而迷，故講以明之，正使之即事爲學，非以學廢事也。黄門曰：「孰是仕優者乎？乃可學。不然，勿言學。」職亦曰：「孰是學優者乎？乃可仕。不然，勿言仕。」審如是，可仕者寡矣。宇宙甚大，不可以一見相礙。釋老且不能廢，況可廢儒？儒者，以明道者也，非儒生帖括之謂也，非督學膠黌之事也，收拾精神而非消秏精神者也。人不知學，世道交喪，於是朋黨禍起。相安則交安，相危則交危，故黨類之黨不能無，是群分之品也；偏黨之黨不可有，是亂亡之本也。知黨類之不能無，使之各得其所，而勿相猜忌；知偏黨之不可有，使之各懲其禍，而勿爲已甚。但得人人自反，勿專尤人，則無不可融異爲同，化小爲大，故有教則無類，并黨類之黨，亦可融之者，其必繇學乎！惟學可消門户，以學爲立門户，職未見立門户者而可以謂之曰學也。謹揭。

罷商税揭。

云：伏見天津撫臺李懋明老先生疏内有「復商税」一款，攀龍不覺頓足歎曰，何意斯言發於賢者，夫神祖朝群臣敝舌秃穎，請罷税而不可得，光考一朝罷之，海内歡呼，有若更生。光考一月仁政，千秋令名，此事最大。夫罷而歡呼，則復而怨咨，歡呼而誦光考之仁聖，則怨咨而謂皇上爲何如主耶？此一事耳，皇上子道所關，君道所關，今日與人之口，即他年信史之筆。人臣縱不畏一身受譏讒，獨不畏君父蒙譏議乎？此而不畏，則王安石之「人言不足恤」矣！今日定亂，以人心爲本。舉朝方惴惴，憂加派之失人心，而商税之失人心，倍蓰於加派。加派之害以歲計，商税之害以日計。商税非困商也，困民也。商以貴買，決不賤賣，民間物物皆貴，皆繇商算税錢。今税撤而價不減者，實繇礦税流禍，四海困窮，加以水旱頻仍，干戈載道，税撤而物且涌貴，況税復而寧知底極乎？兵興以來，言利者細無不舉，無一足恃，實非策也。鈔關當鋪，皆令民怨而天怒，反致悖入而悖出，以奪民之財，非生財之道也。生財之道，生之、節之兩端而已。試觀二祖開基，軍國浩費，曾有今日之諸款乎？曾有今日之不足乎？不過屯田、鹽法、錢鈔等事，行之得宜耳。即宋仁宗用師西夏，命近臣及三司議省浮費，詔自乘輿服禦及宫掖所須，務從簡約。若吏兵禄賜，毋得輒行裁減，治朝生財如此。今生之不能遽生，節之不肯遽節，目前急著，在天下巡撫得人，使其隨地相機隨宜措置，每年務設處若干，以佐國用，豈遂不及復税所得之數乎？以此俟屯田之成，流〔一〕寇之滅，庶幾其可。商税一事，言之痛心，萬望李老先生前念皇考，後念皇上，慎勿以復税爲念。同朝諸老先生，慎勿以復税爲言也。謹揭。

〔一〕「流」，高子遺書作「虜」。

上感時成疾疏。

鄒馮二公去位，公隨具疏乞休。奉旨着照舊供職。

上痊可無期再懇天恩疏。

奉旨：高攀龍既留心學問，正當竭忠盡職，不准辭。

十一月，昇太僕寺正卿。

上驚聞新命三懇天恩乞賜罷斥疏。

奉旨：高攀龍方有新命，着即到任供職，不准辭。時内察屆期，大司馬董公誼臺曰：「三疏不允，主恩渥矣，不宜再瀆。」來春察後以差歸，庶無獨居道學之名也。

除夕，太廟陪祭。

三年癸亥（1623年）六十二歲。

正月，上自陳不職疏。

奉旨，着照舊供職。

二月，奉差江南督催馬價。

與王東里給諫書。

伏讀大疏，人各有見，豈能盡同。然人臣爲國，當杜漸防微，懲前毖後，有無疆之思，不宜爲亂賊脱罪，爲君父種禍。如臺下所論兩朝之事者，不肖直是痛心，義難緘口，請畢其説。夫張差制挺，美女代劍，先進泄藥，繼進熱藥，以紫禁青宫之中，忽有荆軻、聶政之入，於飲食男女之内，行其斧斤鴆毒之謀，皆意想所不及。天下萬世之公，致討於亂賊者重，而責備於君上者輕。若爲隱諱，則粉飾門面者虚，壞亂法紀者實。况其事彰明較著，中外共知，雖欲諱之，孰得而諱之？「諱」之一字，是爲亂賊設護身之符。今加以「誣謗」二字，又爲亂賊立箝口之法。臺下即不顧往事，獨不慮將來乎！皇祖威福在手，妙於調停，是皇祖身上事。皇考仁孝根心，妙於隱忍，是皇考身上事。皇上祖考在念，妙於處分，是皇上身上事。若夫臣子、君臣之義，嚴萬古綱常，守三尺法紀，君讎必報，君賊必討，是臣子身上事。上下相維，並行不悖，烏得以討賊者遂爲謗君，遂爲誣君，遂爲傷皇祖之明，遂爲害先帝之義，使天下更不敢開口説亂賊一字也。王大成以優人誤入禁地，而以比張差。張敖未嘗知貫高之謀，而以比張差之主謀者，燭影斧聲，本無其事，而以比進美姝、進泄藥者，一切實而虛之，所以爲亂賊則善矣，所以爲君父則吾不知也。垂簾之説，出自聖諭手授，方相國乃云臣子設爲不必然之慮，且皇上何嘗薄待選侍，臣下亦何嘗欲皇上薄待選侍。賈侍御之揭，當時自有誤之者，侍御所以自悔爲人所誤也。大抵臺下言孝經尊親，不言春秋亂賊；言主上父子之親，不言臣下君臣之義；言主上一時之權，不言宇宙萬世之經。亂臣賊子聞之而喜，忠臣義士聞之而懼，一喜一懼之間，所係世道人心，豈其微哉！不肖言出，臺下必以爲門户之見，往時諸公專以門户錮人，謂東朝爲「大東」，謂東林「小東」。凡有切宗社之憂者，輒目爲「大東」之黨。而「大東」之黨，必歸之「小東」。彼所爲門户者如此，臺下尚忍循其口吻乎！國是所關，不敢委曲，中涉嫌怨，亦不暇避，伏惟高明垂察。

周易孔義成。

舟次卒業，公另著有春秋孔義，年月未詳。

四月，抵家。

焚黄。

遵家禮，先一日告廟易銜，後一日墓祭宣制。

八月，閉關水居。

足瘡謝客。詩云：「碌碌風塵似馬牛，暫棲煙水作眠鷗。勸君莫謾閒來往，驚得眠鷗不自谿。」

十二月，昇刑部右侍郎。

四年甲子（1624年）六十三歲。

正月，疏辭新命。

奉旨，高攀龍以才望簡擢，着遵新命，前來供職，不准辭。

皇子誕生，覃恩，加贈祖父、父、本生父各通議大夫、刑部右侍郎。祖母、母、本生母各淑人，廕一子。

三月啓行，寓天香閣。

官舫未至，暫寓習静。

六月至京。

同舟者，門人華公鳳超，名允誠。公寄書吴覲華先生云：「弟一路受鳳超之益，整齊嚴肅，殆若性成，故居之甚安，此天成道器，吾道之幸也。」

擬請宥奴俘幼童之誅。

奴俘下法司，公見有幼童幼女，爲之惻然，擬具疏請釋。念有堂翁在前，未可越次。入告時省中羅公心華監審，公特以書屬云：「奴俘今日下法司矣。毛帥以四幼童充作活夷，以四幼女謬稱達婦，是其粉飾一破綻也。此番獻俘，既屬可已，又將一群幼小驅詣闕廷，不可醜耶！據律，男子年十五以下，婦人則不論年，皆給功臣家爲奴。叛族且然，况於夷地村民？以皇上視之，皆赤子也。往年貴州之俘，刑一幼童，道路流涕，行刑者亦流涕。殺一無罪，非仁也，况于九倪乎。會審既經科院監臨，台臺不可無言。須言此九倪者不當獻，蓋獻則必刑也。大疏須上於部覆前，方克有濟。冒昧僭陳。」

七月，患瘧注籍。

八月，陞都察院掌院事、左都御史。

總憲缺，衆論屬公。公聞之懇辭，因正色謂諸賢曰：「今大宰趙公即攀龍房師也，師生可分掌部院乎？且即論本部尚書喬公岳高，左侍郎饒公三銘皆賢者，又科先俸深，可越次乎？」太宰亦以爲然。公又勸太宰題楊公大洪署印，總憲推馮公少墟。疏入，傳旨推用現任臺省。一時四疏，謂此官只宜論品望，不宜論資俸。袁公熙宇掌河南道，面語太宰曰：「此天下事，老先生可引嫌乎。」太宰曰：「非我意，是景逸推讓之美。」袁公謂：「此天下事，可聽高老先生推讓乎。」遂會推，命下。

上辭免重任以安愚分疏。

略云：都御史，古之御史大夫也。天下之事皆得而言之，臣工之邪皆得而糾之。然而世習之漸靡難言矣。臣子不真心爲國家，不真心修職業，悠悠忽忽，則有難振之氣；以請托爲固然，以貨賂相結納，則有難洗之習；升遷壅滯，仰屋書空，則有難定之志；謬同異爲是非，誤愛憎爲好惡，則有難清之見；無端而起畛域藩籬，無端而起弓蛇鬼豕，則有難調之情。所以難者，皆緣人心各有陰私，故各成隔礙。必居此位者自心先無陰私，而後可潛消人之陰私；自心先無隔礙，而後可潛通人之隔礙。至於御史簪筆朝端，公論之明晦繇之；持斧寓内，一方之安危係之，必爲之長者聯爲一體，萃爲一心，惟君國之是殉，毋身家之苟營，而後可弘濟於艱難。今者大計在近，廵方之使，當使循良之麟鳳悉耀光明，貪殘之豺虎皆投有北，庶幾困窮四海，災荒孑遺，尚獲少延喘息。不然，御史之失職，即都御史之失職。此之關係，何如重大！乃以臣之簿劣當之，是易所謂「覆餗」者也。况英賢滿朝，伏乞聖明亟收新命，任臣舊職，別簡賢能，以當兹選。奉聖旨：卿忠清雅亮，品望素孚，總憲重任，特兹簡畀。着遵新命供職，不准辭。該部知道。

榜禁書儀。

考察屆期，曉諭五城，一概嚴禁。

上糾劾貪污御史以嚴考察事疏。

略云：臣惟，御史回道考察，憲綱至嚴也。列聖之明旨，皇上之申飭，蓋諄復鄭重矣。迺不意有慢視憲規，恣行無忌，如巡按淮揚御史崔呈秀者。陛下不以臣爲不肖，使長西臺，豈非欲其是則是，非則非，無所婾阿隱默乎？臣初入院，適見有兩御史回道，一爲江西巡按御史謝文錦，一爲崔呈秀。臣心訝曰：異哉！兩御史一時回道，一至清，一至濁，涇渭較然。臣不別白，爲陛下明言之，是不忠之大者也。即發河南道考核。無何，河南道御史袁化中以所考核謝文錦者至，臣即以稱職考，奉旨回道訖。越二旬，而化中始以所考核呈秀者至，化中蓋有難於言者矣。臣於去年奉差而出，今年覆命而入，往來淮揚間，所見淮揚士民，無不謂自來巡方御史，未嘗有如呈秀之貪污者。强盜，地方大害也，每名得賄三千金輒放；訪犯，地方大惡也，每名得賄千金輒放。不肖有司應劾者，多以賄免。不應薦者，多以賄薦。至御史出巡，每有節省公費，助國用者。呈秀到處，透支至一萬四千兩，各縣賠補，不勝其苦，彰彰於地方耳目。臣時以非職掌所關，不敢訪其主名何人，過付何人。至於舉劾失真，貪酷漏網，則有兩淮運司同知談天相在，是呈秀所薦也。呈秀甫離地方，而鹽臣樊尚燝、按臣劉大綬且臚其贓私入告矣，則又有霍丘知縣鄭延祚在，是呈秀所薦也。吏科都給事中魏大中且發其饋遺〔二〕，奉旨提問矣，是賄而薦之實證也。臣嘗竊笑人臣之負國，又自負也。受國家寵榮，若何而所爲者不務於可榮，皆蹈於至辱，御史巡方，寵榮極矣。如呈秀者，辱身辱

〔二〕「遺」，底本作「儀」，據高子遺書改。

國何如哉。臣聞其知談天相〔一〕之貪，欲論劾也，天相稔其易輿，奉之以千金求免劾而卒免。天相益稔其易輿也，又奉之以千金求薦而卒薦。則是摇山撼岳之威，祇供其禦貨攫金之用，而墦間壟斷之賤，且冒居觸邪指佞之官，臣故謂其至辱，所當重處，以一洗巡方之辱者也。伏祈皇上敕下吏部，議覆施行。奉旨：御史巡方貪縱，何以察吏安民。卿秉公考核，執法糾彈，具見振飭風紀。崔呈秀着吏部從重議處，該部知道。

中嚴憲約責成州縣疏。

疏已具，因去位，不果上。略云：臣觀天下之治，端本澄原，必自上而率下；奉法守職，必自下而奉上，故朝廷膏澤，至州縣始致之民。州縣者，奉法守職之權輿也。州縣賢則民安，州縣不賢則民不安。顧天下之爲州者，凡二百二十有一，爲縣者，凡一千一百六十有六，豈能盡得賢者而用之？賢者視君爲天，不敢欺也，視民爲子，不忍傷也，奉法修職，出於心所不容已，非有所爲也；其次則有所慕而勉於爲善，有所畏而不敢爲不善；其下則不知職業爲何事，法度爲何物，恣其欲而已，是民之賊也。故爲政者拔才賢、除民賊、約中人，

〔一〕「談天相」，底本作「譚天相」，據前文「則有兩淮運司同知談天相在」及高子遺書改。

天下惟中人爲多，約之於法，皆不失爲賢者。太守，約州縣者也；司道，約府州縣者也；撫按則〔一〕無所不約。約之使人人守法，如農之有畔焉而無越思，則天下治矣。臣謹條畫州縣所當持行者，令自撫按而下以遞相約。皇上不以臣言爲謬，謂可施行，仍乞天語申敕，令臣等刊刻成書，發各差御史，頒行天下。臣等按以覈天下州守縣令，並以覈約州守縣令者，庶幾皇上之仁恩得實究之民也。謹列款如左。款凡五十有五，全文見遺書。

十月，頒曆陪祭。

疏請挺擊案三臣謚廕。

略云：昔張差挺擊一案，閣臣方從哲、御史劉廷元毫無忠膽，曲庇亂賊。獨剛正刑曹王之寀、李俸、張庭、陸大受等爲君父告變，執法賈罪。幸之寀繇寺臣而陪卿貳，人心其快。李俸等以淹滯抑鬱，齎志以殁，惜哉！今雖恩恤贈官，尚當賜以謚廕，以旌其忠魂。然究竟無濟於實用，即欲追用其人而不可得也。奉旨，下部會。朝事大變，止不行。

覆吉人及時宜用疏。

〔一〕高子遺書無「則」字。

御史喬公承詔疏薦王公紀、鄒公元標、滿公朝薦、徐公大相、馮公從吾、李公炳公等。嚴旨切責，下部院參看。公復疏，力薦之，下部會。朝局大變，止不行。

上愚臣失職循分自省乞賜罷斥疏。

略云：臣於本月初八日奉旨，會同吏部尚書，看議御史陳九疇論新推山西巡撫謝應祥及文選司員外夏嘉遇與九疇互相奏辨事，隨具疏上聞，奉嚴旨處分矣。夫應祥之推巡撫，出家臣真見，以爲他人遇缺干求。應祥恬靜自守，欲以此奬勸恬士，故與嘉遇言之，而特用應祥。會官推舉，衆論僉同，已蒙皇上點用。不謂陳九疇謂其昏耄，謂其圖謀，乃以誣不要錢不説事之吏科都給事中魏大中也。天地神明，昭布森列，九疇誤爲人使，以欺皇上，臣則何敢欺皇上，以欺天地神明。今大中、嘉遇俱已降斥，部院被含糊偏比，委曲調停之旨。臣愧死無地，自傷愚昧，不能仰當聖心，報皇上知遇之恩。又傷煩言亂政，致重干聖怒，虧皇上平明之理，臣諫臣之長，以諫爲職，當有顯諫。顧伏而思之，臣之事君，如子事父母，父母有怒，爲子者當夔夔齋栗，待親心之自明、親怒之自霽，何可更爲激瀆？臣又伏而思之，九疇疏中有背公植黨之語，前代往往以「黨」之一字，空善類，傾人國，亦繇當時大臣過激，以速成其禍。今日何可别爲激瀆？然而臣之職失矣。官以諫爲職，而失其職，則皇上何取失職之臣爲哉？伏乞即將臣罷斥，以爲人臣不盡其職者之戒。奉旨：總憲風紀重臣，自當秉公執法。卿既無欺，又何師生偏比，不肯從公會看，又旨意内冲幼字樣，任情那改，大失敬慎，非欺而何。既求罷黜，着准回籍，該部知道。

十一月，抵家。

十二月，送静成公入鄉賢祠。

五年乙丑（1625年）六十四歲。

正月，舉郡鄉飲大賓，辭不赴。

閉關水居。

公自稱「湖上老人」，不見一客。柬友人曰：「弟在此實有事做，非浪擲光陰者」。復書示三子曰：「屈子游於江潭，袁生自囚土室，彼固各以其時。况我老矣、病矣，荷朝廷不誅之恩，守微臣引罪之義，息交入山，自是道理。若欲山中接客，何如不入山爲便。若聞客至而歸，何如不出門爲安。兩者勢决不能。客至，惟汝輩謝罪而已。」

三月，酌兑荒區漕米。

公閉關水居，聞署印王通判追比荒區兑米，至斃杖下，惻然爲之設法。約計一邑水災不過十之二三，匀派高鄉每畝不過勺合，借完本年糟兑，各給票，以來年代兑爲償。公秉公力任，低鄉免鞭扑、全子女者不可勝數。

四月，削職、追奪誥命。

崔呈秀修怨甚力，會汪文言鞫問，密囑問官，坐公重贜。有錦衣理刑吴公祖洲素不識面，極知公清苦，慨然曰：「若高攀龍亦坐贜，何以服天下。」始得免。至是，遊鳳翔疏參，遂削奪，要典坐「移宫」一案。

五月，送别魏公廓園於高橋。

魏公被逮，公既侯之於嘉善。至是過錫，復操舟送之於高橋。魏公有高橋别語。

十月，東林書院毁。

時盡毁天下書院。張訥參東林乃淮府李三才剋剥東南脂膏所造，良田峻宇，不下數十萬金。請旨拆毁，估價入官。至是，撫按移文本縣，講堂、書室盡行拆毁。公有和葉參之廢院詩十絶，載東林志。

辭地方人才之薦。

時巡方者將報命，欲薦地方人才。公書辭之云：「台臺以殊格待黨人，諸黨人惟銘之心，不敢出諸口。惟是地方人才，萬不可齒及諸黨人。非惟大傷老公祖，抑且深禍諸黨人。彼且以諸黨人圖死灰之然，爲飜局之本，藉以大創，决非小懲，又增朝廷一番過舉，傷宇宙一番元氣，何益之有哉。非獨愚計，實出輿情。俯賜采納，世道所關也。」

六年丙寅（1626年）六十五歲。

正月，閉關水居。

二月仲丁，奉六先生從祀道南祠。

告楊龜山先生文曰：「惟先生學道則承程門之正傳，衛道則辟王氏之邪説。理學、氣節，參和不偏。故在宋室，既培養群哲；在我鄉，亦興起多賢。如毘陵一郡，涇陽顧子、涇凡顧子、啓新錢子、玄臺薛子、我素安子、本孺劉子，進則正言直諫於朝，退則明善淑人於野，丹心矢竭於少壯，素節不改於暮齡，皆先生南來千四百年之真傳，東林一十八載之遺教也。今日講壇既毀，恐歲久事湮，謹奉六子配享神靈，於以明天地一時生才之非偶，聖賢千古傳心之不磨。尚饗。

三月十六日，謁道南祠。

書院既毀，朔望之會俱廢。且緹騎四出，繆公昌期、周公宗建俱逮。公自度不免，是晨，謁龜山先生，有文焚於爐内。歸，即與兩門生一弟賞花後園池畔。席間吴門周公順昌信至，舉家驚惶。公意恬然，曰：「吾視死如歸久矣，原無生死，何得視生死爲二？若臨時〔二〕轉一念，便墮坑落塹，不是立命之學。」晚復家庭，歡叙談笑，不異平日，亦無一言及家事。止云：「吾有贍田二百畝，售之可了緹騎費，蕭然就道矣。」隨就寢，命子女亦寢，云：「恐明日有事也」。

〔二〕「臨時」，一卷本年譜作「臨死」。

十七日子時〔二〕，公拜遺表，自沉園池以終。

先是，蘇郡二守楊公薑守正不阿，與織璫李實構怨，道臣朱童蒙與璫朋比，共傾陷之。巡撫周公起元執法力持，具疏申救。楊卒以削職去，童蒙亦不安其位。迨魏逆竊柄，童蒙以京堂起用，周公削奪，新撫毛一鷺又與周公順昌有隙，朋謀密計，遂假李實之手誣參周撫公起元，因而羅織撫公同志者六人，公與焉。實疏謂公等干求請托，要皆崔呈秀及童蒙主使之也。至是，矯旨逮問。

官旗先至吴門，有偵其事以告公者。夜半，信復至。公即起至書齋，謂子孫曰：「吾稍欲料理出門計，汝輩可暫退。」作字三四紙，鐷篋中。復之内寢，與夫人款語而出，兩孫趨侍，公取封固黄紙置几上，指示曰：「明日以此付官旗及縣父母，勿先開。」復命暫退。舉家肅候齋外，良久不聞動静。急推户入，惟見燈火熒然，几案寂寂，齋旁家廟中爐香拂拂耳。因發所封黄紙，乃遺表也，云：「臣雖削奪，舊係大臣。大臣受辱則辱國，故北向叩頭，從屈平之遺則。君恩未報，結願來生。臣高攀龍垂絶書，乞使者執此報皇上。」又有别友人書，

〔二〕「子時」，一卷本年譜作「丑時」。

云：「僕得從李元禮、范孟博遊矣。一生學力，到此亦得少力。心如太虛，本無生死，何幻質之足戀乎！諸相知統此道意，不能一一也。」

至園池，得公，履不沾泥，冠不濕水，左手護心，右手傍岸，倚南向北，平立水中，肅若對君，竟日無滴水從口出。初腹甚堅，午後口鼻中氣忽出，帶微暖。約半晌漸微漸止，腹亦隨軟，面色清和潤澤。數日後始大殮，顏色如生。是夕，家庭到處俱有異香，鄰人悉聞車馬及屋上瓦裂聲。天色陰慘，五更飛雪，山谷改容，人情哀痛。嗚呼！公之生、公之死係於家國，格於天人，豈其微哉。

越二年，毅宗烈皇帝改元，戊辰褒恤死事諸臣。公得贈太子少保，兵部尚書，錫謚忠憲，廕一子。復蒙特旨，祀郡邑鄉賢祠。吏部覆恤疏，奉聖旨，高攀龍等守正捐生，貞魂久鬱，既經分別，贈廕准如議行，用昭朕顯忠勵世之意。子世儒詣闕謝恩，奉聖旨，高世儒爲父攀龍奏謝，知道了。高攀龍孤忠邃學，秉節正終，朕覽奏惻然。所進諸書，着留覽。續蒙特恩，加贈祖父、父、本生父俱太子少保、兵部尚書，祖母、母、本生母俱夫人，元配王氏封夫人。

己巳，奉巡撫曹公文衡、直指饒公京、兵道吴公時亮、郡守石公萬程、縣令陳公其赤命，建特祠於惠山之麓。後癸巳年同邑職方王公永積爲之記。春秋二丁官祭。廣東揭陽縣令馮公元飈祀公於文起祠。邑紳太史郭公之奇爲之傳。縣令陳公鼎新祀公於名宦，爲之記。武林闗主政陳公合祀於西湖忠烈祠，黄石齋先生爲之記。本邑同學人祀公於道南祠，直指祁公彪佳祀公於崇正書院，郡伯吴公兆壂祀公於毘陵龍城書院。

中外哲學典籍大全·中國哲學典籍卷

已出版書目

《關氏易傳》《易數鈎隱圖》《删定易圖》，劉嚴點校。

《周易口義》，〔宋〕胡瑗著，白輝洪、于文博、［韓］徐尚賢點校。

《周易玩辭》，〔宋〕項安世著，杜兵點校。

《周易内傳校注》，〔清〕王夫之著，谷繼明、孟澤宇校注。

《周易外傳校注》，〔清〕王夫之著，谷繼明校注。

《易説》，〔清〕惠士奇著，陳峴點校。

《易漢學新校注（附易例）》，〔清〕惠棟著，谷繼明校注。

《周易學》，曹元弼著，周小龍點校。

《讀禮疑圖》，〔明〕季本著，胡雨章點校。

《王制通論》《王制義按》，程大璋著，吕明烜點校。

《春秋釋例》，〔晉〕杜預著，徐淵整理。

《春秋尊王發微》，〔宋〕孫復著，趙金剛整理。

《春秋集注》，〔宋〕張洽著，蔣軍志點校。

《春秋集傳》，〔宋〕張洽著，陳峴點校。

《春秋師説》，〔元〕黄澤著，〔元〕趙汸編，張立恩點校。

《春秋闕疑》，〔元〕鄭玉著，張立恩點校。

《春秋屬辭》，〔元〕趙汸著，張立恩整理。

《宋元孝經學五種》，曾海軍點校。

《孝經集傳》,〔明〕黄道周撰，許卉、蔡傑、翟奎鳳點校。

《孝經鄭注疏》《孝經講義》，常達點校。

《孝經鄭氏注箋釋》，曹元弼著，宫志翀點校。

《孝經學》，曹元弼著，宫志翀點校。

《四書辨疑》,〔元〕陳天祥著，光潔點校。

《張九成集》,〔宋〕張九成著，李春穎點校。

《錢時著作三種》,〔宋〕錢時著，張高博點校。

《吴澄集》,〔元〕吴澄著，方旭東、光潔點校。

《涇皋藏稿》,〔明〕顧憲成著，李可心點校。

《高子遺書》,〔明〕高攀龍著，李卓點校。

《小心齋劄記》,〔明〕顧憲成著，李可心點校。

《太史公書義法》，孫德謙著，吴天宇點校。

《肇論新疏》,〔元〕文才著，夏德美點校。

更多典籍敬請期待……